Jahrbuch für die Geschichte des Protestantismus in Österreich

Band 130 (2014)

Jahrbuch für die Geschichte des Protestantismus in Österreich

Band 130 (2014)

Herausgegeben vom Vorstand der Gesellschaft
für die Geschichte des Protestantismus in Österreich

Jahrbuch für die Geschichte
des Protestantismus in Österreich

Band 130 (2014)

Schwerpunkt:

Protestantismus in Ungarn und reformierte Traditionen in Österreich

EVANGELISCHE VERLAGSANSTALT
Leipzig

Bibliographische Information der Deutschen Nationalbibliothek
Die Deutsche Nationalbibliothek verzeichnet diese Publikation in der Deutschen Nationalbibliographie; detaillierte bibliographische Daten sind im Internet über http://dnb.dnb.de abrufbar.

Printed in Germany · H 7814

Das Buch wurde auf alterungsbeständigem Papier gedruckt.

Cover: Kai-Michael Gustmann, Leipzig
Satz: Jochen Busch, Leipzig
Druck und Binden: Hubert & Co., Göttingen

ISBN 978-3-374-04023-0
www.eva-leipzig.de

Inhaltsverzeichnis

Rezensionen

Vorwort

Der vorliegende Band widmet sich dem Protestantismus in Ungarn und den damit zusammenhängenden reformierten aber auch lutherischen Traditionen in Österreich. Die weiteren Aufsätze befassen sich mit vier wichtigen bzw. interessanten Gestalten (Ehrenfried Murschel, Ján Kvačala, Hans Haberl und Olga Lau-Tugemann) der Reformations- und Protestantismusgeschichte Österreichs und der Habsburgermonarchie.

Für die redaktionellen Arbeiten sei Astrid Schweighofer, Gergely Csúkas, Leonhard Jungwirth und Stefan Haider herzlich gedankt.

Im Namen des Vorstandes
Rudolf Leeb

Schwerpunkt: Protestantismus in Ungarn und reformierte Traditionen in Österreich

Widerstandsrecht bei Honterus und seinen ungarischen Zeitgenossen

Von Zoltán Csepregi

I. Merkmale der Kronstädter Reformation

Von den ersten quellenmäßig dokumentierbaren Spuren der Reformation in Ungarn (1521/22) vergeht genau ein Vierteljahrhundert, also die Zeit eines Generationenwechsels, bis organisierte Gemeinschaften der reformatorischen Konfession entstehen können: im oberen Theißgebiet (1545), in den oberungarischen königlichen Freistädten (1546) und im siebenbürgischen Königsboden (1547). Kurz danach änderten sich die äußeren politischen und juristischen Umstände mit den Landtagsgesetzen von 1548 und dem Programm einer katholischen Reform drastisch. Im angegebenen Zeitraum sind sowohl Entwicklungen einer städtischen Reformation unter der deutschen Bevölkerung Ungarns als auch Ereignisse einer so genannten Gemeindereformation in den meist unter türkischer Herrschaft stehenden Marktflecken zu beobachten.

Nach längeren Aufenthalten in Regensburg, Krakau und Basel kehrte Johannes Honterus im Jahr 1533 als ein inzwischen gefragter Holzschnitzer und berühmter Geograph in seine Vaterstadt Kronstadt (Braşov RO) zurück,[1] wo er sich innerhalb von nur wenigen Jahren einen Namen als Drucker und Verleger, als Theologe, Pädagoge und Dichter sowie als Ratsherr machte. Seit 1539 sind Drucke aus seiner Presse erhalten. Seitdem lassen sich die Spuren seines Wirkens in Kronstadt und darüber hinaus genauer verfolgen.

Die Ereignisse der Kronstädter Reformation sind in den erhaltenen Quellen fragmentarisch dokumentiert.[2] Es steht jedoch Folgendes fest: Als Johannes Fuchs 1541

1 Oskar Netoliczka (Hg.), Johannes Honterus' ausgewählte Schriften (Wien 1898) 209; Vince Bunyitay/Rajmund Rapaics (Hg.), Monumenta ecclesiastica tempora innovatae in Hungaria religionis illustrantia, Bd. 2: 1530–1534. Cum tribus appendicibus (Budapest 1904) 257 f. Honterus' Texte in deutscher Übersetzung zitiere ich aus Ludwig Binders Ausgabe: Ludwig Binder (Hg.), Johannes Honterus. Schriften, Briefe, Zeugnisse (Bukarest 1996).

2 Die Quellen sind u. a. im 4. Band der »Monumenta Ecclesiastica« ediert worden. Vgl. Vince Bunyitay/Rajmund Rapaics (Hg.), Monumenta ecclesiastica tempora innovatae in Hungaria

zum Stadtrichter in Kronstadt gewählt wurde, änderte sich bald auch die politische und religiöse Orientierung des Stadtrates. Im Jahre 1542 heiratete der Stadtpfarrer Jeremias Jekel.[3] Eine neue Gottesdienstordnung wurde in der Stadt eingeführt und im ganzen Burzenland fanden Visitationen statt.[4] Im Nachhinein verteidigte der Ratsherr Johannes Honterus 1543 diese Schritte in seinem »Reformationsbüchlein« »Reformatio ecclesiae Coronensis ac totius Barcensis provinciae«.[5] Ein halbes Jahr später kam es in Kronstadt zu schwer durchschaubaren kirchlichen Wirren, in deren Verlauf Jekel sowie drei Stadtprediger ihre Ämter niederlegten. Der Laie Honterus wurde schließlich Stadtpfarrer in seiner Vaterstadt. Schon während seiner Amtszeit wurden Bilder und Geräte auf Anordnung der Obrigkeit aus den Kirchen entfernt.[6]

---

religionis illustrantia, Bd. 4: 1542–1547 (Budapest 1909). Vgl. weiter: Gernot NUSSBÄCHER, Die Schulreform des Honterus und die Ausstrahlung der Honterusschule im 16. Jahrhundert, in: Beiträge zur siebenbürgischen Schulgeschichte, hg. von Walter KÖNIG (Siebenbürgisches Archiv 3/32, Köln–Weimar–Wien 1996) 141–169; Zoltán CSEPREGI, Die Auffassung der Reformation bei Honterus und seinen Zeitgenossen, in: Humanismus in Ungarn und Siebenbürgen: Politik, Religion und Kunst im 16. Jahrhundert, hg. von Ulrich Andreas WIEN/Krista ZACH (Siebenbürgisches Archiv 3/37, Köln–Weimar–Wien 2004) 1–17; Ulrich Andreas WIEN, »Sis bonus atque humilis, sic te virtusque Deusque / Tollet in excelsum, constituetque locum.« Die humanistische Reformation im siebenbürgischen Kronstadt: Johannes Honterus und Valentin Wagner, in: Deutschland und Ungarn in ihren Bildungs- und Wissenschaftsbeziehungen während der Renaissance, hg. von Wilhelm KÜHLMANN/Anton SCHINDLING (Contubernium 62, Stuttgart 2004) 135–150; Ulrich Andreas WIEN, Die Humanisten Johannes Honterus und Valentin Wagner als Vertreter einer konservativen Stadtreformation in Kronstadt, in: Konfessionsbildung und Konfessionskultur in Siebenbürgen in der Frühen Neuzeit, hg. von Volker LEPPIN/Ulrich Andreas WIEN (Quellen und Studien zur Geschichte des östlichen Europa 66, Stuttgart 2005) 89–104; Krista ZACH, Politische Ursachen und Motive der Konfessionalisierung in Siebenbürgen, in: Konfessionsbildung und Konfessionskultur in Siebenbürgen in der Frühen Neuzeit, hg. von Volker LEPPIN/Ulrich Andreas WIEN (Quellen und Studien zur Geschichte des östlichen Europa 66, Stuttgart 2005) 57–70. Für die ältere Literatur liegt ein ausgiebiger Forschungsbericht vor: Ludwig BINDER, Neuere Forschungsergebnisse zur Reformation in der siebenbürgisch-sächsischen Kirche – Darstellung und Kritik, in: Luther und Siebenbürgen. Ausstrahlungen von Reformation und Humanismus nach Südosteuropa, hg. von Georg WEBER/Renate WEBER (Siebenbürgisches Archiv 3/19, Köln–Weimar–Wien 1985) 95–112.

3 BUNYITAY/RAPAICS, Monumenta ecclesiastica, Bd. 4 (wie Anm. 2) 42.

4 Ebenda 42, 117 f., 131.

5 Gedruckt: Kronstadt 1543. Vgl. dazu Gedeon BORSA (Hg.), Régi magyarországi nyomtatványok. Res litteraria hungariae vetus operum impressorum, Bd.1: 1473–1600 (Budapest 1971) Nr. 52. Das Werk wurde noch 1543 in Wittenberg bei Klug mit Melanchthons Vorrede nachgedruckt: Heinz SCHEIBLE u. a. (Hg.), Melanchthons Briefwechsel. Kritische und kommentierte Gesamtausgabe, Bd. 3: Regesten 2336–3420 (1540–1543) (Stuttgart-Bad Cannstatt 1979) Nr. 3310; CR 5, 172–174; VD 16 = Verzeichnis der im deutschen Sprachbereich erschienenen Drucke des 16. Jahrhunderts, 25 Bde. (Stuttgart 1983–2000) H 4776; Edition: NETOLICZKA, Honterus' ausgewählte Schriften (wie Anm. 1) 11–28; Übersetzung: BINDER, Honterus. Schriften, Briefe, Zeugnisse (wie Anm. 1) 169–186.

6 BUNYITAY/RAPAICS, Monumenta ecclesiastica, Bd. 4 (wie Anm. 2) 324 f., 351; Erich ROTH, Die Reformation in Siebenbürgen. Ihr Verhältnis zu Wittenberg und der Schweiz, 2 Bde., hier Bd. 1 (Siebenbürgisches Archiv 2 und 4, Köln–Graz 1962–1964) 142–155. Der »Bildersturm« ist auf den angeblichen Kronstädter Aufenthalt von Matthias Dévai schwerlich zurückzuführen,

Diese Bestrebungen ließen sich bisher nicht eindeutig einer bestimmten theologischen Richtung zuordnen. Im letzten Jahrzehnt versuchte Edit Szegedi, die Kronstädter Reformation bewusst im Rahmen des Modells »städtisches Ereignis/urban event« zu interpretieren. Anstatt einer konfessionellen Klassifikation bedient sich Szegedi lieber folgender soziologischer Formeln: Identitätskrise, politisches Wechselspiel und Konfliktlösung. Obwohl die Ratsprotokolle nicht ausgewertet werden können, werden die typischen Merkmale einer Stadtreformation in den vorhandenen Quellen widergespiegelt.[7]

II. Honterus' Aussagen zur Widerstandsfrage

Als Zeugnisse des protestantischen Widerstandsrechts in Ungarn hat als erstes die Historikerin Katalin Péter auf die Schriften von Honterus aufmerksam gemacht.[8] Péter fiel auf, dass Honterus in seinem »Reformationsbüchlein« nicht der klassischen Zwei-Reiche-Lehre Luthers folgte, sondern davor warnte, sein Vaterland würde durch die Sorglosigkeit der Obrigkeit in Barbarei verfallen, daher sei der Gemeinde in Kronstadt die Aufsicht der Schulen und der sozialen Anstalten zugefallen:

> »O daß doch dieses Beispiel auch möglichst viele andere bedenken und bei Zeiten nachahmen sollten, damit nicht nur unser Vaterland mitten zwischen Feinden liegend, aus Gnade Gottes nicht das ungepflegte, durch die Nachlässigkeit der Obrigkeit, welche diese Pflicht hat, in kurzem in unfromme Barberei verfalle.«[9]

---

wie das Harald Zimmermann versucht: Harald Zimmermann, Johannes Honterus. Der siebenbürgische Humanist und Reformator (Bund der Vertriebenen. Arbeitshilfe 67, Bonn 1998) 20. Dévai soll zwar 1544 nach Kronstadt aufgebrochen sein, aber das ist unsere letzte Angabe über sein Leben. Vgl. Bunyitay/Rapaics, Monumenta ecclesiastica, Bd. 4 (wie Anm. 2) 338 f.

7 Edit Szegedi, Die Reformation als »Krisenmanagement«. Überlegungen zur Identität einer siebenbürgischen Stadt im Zeitalter der Reformation, in: Ethnicity and Religion in Central and Eastern Europe, hg. von Maria Craciun/Ovidiu Ghitta (Cluj 1995) 64–69; Dies., Konfessionsbildung und Konfessionalisierung im städtischen Kontext. Eine Fallstudie am Beispiel von Kronstadt in Siebenbürgen (ca. 1550–1680), in: Konfessionelle Formierungsprozesse im frühneuzeitlichen Ostmitteleuropa. Vorträge und Studien, hg. von Jörg Deventer (Berichte und Beiträge des Geisteswissenschaftlichen Zentrums Geschichte und Kultur Ostmitteleuropas 2, Leipzig 2006) 126–296, hier 136–139.

8 Katalin Péter, Az alattvalók ellenállási joga Magyarországon a reformáció után [Das Widerstandsrecht der Untertanen in Ungarn nach der Reformation], in: Tanulmányok a lutheri reformáció történetéből, hg. von Tibor Fabiny (Budapest 1984) 66–71.

9 »Quod exemplum utinam et alii quam plurimi perpenderent, et in tempore imitandum curarent, ne patria nostra inter medios hostes gratia Dei non incultissima, per incuriam magistratuum, ad quos hoc officium pertinet, brevi degeneret in impiam barbariem.« Vgl. Netoliczka, Johannes Honterus' ausgewählte Schriften (wie Anm. 1) 23 f.; Martin Armgart (Hg.), Evangelische Kirchenordnungen des XVI. Jahrhunderts, begründet von Emil Sehling, Bd. 24: Das Fürstentum Siebenbürgen, das Rechtsgebiet und die Kirche der Siebenbürger Sachsen (Tübingen 2012) 188; Binder, Honterus. Schriften, Briefe, Zeugnisse (wie Anm. 1) 182.

Diese Argumentation des kultische Reformen initiierenden und durchsetzenden Stadtmagistrats identifizierte Péter mit der so genannten volksreformatorischen Denkweise oder der Gemeindereformation – aber zu Unrecht. Péter dürfte damals durch die vieldiskutierte These von Erich Roth beeinflusst gewesen sein, wonach Honterus ein viel radikalerer Reformator gewesen sei, als früher angenommen.

In seiner persönlichsten Schrift, der im Sommer 1543 geschriebenen »Apologia«,[10] betonte Honterus, dass Kronstadt bei der Einführung und Drucklegung seiner neuen Kirchenordnung das Gebot des Gehorsams gegenüber der Königin Isabella nicht verletzt habe – weil diese nichts gegen das göttliche Wort verordnet habe:

> »Was aber die Beschuldigung betrifft, daß wir unsere Kirchenordnung gegen den der Obrigkeit schuldigen Gehorsam eingerichtet haben, so wissen wir gewiß, daß die geheiligte königliche Majestät, unsere allergnädigste Königin, entsprechend ihrer und der Ihrigen Ehrfurcht vor Gott dem Allerhöchsten, nichts irgend jemals in irgend einer Weise gegen das Wort Gottes gesagt oder eine Ordnung und Vorschrift Jesu Christi gehindert hat, wie es denn auch gottlos und widersinnig wäre, bei ihrem so frommen christlichen Sinn das von ihr zu denken.«[11]

Danach unterrichtete er die Mächtigen des Landes – die Königin, ihren Statthalter und Schatzmeister, den Bischof von Großwardein (Oradea RO), Georg Martinuzzi, und den Hof in Weißenburg (Alba Iulia RO) – ‚worin ihre von Gott gebotene Aufgabe und Verantwortung bestehe:

> »Wenn nun aber Gott hier und allenthalben anderswo in den Schriften den Königen und den Fürsten Gewalt gegeben hat nicht zur Zerstörung (wie Paulus sagt), sondern zum Aufbau und ihnen befohlen hat, daß sie Wächter und Verteidiger seiner Vorschriften seien, so kann man in keiner Weise sagen, daß der gegen die dem König und der Obrigkeit schuldige Pflicht gehandelt habe, der das getan hat, was Gott den vorgesetzten Oberen befohlen hat, von allen Untergebenen zu fordern.«[12]

Hier wurde schon vorsichtig an die Komplexität der einander über- und untergeordneten Mächte angespielt.[13] Schließlich zitierte Honterus – wie das die Wittenberger

---

10 Der Originalwortlaut: Netoliczka, Honterus' ausgewählte Schriften (wie Anm. 1) 29–46. Übersetzung: Binder, Honterus. Schriften, Briefe, Zeugnisse (wie Anm. 1) 187–203.

11 »Quod autem contra oboedientiam superiorum arguimur ordinationem instituisse, scimus et certi sumus, quod sacra reginalis maiestas, domina nostra clementissima, pro sua et suorum erga Deum omnipotentem pietate, nihil unquam ullo modo dixerit contra verbum neque prohibuerit ordinationem et praeceptum Iesu Christi, id quod etiam de ipsius Christianissima [...] sentire impium et absurdum fuerit.« Vgl. Netoliczka, Honterus' ausgewählte Schriften (wie Anm. 1) 31; Binder, Honterus. Schriften, Briefe, Zeugnisse (wie Anm. 1) 188 f.

12 »Cum igitur Deus ibidem et passim alibi in scripturis dederit potestatem regibus et principibus non ad destructionem (ut Paulus ait), sed ad aedificationem et illos custodes ac defensores praeceptorum suorum esse iusserit, nullo modo contra officium regis et potestatis fecisse dicendus, qui id fecit, quod Deus superioribus praelatis ab omnibus subditis exigendum praecepit.« Vgl. Netoliczka Honterus' ausgewählte Schriften (wie Anm. 1) 33; Binder, Honterus. Schriften, Briefe, Zeugnisse (wie Anm. 1) 190 f.

13 Marijn de Kroon, Studien zu Martin Bucers Obrigkeitsverständnis: evangelisches Ethos und politisches Engagement (Gütersloh 1984) 149 f.

Theologen seit Luthers »Von weltlicher Obrigkeit, wie weit man ihr Gehorsam schuldig sei« (1523)[14] tun – die clausula Petri: »Man muss Gott mehr gehorchen ...« (Apg 5,29).

> »Durch das Beispiel heiliger Märtyrer und durch verschiedene Zeugnisse von Schriftstellern steht es nun aber fest, daß man auch den Menschen, die dem Gebote Gottes in Dingen, welche Religion und Glauben betreffen, widersprechen und es hindern, bei Strafe ewiger Verdammnis nicht gehorchen dürfe, gemäß dem wohlbekannten Wort des heiligen Petrus, Apostelgeschichte 4,19: Man muß Gott mehr gehorchen als den Menschen.«[15]

Es entzieht sich unserer Kenntnis, wer die Gottlosen waren, die Gottes Gesetz nach Honterus' Meinung zu verhindern versuchten, aber das Schicksal der Märtyrer und die Erwähnung der ewigen Verdammnis verleiht diesen Worten Ernst und Kraft. Katalin Péter vermisst hier den aus Römerbrief 13 abgeleiteten unbedingten Gehorsam der Untertanen der weltlichen Obrigkeit gegenüber (der vermisste Hinweis auf Röm. 13 ist doch oben als eine Paraphrase vorgekommen), daher betrachtet sie den Text (ein bisschen übertrieben) als die erste Spur eines protestantischen Widerstandsrechtes in Ungarn. Sie versteht ihn sogar als eine Mahnung und Drohung in der Form: »Auch der Gehorsam der Kronstädter hat seine Grenzen!«

An Péters Ergebnissen hat im Jahre 2006 Márton Zászkaliczky, ein Experte der reformatorischen politischen Theologie in Ungarn, in einem ungedruckten Vortrag berechtigte Kritik geübt.[16] Den Hintergrund für die Honter'sche Argumentation entdeckt Zászkaliczky vielmehr in der sich um 1530 formierenden, naturrechtlich

14 WA 11, 229–281, besonders 266–268; Hermann Dörries, Gottesgehorsam und Menschengehorsam bei Luther. *Archiv für Reformationsgeschichte* 39 (1942) 47–84; Ders., Luther und das Widerstandsrecht, in: Ders., Wort und Stunde, Bd. 3: Beiträge zum Verständnis Luthers (Göttingen 1970) 195–270; Gunther Wolf (Hg.), Luther und die Obrigkeit (Wege der Forschung 85, Darmstadt 1972).

15 »Quoniam vero sanctorum martyrum exemplis et variis scripturarum testimoniis constat, quod etiam hominibus contradicentibus ac prohibentibus praeceptum Dei in iis, quae ad religionem et ad fidem spectant, sub poena aeterna damnationis non sit parendum, iuxta dictum divi Petri notissimum act. 4, 19: Oportet Deo magis oboedire quam hominibus.« Vgl. Netoliczka, Honterus' ausgewählte Schriften (wie Anm. 1) 34; Binder, Honterus. Schriften, Briefe, Zeugnisse (wie Anm. 1) 191.

16 Márton Zászkaliczky, Rezisztencia légüres térben – A brassói reformáció, mint politikai cselekvés Honterus műveiben (a politikai cselekvés lehetősége a periféria politikai vákuumában) [Widerstand im luftleeren Raum – Die Reformation in Kronstadt als politischer Akt in Honterus' Werken (die Möglichkeit des politischen Aktes im politischen Vakuum der Peripherie)]. Bisher ungedruckter Vortrag, gehalten am 20. April 2006 an der Gáspár-Károlyi-Reformierten Universität Budapest. Vgl. Ders., A protestáns ellenállástan angol és skót gyökerei: John Ponet, John Knox és Christopher Goodman ellenállástanának politikai, eszmetörténeti és társadalmi kontextusai [Die englischen und schottischen Wurzeln der protestantischen Widerstandslehre: Politische, geistesgeschichtliche und gesellschaftliche Kontexte der Widerstandslehre von John Ponet, John Knox und Christopher Goodman]. *Sic Itur ad Astra* 17 (2005) 117–168; Ders., »Istennek kell inkább engedni ...« A világi hatalom az egervölgyi-egri hitvallás politikai teológiájában [»Man muß Gott mehr gehorchen ...« Die weltliche Macht in der politischen Theologie des Erlautaler Bekenntnisses]. *Keresztyén Igazság* 75 (2007) 3–10.

begründeten lutherischen Widerstandslehre. Die wichtigsten Belege für diese theologische Position sind die Gutachten von Andreas Osiander[17] und Lazarus Spengler zur Verteidigung der Kirchenvisitation 1528[18] und die »Confessio Augustana« Artikel 16 und 28[19] sowie Luthers »Warnung an seine lieben Deutschen« 1531,[20] schließlich die zweite überarbeitete Auflage der »Loci communes« von Melanchthon aus 1535.[21] Die unmittelbaren Quellen von Honterus' politischer Theologie scheinen Zászkaliczky weniger zu interessieren. Er nimmt an, Honterus habe das ius commune, also das in ganz Europa geläufige römische Privatrecht, von dem auch der Standpunkt der Wittenberger und Nürnberger Theologen abzuleiten war, einfach im Kopf gehabt und zwar nur, weil er früher zwei Lehrwerke des römischen Rechts herausgegeben hatte.[22] Diese schlichte Annahme ist dadurch zu ergänzen, dass Honterus, der ungedruckte Texte Nürnberger Herkunft in seinen Werken erwiesenermaßen einarbeitete, das Schrifttum der Kirchenvisitation in Franken genauso wie den erwähnten Lutherdruck kennen konnte. Aufgrund der Tatsache, dass sowohl das »Reformationsbüchlein«[23] als auch die Schulordnung von Honterus aus dem Jahre

17 Gerhard Müller/Gottfried Seebass, Andreas Osiander d. Ä. 1498–1552. Gesamtausgabe, Bd. 3: Schriften und Briefe 1528 bis April 1530 (Gütersloh 1979) 270–283 (Nr. 101).

18 Ein christlicher Ratschlag. Druck: Nürnberg 1526. VD 16 (wie Anm. 5) 8225–8227; Edition: Berndt Hamm/Wolfgang Huber/Gudrun Litz (Hg.), Lazarus Spengler. Schriften, Bd. 2 (Quellen und Forschungen zur Reformationsgeschichte 70, Gütersloh 1999) 67–107 (Nr. 45). Zur Rolle des Notbischofs vgl. auch sein zwei Jahre später entstandenes Gutachten: ebenda 274–301 (Nr. 75). Zum Nachleben dieser Gutachten vgl.: Wilhelm Ferdinand Schmidt/Karl Schornbaum (Hg.), Die fränkischen Bekenntnisse. Eine Vorstufe der Augsburgischen Konfession. Bd. 1: Untersuchungen, Bd. 2: Texte (München 1930).

19 BSLK 71, 125.

20 WA 30/3, 252–320, besonders 291.

21 VD 16 (wie Anm. 5) M 3614; CR 21, 408 f.; Robert Stupperich (Hg.), Philipp Melanchthon. Werke in Auswahl, Bd. II/2 (Gütersloh 1953) 734 f.; Heinz Scheible (Hg.), Das Widerstandsrecht als Problem der deutschen Protestanten 1523–1546 (Texte zur Kirchen- und Theologiegeschichte 10, Gütersloh 1969); Eike Wolgast, Die Wittenberger Theologie und die Politik der evangelischen Stände. Studien zu Luthers Gutachten in politischen Fragen (Quellen und Forschungen zur Reformationsgeschichte 47, Gütersloh 1977); Ders., Die Religionsfrage als Problem des Widerstandsrechts im 16. Jahrhundert (Sitzungsberichte der Heidelberger Akademie der Wissenschaften, Philosophisch-Historische Klasse 9, Heidelberg 1980); Quentin Skinner, The foundations of modern political thought, 2 Bde. (Cambridge 1978); Eike Wolgast; Diethelm Böttcher, Ungehorsam oder Widerstand? Zum Fortleben des mittelalterlichen Widerstandsrecht in der Reformationszeit (1529–1530) (Historische Forschungen 46, Berlin 1991); Robert von Friedeburg, Widerstandsrecht und Konfessionskonflikt: Notwehr und Gemeiner Mann im deutsch-britischen Vergleich 1530–1669 (Schriften zur Europäischen Rechts- und Verfassungsgeschichte 27, Berlin 1999).

22 Sententiae ex libris Pandectarvm ivris civilis decerptae Coronae, 1539. Compendium Juris Civilis in usum Civitatum ac Sedium Saxonicarum in Transylvania collectum Coronae, 1544. Vgl. Borsa, Res litteraria (wie Anm. 5) Nr. 35, 54, 55; Béla P. Szabó, A jogtudó Honterus – Az európai »Ius commune« közvetítője [Johannes Honterus der Rechtsgelehrte – Vermittler der Europäischen »Ius commune«], in: Honterus-Emlékkönyv, hg. von Ágnes W. Salgó/Ágnes Stemler (Libri de libris, Budapest 2001) 28–56.

23 Roth, Reformation in Siebenbürgen, Bd. 1 (wie Anm. 6) 56–85. Das »Verzaichnus der

1543 (»Constitutio scholae Coronensis«)[24] auf Nürnberger Vorbilder zurückgehen,[25] ist ein Nürnberger Aufenthalt in Honterus' Lebenslauf oder wenigstens sein enger Kontakt zu dieser Reichstadt anzunehmen. Ebenso kannte er laut eigener Aussage auch Melanchthons Kompendium.[26]

Die sehr plastische musikalische Metapher »lutherische Engführung« wurde – auf die frühe Phase der Reformation in Deutschland angewandt – von Bernd Moeller zuerst 1984 eingeführt.[27] Diesem Muster folgend möchte ich die Reforma-

---

geenderten misspreuch und ceremonien« (vielleicht ein Werk von Lazarus Spengler? 1524/1525?) ist anhand Theodor Koldes Edition (1912) bei Roth, Reformation in Siebenbürgen, Bd. 1 (wie Anm. 6) 197–207 abgedruckt, der Vergleich findet sich ebenda 59–78. Die Lazarus-Spengler-Edition nimmt diese Schrift wegen ihrer eingeschränkten Autorschaft nicht auf. Vgl. noch: Gerhard Pfeiffer, Quellen zur Nürnberger Reformationsgeschichte (Einzelarbeiten zur Kirchengeschichte Bayerns 45, Nürnberg 1968) 440–447; Ute Monika Schwob, Kulturelle Beziehungen zwischen Nürnberg und den Deutschen im Südosten im 14. bis 16. Jahrhundert (Buchreihe der Südostdeutschen Historischen Kommission 22, München 1969) 85–89, 223 f. Honterus kannte auch die Brandenburg-Nürnbergische Kirchenordnung von Andreas Osiander aus dem Jahre 1533: Gerhard Müller/Gottfried Seebass, Andreas Osiander d. Ä. 1498–1552. Gesamtausgabe, Bd. 5: Schriften und Briefe 1533 bis 1534 (Gütersloh 1983) 37–177 (Nr. 176); Emil Sehling (Begr.), Evangelische Kirchenordnungen des XVI. Jahrhunderts, Bd. 11: Markgrafschaft Brandenburg-Ansbach-Kulmbach, Reichsstädte Nürnberg, Rothenburg, Schweinfurt, Weißenburg, Windsheim, Grafschaft Castell, Rieneck und Wertheim, Herrschaft Thüngen (Tübingen 1961) 140–205; Roth, Reformation in Siebenbürgen, Bd. 1 (wie Anm. 6) 84 f.

24 Borsa, Res litteraria (wie Anm. 5) Appendix Nr. 10; abgedruckt bei: Netoliczka, Honterus' ausgewählte Schriften (wie Anm. 1) 47–54; Übersetzung: Binder, Honterus. Schriften, Briefe, Zeugnisse (wie Anm. 1) 161–169. Der erste Teil dürfte von Honterus stammen. Vgl. ebenda 89–95.

25 Schwob, Kulturelle Beziehungen (wie Anm. 23) 132–135, 224–226; Harald Zimmermann, Honters Humanismus, in: Ders., Siebenbürgen und seine Hospites Theutonici. Vorträge und Forschungen zur südostdeutschen Geschichte. Festgabe zum 70. Geburtstag, hg. von Konrad Gündisch (Köln–Weimar–Wien 1996) 236–254, hier 252; Zimmermann, Honterus (wie Anm. 6) 19.

26 Netoliczka, Honterus' ausgewählte Schriften (wie Anm. 1) 14; Armgart, Evangelische Kirchenordnungen, Bd. 24 (wie Anm. 9) 180 (»ordinationem Wittenbergensem secuti propter astantes testes idiomate vernaculo pueros baptisamus«) und Netoliczka, Honterus' ausgewählte Schriften (wie Anm. 1) 28; Armgart, Evangelische Kirchenordnungen, Bd. 24 (wie Anm. 9) 190 (»ecclesiasticam ordinationem Wittenbergensium potissimum secuti sumus«) sowie Netoliczka, Honterus' ausgewählte Schriften (wie Anm. 1) 38 (»quantum ad rationem de missa attinet, [...] optaremus, ut ex libris doctissimi Philippi Melanthonis [sic!] ac aliorum iudicia probatissimorum theologorum pleniorem declarationem, qui vellent, peterent«). Die Zitate verdeutscht: Binder, Honterus. Schriften, Briefe, Zeugnisse (wie Anm. 1) 172, 186, 195. Vgl. Roth, Reformation in Siebenbürgen, Bd. 1 (wie Anm. 6) 58, 138 Anm. 35; Andreas Müller, Humanistisch geprägte Reformation in der Grenze von östlichem und westlichem Christentum. Valentin Wagners griechischer Katechismus von 1550 (Texts and Studies in the History of Theology 5, Mandelbachtal–Cambridge 2000) 92 f.

27 Bernd Moeller, Was wurde in der Frühzeit der Reformation in den deutschen Städten gepredigt? *Archiv für Reformationsgeschichte* 75 (1984) 176–193, hier 193 (auch abgedruckt in: Luther-Rezeption. Kirchenhistorische Aufsätze zur Reformationsgeschichte, hg. von Johannes Schil-

tion Ungarns in den 1540er Jahren mit der Metapher »melanchthonische Engführung« charakterisieren. Die in dieser Zeit in Ungarn wirkenden Reformatoren waren zwar nicht alle unmittelbare Schüler des Wittenberger Präzeptors (das wird eher in den darauffolgenden Jahrzehnten typisch sein), aber sie lasen mit umso größerem Eifer seine Lehrbücher (vor allem sein »Loci communes«) und exzerpierten die von ihm erstellten Bekenntnistexte (an erster Stelle die »CA Variata«). Diese enge Anlehnung an die Lehrsätze und an die theologische Haltung Melanchthons, die sich sogar durch wortwörtliche Zitate nachweisen lässt, findet man im untersuchten Zeitraum angefangen von der nordungarischen städtischen Reformation über die Prediger in der ungarischsprachigen, zum Teil von den Osmanen besetzten Großen Tiefebene (dem Theißgebiet) bis zum siebenbürgischen Kronstadt.[28]

Gegenüber der Vernachlässigung dieser Quellenfrage ist ein Ertrag von Zászkaliczkys Untersuchung die Erkenntnis, dass der politische Widerstand, der in den Worten von Honterus' »Apologia« formuliert wurde, in einem luftleeren Raum, im politischen Vakuum der Peripherie deklariert wurde, in einer weit von der Diözesen- und Reichsgrenze entfernt liegenden Stadt, wo sich keine bischöfliche Autorität und nur begrenzt eine königliche Macht durchsetzen konnte. Nach den neuesten Forschungen spielten die Patronatsherren in der Reformation Ungarns eine weniger bedeutende Rolle als früher angenommen. In der Frage der Religionsausübung ist eine bewusste, begründete, meistens freie und ohne äußeren Zwang getroffene Entscheidung des gemeinen Mannes zu betonen. Diese Entscheidung konnte im Ungarn des 16. Jahrhunderts genauso für wie gegen die Reformation getroffen werden. Es ist zu fragen, ob in diesem Fall überhaupt von Widerstand gesprochen werden kann. Zászkaliczky betrachtet als Widerstand jedoch jenen Akt, bei dem die Stadt Kronstadt sich königliche Rechte anmaßte, kirchliche Immunitäten brach und als selbständige Obrigkeit auftrat, indem sie Ordnungen erließ und sich die cura religionis zu eigen machte.

> »Aber alles, was wir tun, waren wir gedrängt zu unternehmen nach dem Gebote Gottes und zu unserem gemeinsamen Heil, bestimmt von den gerechtesten Ursachen und den verschiedensten Notwendigkeiten. Wenn dies alles die guten und billigen Gönner wahrer Religion erkannt und bemerkt haben, werden sie nicht nur ihren Brüdern nicht zürnen, oder ein Unrecht von ihnen erlitten zu haben glauben, sondern, wie wir hoffen, uns zu unserer Sache und unserer Tat beglückwünschen und beloben.«[29]

LING [Göttingen 2001] 91–107, hier 107); DERS., Die Rezeption Luthers in der frühen Reformation. *Lutherjahrbuch* 57 (1990) 57–71, hier 66.

28 Ágnes RITOÓK-SZALAY, Warum Melanchthon? Über die Wirkung Melanchthons im ehemaligen Ungarn, in: Melanchthon und Europa, Teilbd. 1: Skandinavien und Mittelosteuropa, hg. von Günter FRANK/Martin TREU (Melanchthon-Schriften der Stadt Bretten 6/I, Stuttgart 2001) 273–284.

29 »Sed quicquid id est, quod agimus, iustissimis causis et diversis necessitatibus moti, propter mandatum Dei et communem salutem nostram suscipere coacti fuimus. Quae omnia si boni et aequi fautores verae religionis cognoverint et animadverterint, non modo non indignabuntur fratribus suis aut sese iniuria affectos putabunt, sed speramus, et gratulabuntur et collaudabunt causas et factum nostrum.« Vgl. NETOLICZKA, Honterus' ausgewählte Schriften (wie Anm. 1) 31; BINDER, Honterus. Schriften, Briefe, Zeugnisse (wie Anm. 1) 189.

Für diese Interpretation spräche immerhin der Umstand, dass dieses Verfahren keineswegs ohne Echo blieb. Nach den reformatorischen Entwicklungen in Kronstadt wurden nämlich die verantwortlichen Vertreter der Stadt – der Stadtrichter, der Stadtpfarrer und der Burzenländer Dechant – vor den siebenbürgischen Landtag und das Domkapitel in Weißenburg geladen. Ein offener Konflikt blieb jedoch aus und es kam nur zu einem milden theologischen Diskurs.[30] Der Staatsmacht fehlte es nämlich an Kraft und Stabilität, um den Ungehorsam vergelten zu können.

III. Vergleich mit dem Standpunkt von Matthias Dévai

Es lohnt sich aber, die »Apologia« von Honterus nicht nur mit den Ansichten der deutschen Reformatoren, sondern auch mit den Äußerungen des ungarischen Zeitgenossen Matthias Dévai zu vergleichen. Aus Wittenberg heimgekehrt, trat Dévai schon im Frühjahr 1531 als Reformationsprediger in der Hauptstadt Ofen und dann im nordungarischen Zentrum Kaschau (Košice SK) auf. Er verbreitete seine 52 Thesen mit dem Titel »Rudimenta salutis«. In einer anderen Schrift, »Sententiae de sanctorum dormitione«, wandte er sich energisch gegen den Heiligen- und Reliquienkult. Es folgten für Dévai 13 bewegte Jahre des Kampfes um die Durchsetzung der Reformation in Ungarn. Im Wiener Kerker des Bischofs Johann Fabri verteidigte er ab Ende Juli 1531 standhaft das Evangelium, bis er am 6. November 1533 von seinen treuen Glaubensgenossen, den Bürgern von Kaschau, befreit wurde. Er begann wieder in der Hauptstadt reformatorisch zu predigen, was ihm erneut Gefängnishaft einbrachte. Aus dem Kerker im Frühjahr 1535 freigelassen, widmete er sich eifrig der theologischen Schriftstellerei und machte mehrere Reisen ins protestantische Ausland, um sein Augenleiden heilen zu lassen. Er traf wiederholt Martin Luther, Melanchthon und Georg den Frommen, Markgraf von Brandenburg sowie Veit Dietrich in Nürnberg. Seine theologischen Schriften ließ er in Nürnberg drucken. Zwischen diesen Auslandsreisen diente er an wichtigen Orten seiner ungarischen Heimat, wo er sowohl Erfolg erntete als auch Verfolgung erlitt. Sobald aber der Druck der Verfolgung nachgelassen hatte – dies kann man immer wieder in der Kirchengeschichte beobachten – traten theologische Streitigkeiten hervor. Dévai wurde von den Geistlichen der so genannten Fünfstädte Eperies, Kaschau, Leutschau, Bartfeld und Zeben (Prešov, Košice, Levoča, Bardejov, Sabinov SK) bei Luther als Sakramentarier denunziert, als einer, der die Gegenwart Christi im Abendmahl nicht richtig lehre. Dévais unbefangene, eher an Melanchthon und an seiner eigenen Exegese orientierte Lehre erregte nämlich in diesen streng lutherischen Kreisen den Verdacht des Sakramentariertums.

In Dévais ungarischem Katechismus wird bei der Erläuterung des vierten Gebots (die Maxime des Apostels Petrus auslegend) festgestellt, dass die Fürsten – auch die bösen – Gottes Organe seien, denen man in allem, was nicht gegen Gott und den Glauben sei, gehorchen müsse, während die Obrigkeit durch ihre göttlich verliehene

30 Bunyitay/Rapaics, Monumenta ecclesiastica, Bd. 4 (wie Anm. 2) 324 f., 567 f.

Aufgabe und ihr Amt verpflichtet sei, die Gerechtigkeit zu bewahren und durchzusetzen.[31] Der hier geschilderte bedingte Gehorsam entspricht genau der Honter'schen Formulierung.

Der unmittelbare Einfluss von Melanchthons »Loci communes« (2. Auflage 1535) wird in Dévais lateinischer Streitschrift, der »Disputatio« (Nürnberg 1537)[32] besonders deutlich erkennbar, obwohl die hier verteidigte These gar nicht die weltliche Obrigkeit, sondern die Menschenlehre und die Adiaphora behandelt.[33]

Es steht also fest, dass sich wichtige Elemente von Dévais' und Honterus' Obrigkeitsverständnis restlos decken: die Pflicht der weltlichen Obrigkeit und die Grenzen des Gehorsams der Untertanen sowie deren biblische Begründung (neben den bereits angeführten Stellen auch Mt 22,21). Als vermutliche gemeinsame Quelle ist Melanchthons theologisches Lehrbuch bereits erwähnt worden. Sehr unterschiedlich sind aber die Umstände, unter denen die Verfasser ihre Sätze formulierten, daher kamen sie zu sehr unterschiedlichen praktischen Konsequenzen. Es stellt sich nämlich die Frage, welche Magistrate bzw. Obrigkeiten sie vor Augen hatten. Viele Texte der damaligen politischen Theologie, angefangen von Valentin Ecks »Dialogus de rei publicae administratione«[34] bis zum Erlauthaler Bekennt-

---

31 Mat'as DEVAI, At tiz parantsolatnac ah hit agazatinac am mi at'áncnac, aes ah hit petsaetinec röviden valo mag'arázatt'a. (erschienen: Krakau 1538); BORSA, Res litteraria (wie Anm. 5) Nr. 23, 78; Faksimile-Nachdruck von Áron SZILÁDY (Budapest 1897) 45 f.

32 Dispvtatio de Statv In Qvo Sint Beatorvm Animae Post Hanc uitam, ante ultimi indicij diem. Item De Praecipvis Articvlis Christianae Doctrinae, Per MATTHIAM DEUAY [DÉVAI] Hungarum. His addita est Expositio examinis Qvomodo A Fabro In Carcere Sit examinatus. Lucae V. Praeceptor, in uerbo tuo laxabo rhete. [Nürnberg: Petreius 1537]. Vgl. VD 16 (wie Anm. 5) D 1300. Deutsche Übersetzung: Historien der Martyrer/ Ander Theil. Darinn das Dritte/ Vierd=te/ vnd Fünffte Buch/ von den Heyli=gen/ Außerwehlten Gottes Zeügen/ Be=kennern vnd Martyrern «vnd nemlich deren/ so von Johann Hussen zeit an/ inn der Streittenden Kir=chen/ des Newen Testaments/ biß auff dise jetzige vnsere letste zeit/ gewesen» nach ordnung be=griffen/ Auch fleissiger/ wie auch weittleüf=figer vnd außfürlicher/ dañ in den vo=rigen außgangenen Tomis be=schehen/ mit angehengter/ or=denlicher Jars rechnung beschriben worden seind. Durch Ludouicum Rabus/ der H. Schrifft Doctor/ vnd der Kirchen zu Vlm Superintendenten. Straßburg: Rihel, 1572. Vgl. VD 16. (wie Anm. 5) R 52. Das Eylffte Capitel. Fol. 564r–609r.

33 DÉVAI, Disputatio (wie Anm. 32) Fol. q1r: »Infirmorum tamen ratio habenda. Sed velint nolint, omnes humanae traditiones possunt extra casum scandali, etiam de rebus adiaphoris aeditae [!], violari. Quae vero pugnant cum fidei iustitia, etiamsi tota colluvies Pharisaica scandalizetur, nihil refert, Deo magis obediendum quam hominibus, ad haec humanae traditiones non sunt veri cultus Dei.«

34 Valentin ECK, De reipublicae administratione, dialogus. Epistola consolatoria ad... Alexium et Ioannem Thursones, ob mortem... Ioannis Thursonis episcopi Wratislaviensis. Erschienen: Krakau 1520; Edition: Daniel ŠKOVIERA (Hg.), De reipublicae administratione dialogus (Scrinium Latino-Slovacum, Trnava 2006). Vgl. auch: DERS., Der Dialog De reipublicae administratione von dem Humanisten Valentinus Ecchius. *Zborník Filozofickej Fakulty Univerzity Komenského. Graecolatina et Orientalia* 23–24 (1992) 73–84; Farkas Gábor KISS, Humanist ethics and urban patriotism in Upper Hungary in the early sixteenth century (Valentin Eck's De reipublicae administratione), in: Whose Love of Which Country? Compo-

nis,[35] lassen diese Frage absichtlich offen, um die eigene politische Position besser zur Geltung bringen zu können. Manchmal hat es nämlich in der Debatte keinen Vorteil, das rechtliche Verhältnis der über- und untergeordneten Obrigkeiten (magistratus superiores et inferiores) genau zu definieren. Das Bekenntnis der erwähnten fünf oberungarischen Freistädte, die »Confessio Pentapolitana« (1549), spricht in Artikel 8, der von der Kirche handelt, – Melanchthon folgend – schlicht über die weltliche Obrigkeit, obwohl die Absichten der städtischen Magistrate und der königlichen Macht in der Religionsfrage wesentlich verschieden waren:

> »Wiewol nu die Christliche Kirche und Gemeine GOttes euserlich der Weltlichen Obrigkeit unterthan ist, jedoch in der Religion und Glauben erkennet sie kein ander Haupt, denn JEsum Christum, wie Paulus Ephes. 1. [22] und Coloss. 1. [18] sagt.«[36]

Der markanteste Unterschied zwischen den Standpunkten von Dévai und Honterus ist ihre Stellungnahme zur bischöflichen/kirchlichen Macht. Die Maxime des Apostels Petrus »Man muß Gott mehr gehorchen…« bezieht Dévai mit Vorliebe nur auf kultische Fragen, die im Bereich der bischöflichen Macht liegen.[37] Der weltlichen

---

site states, national histories and patriotic discourses in early modern East Central Europe, hg. von Balázs Trencsényi/Márton Zászkaliczky (Leiden 2010) 131–148.

35 Confessio catholica de praecipvis fidei articulis exhibita, sacratissimo et catholico Romanorum imperatori Ferdinando, et filio sue i. maiestatis d. regi Maximiliano, ab uniuerso exercitu equitum et peditum s. r. m. a nobilibus item et incolis totius uallis Agrinae, in nomine Sanctae Trinitatis ad foedus Dei custodien. iuramento fidei copulatorum et decertantium pro uera fide et religione, in Christo ex Scripturis Sacris fundata. Erschienen: Debreczin 1562. Vgl. Borsa, Res litteraria (wie Anm. 5) Nr. 176–177; Edition: Andreas Mühling/Peter Opitz (Hg.), Reformierte Bekenntnisschriften. Bd. II/2: 1562–1569 (Neukirchen 2009) 1–165, hier 80–84 (Nr. 58); Auszug: E[rnst] F[riedrich] Karl Müller (Hg.), Die Bekenntnisschriften der reformierten Kirche. In authentischen Texten mit geschichtlicher Einleitung und Register (Leipzig 1903, Nachdruck: Theologische Studien-Texte 5/1–2, Waltrop 1999) 265–376, hier 313–316.

36 Confessio Christianae doctrinae qvinqve regiarvm liberarvmque civitatvm in Hungaria Superiore: Cassoviae, Leutschoviae, Bartphae, Epperiessini ac Cibinij. Exhibita laudatissimae quondam recordationis regi Ferdinando anno 1549. In tribus lingvis, Latina, Germanica et Hungarica impressa = Bekantnus christlicher Lehr vnd Glaubens der fünff königlichen Freystadt in Ober Hungern. Erschienen: Kaschau 1613. Vgl. Gedeon Borsa (Hg.), Régi magyar nyomtatványok. Res litteraria hungariae vetus operum impressorum, Bd. 2: 1601–1635 (Budapest 1983) Nr. 1053; Edition: Viktor Bruckner, Die oberungarischen Glaubensbekenntnisse und die Confessio Augustana, in: Gedenkbuch anlässlich der 400 jährigen Jahreswende der Confessio Augustana, hg. von Dems. (Leipzig–Miskolc 1930) 3–67; Ders., Az 1530. évi augsburgi birodalmi gyűlés. A Confessio Augustana és magyarországi variánsai, in: Emlékkönyv az Ágostai Hitvallás négyszázados évfordulója ünnepére [Der Reichstag in Augsburg 1530. Die Confessio Augustana und die ungarischen Versionen], hg. von Dems. (Miskolc 1930) 1–111, hier 89.

37 Dévai, Disputatio (wie Anm. 32) Fol. q2r: »Etiam divina praecepta moderatur charitas et necessitas, quid dicemus de humanis praeceptis? […] non habent episcopi ius condendi leges, sed praedicare legem et Evangelium, et ut secundum ordinem fiant omnia, possunt aliquid ordinare ad finem politicum, ut certas lectiones etc., non ad illaqueandas conscientias.« Vgl. Confessio Augustana Invariata Artikel 28 (1530), in: BSLK 127: »Unde habent ius episcopi has traditiones imponendi ad illaqueandas conscientias?«

Obrigkeit zollt er aber in seinem ungarischen Katechismus eine positivere Wertung, denn eine reale Gefahr erblickt dieser Reformator erfahrungsgemäß nur auf der Seite der Kirchenfürsten.

Mit der bischöflichen Macht aber schien Honterus in seinen Ausführungen gar nicht zu rechnen. Die Domkapitel von Gran (Esztergom H) und Weißenburg wurden von ihm eher aus Höflichkeit erwähnt.[38] Der zuständige Bischof von Kronstadt, der Erzbischof von Gran, konnte nämlich gar nicht daran denken, seine Jurisdiktion unter den politischen Umständen des geteilten Königreiches Ungarn auf dem weit entfernt liegenden Königsboden in Siebenbürgen auszuüben. Honterus und der Stadt Kronstadt reichte es aus, nur den Weißenburger Hof, also das weltliche Regiment in Siebenbürgen, zu respektieren und in Betracht zu ziehen.[39] Diesem magistratus superior gegenüber versucht der Stadtmagistrat von Kronstadt als magistratus inferior sein ius reformationis zu begründen und sein bereits vorgenommenes Verfahren zu verteidigen:

> »Da nun weder die geheiligte königliche Majestät noch unser Hochwürdiger Herr und Beschützer sowie die anderen allerchristlichsten Herren Prälaten jemals dem Wort Gottes widersprochen haben, sondern dasselbe sorgfältigst ehren und pflegen und diejenigen lieben, die ihm folgen, so vertrauen wir darauf, daß wir in dieser Sache ohne Fehl und ganz ohne Schuld befunden werden, wenn wir nur diesen wenigen beweisen, daß wir nichts ohne Rücksicht auf größere Eintracht ihrer Untergebenen und nicht ohne Beachtung der Autorität der heiligen Schrift und der Gebote des allerhöchsten Gottes in dieser so gefährlichen Zeit und an einem vielfachen Gefahren ausgesetzten Ort vorgenommen haben.«[40]

Weder der respektvolle Stil noch der wiederholte Hinweis auf die pietas der Königin mildert die Entschlossenheit dieses Satzes! Hier tritt das Selbstvertrauen der Kronstädter ans Licht – und vielleicht auch ihre richtige Beurteilung der Machtverhältnisse. Das Urteil über diese Sache und über die Gerechtigkeit ihres Verfahrens wird den Lesern der »Apologia« überlassen.[41]

---

38 Netoliczka, Honterus' ausgewählte Schriften (wie Anm. 1) 37.

39 Ebenda 29 f.

40 »Quamobrem cum neque sacra reginalis maiestas neque reverendissimus dominus et patronus noster gratiosissimus et ceteri praelati domini Christianissimi unquam contradixcerint verbo Dei, sed illud religiosissime colant, foveant et diligant eos, qui illud sequuntur, confidimus nos in hac causa inculpabiles ac innocentissimos futuros, si paucis utcumque demonstraverimus, quod nihil sine respectu maioris concordiae subditorum suorum et manifesta auctoritate scripturae sacrae et praeceptorum Dei altissimi hoc periculosissimo tempore et loco variis periculis obnoxio proposuimus.« Vgl. Netoliczka, Honterus' ausgewählte Schriften (wie Anm. 1) 31; Binder, Johannes Honterus. Schriften, Briefe, Zeugnisse (wie Anm. 1) 189.

41 Netoliczka, Honterus' ausgewählte Schriften (wie Anm. 1) 36, 46.

Widerspiegelung des Mentalitätswandels in der Agende von István Beythe 1582

Von Balázs Németh

Humanismus und Renaissance haben die Keime eines Mentalitätswandels hervorgebracht, der – nach der Formulierung des Kulturphilosophen Norbert Elias – den »Prozess der Zivilisation« auslöste.[1] Dieser hat zur Herauskristallisierung des Individuums und der Persönlichkeit geführt und hat zudem das Erscheinen der Gefühle bewirkt.[2] Darüber hinaus bewirkte dieser Prozess die Humanisierung der Umgangsformen, der Bräuche und des Lebensstils und hat die Gewaltbereitschaft bzw. die tätlichen Aggressionen zurückgedrängt. Als drittes ist zu nennen, dass dieser Prozess einen rationalen Zugang zu den Dingen brachte und im Zusammenhang damit eine wachsende Rolle des Wissens und der Bildung bewirkte. All das war das Ergebnis eines langen und an kleine Schritte gebundenen Prozesses, wobei sehr häufig das Alte neben dem Neuen stand. Den Spuren dieser Desynchronisation begegnen wir auf Schritt und Tritt in allen Quellen des 16. und 17. Jahrhunderts.[3]

Spuren dieses Mentalitätswandels weisen in jenen Jahrhunderten auch die reformatorischen, kirchlichen und theologischen Schriften auf, wenn auch das Hauptanliegen dieser Texte nicht der Prozess der Zivilisation war, sondern die Verkündigung des Wortes Gottes und die Hervorhebung des Erlösungswerkes Christi. Auch wenn Ausgangspunkt, Motivation und Zielsetzung dieser Schriften sich vom Humanismus unterscheiden, so haben sie doch als Nebenwirkung zu einem Mentalitätswandel geführt. Dieser Wandel zeigt sich in den Kirchen der Reformation am deutlichsten in den Kirchenordnungen und Agenden, da diese Schriften sich häufig gebündelt mit den so genannten »Übergangsriten« befassten, d. h. mit jenen Ordnungen und Bräuchen, die den Übergang von einer alten zu einer neuen Lebensphase begleiten, wobei im Leben ein deutlicher Bruch entsteht: Wir nehmen Abschied vom Alten und wenden uns unbekanntem Neuen zu. Die Übergangsriten helfen, trösten und vermitteln Kraft und Mut an der Schwelle vom Alten zum Neuen. Solche Übergangsriten sind im kirchlichen Raum vor allem Taufen, Trauungen und Beerdigungen.[4]

Die Agende von István Beythe aus dem Jahr 1582 ist ein gutes Beispiel, ja sogar ein Modell, um den Mentalitätswandel der Reformationszeit zu untersuchen. Und zwar aus mehreren Gründen: Erstens werden wir in der Agende wiederholt mit der erwähnten Desynchronisation konfrontiert, d. h. mit der Gleichzeitigkeit von Altem

1 Norbert Elias, Über den Prozess der Zivilisation, 2 Bände (Frankfurt 1997).

2 Ders., Die Gesellschaft des Individuums (Frankfurt 1987); Richard van Dülmen, Die Entstehung des Individuums 1500–1800 (Frankfurt 1997).

3 Robert Muchembled, Die Erfindung des modernen Menschen. Gefühlsdifferenzierung und kollektive Verhältnisweisen im Zeitalter des Absolutismus (Hamburg 1990) 126–137.

4 Arnold van Gennep, Übergangsriten (Frankfurt 1986).

und Neuem, bzw. der Gleichzeitigkeit von Ungleichem. Und zweitens ist die Agende ein beredtes Zeugnis von den Harmonisierungsbemühungen des Autors zwischen milden reformierten theologischen Standpunkten und lutherischen liturgischen Formen und Elementen.[5]

Der Autor, István Beythe (1532–1612), stammte aus dem in der südungarischen Baranya liegenden Dorf Kö/Kamenec (Kroatien), einem von Türken besetzten Gebiet, und absolvierte seine schulische Ausbildung im dortigen Tolna. 1555 besuchte er wahrscheinlich die Universität von Wittenberg. Danach war er Schulmeister an verschiedenen Orten in Ungarn. 1565 wurde er Hofgeistlicher der Familie Bánffy in Alsólendva/Unterlimbach/Lendava (Slowenien) und 1574 ungarischer Pfarrer in Sopron/Ödenburg. 1576 holte ihn Boldizsár Batthyány als Hofgeistlichen nach Güssing. 1585 wählten ihn die evangelischen – sowohl lutherisch als auch reformiert geprägten – Pfarrer der Komitate Sopron und Vas zum Bischof. Nach dem Csepreger Kolloquium 1592 zwischen ihm und Vertretern der lutherischen Theologie erkannten die lutherischen Pfarrer und Gemeinden ihn nicht mehr als ihren Bischof an und organisierten sich 1595 selbständig, auch wenn sie bis zu Beythes Tod keinen eigenen Bischof wählten. Beythe legte noch im selben Jahr das gemeinsame Bischofsamt nieder und blieb bis zu seinem Tod nur Bischof der westungarischen Reformierten von Transdanubien. Beythe war ein gelehrter Kirchenmann. Mit dem Grazer evangelischen Pfarrer Jeremias Homberger, einem Lutheraner, war er eng befreundet. Theologisch vertrat er einen vermittelnden Standpunkt mit einem milden reformierten Akzent. Auch literarisch war er tätig und publizierte neben seiner Agende einen Katechismus, mehrere Predigtbände, Postillen und theologische Abhandlungen.[6]

Beythes Agende und alle seine anderen Werke wurden von dem slowenischen, aus Krain oder aus dem Küstenland stammenden Wanderdrucker Johann Manlius in dessen Wanderwerkstatt gedruckt. Manlius hatte mit dem Reformator der Slowenen, Primus Truber, zusammengearbeitet und musste seiner evangelischen Gesinnung wegen seine Heimat verlassen. Aufgrund einer Empfehlung von Pfarrer Homberger kam er nach Güssing unter die Obhut von Balthasar Batthyány. Bis 1605, d. h. bis zu

---

5 László Pataky (Hg.), Miképpen az koroztyéni gyeuleközetben az köröztségöt, Vrvachorayat, hazasok esköttétéset, oldozatot,gyonást etc. Zolgáltassanak az egy házi tanytok, arról iratot könyuechkeBeytheIstuanPraedicatoraltal.NyomtattatotGyzzingVarasibanManliusIanostul. Anno M.D.L.XXXII [Ein Büchlein über die Art wie das kirchliche Leben in der christlichen Versammlung die Taufe, das Abendmahl, die Ehe, die Beichte, den Krankenbesuch und das Opfer spenden soll.] (Güssing 1582). Erneuerte, nicht vollständige Wiedergabe in: Studia et Acta Ecclesiastica III. Tanulmányok és szövegek a magyarországi református egyház XVI. Századi történetéből [Studien und Texte zur Geschichte der ungarischen reformierten Kirche aus dem 16. Jh.], hg. von Bartha Tibor (Budapest 1973) 659–677. (Eine neue textkritische Ausgabe von Fekete Csaba erscheint in Bälde.)

6 András Fabó, Beythe István életrajza [Die Biographie von Beythe István], in: *Académiai Ertesitö* [Akademische Mitteilungen], Nr. 4 (1864) 210–268; Gottlieb Gamauf, Über den ungarischen Superintendenten Stephan Beythe. *Archiv für alte und neue Kirchengeschichte*, Nr. 4 (1820) 578–623; Karl Fiedler, Pfarrer und Lehrer und Förderer der ev. Kirche A. und H.B. im Burgenlande (Burgenländische Forschungen 40, Eisenstadt 1959) 15–16.

seinem Tod, wirkte er als Drucker in verschiedenen Orten Westungarns, entweder auf Batthyánys oder auf Nádasdys Gütern. Es waren ca. 40 Bücher, die während dieser Zeit in seiner Druckerei gedruckt wurden.[7]

Förderer von Beythes Agende war der Burgherr von Güssing, Boldizsár Batthyány (1542–1590). Durch Beythes Agende wollte er die Zusammengehörigkeit und die Ordnung unter den verschiedenen theologischen Ausrichtungen, sprachlichen und liturgischen Ordnungen auf dem Gebiet seiner Güter herstellen. Er persönlich fühlte sich mit dem evangelischen Glauben reformierter Prägung verbunden. Während seiner Kavalierstour in Paris war er mit den Hugenotten in Berührung gekommen, und durch seine Gattin, Dorica Zrinyi, wurde er in seiner reformierten Einstellung noch bestärkt. Batthyány war der mächtigste und vermögendste Hochadelige seiner Zeit in Westungarn. Er war der Generalkapitän von Transdanubien. Gleichzeitig war er der Förderer verschiedener Wissenschaftler und Wissenschaften, u. a. des bekannten Botanikers Carolus Clusius. Er korrespondierte mit zahlreichen Gelehrten seiner Zeit und besaß eine der größten Privatbibliotheken des 16. Jahrhunderts mit vielen theologischen und philosophischen Werken, u. a. von Luther, Melanchthon, Calvin, Beza und auch von den Markomanen, den Vertretern des Widerstandsrechts der Hugenotten.[8]

Der Mentalitätswandel ist bereits in der Einleitung von Beythes Agende erkennbar, in der der Autor als das Ziel seiner Schrift feststellte: »Das Amt der Belehrung ist die Predigt des Wortes Gottes.« Das ist eine klare Abgrenzung zum Primat der Riten in einer Agende gegenüber der Wortverkündigung. Damit wurde ein Prozess eingeleitet, der zur rationalen Rezeption und zum Vorrang der intellektuellen Aneignung der Glaubenswahrheit führte. Im Unterschied zur mechanischen Wiederholung der Rituale, die bei der Sakramentsverwaltung in früheren Zeiten eine dominierende Rolle gespielt hatte, trat das Hören des Wortes und, damit verbunden, die Worte überhaupt in den Vordergrund.

Dieser neue Prozess führte, wenn auch in sehr bescheidenen Anfängen, zu einer intimeren und persönlicheren Aneignung des Glaubens, nicht zuletzt durch die Hervorhebung, dass Christi Erlösung »pro nobis«, aber auch »pro me« geschah. Die Predigt hat für die Zuhörer das Tor zu der Sprache geöffnet, womit automatisch, wenn auch nicht von einem Tag auf den anderen, die Ausdrucksfähigkeit und der Wortschatz der Einzelnen verbessert wurden. In der Folge nahm auch die Kommunikationsfähigkeit unter den Menschen zu, und die Aufnahmefähigkeit für abstrakte Begriffe verbesserte sich. Auf lange Sicht betrachtet führte das u. a. auch zu einer

---

7 Karl Semmelweis, Der Buchdruck auf dem Gebiet des Burgenlandes bis zum Beginn des 19. Jh. (Burgenländische Forschungen Sonderheft IV, Eisenstadt 1972); Ders., Johann Manlius, Burgenlands erster Buchdrucker. *Biblos* 21 (1972) 159–168.

8 Dóra Bobory, The sword and the crucible: Count Boldizsár Batthyány and Natural Philosophy in Sixteenth-Century Hungary (Newcastle/GB 2009); Imre Gyenge, Zwei Feudalherren und zwei Konfessionen. Glaubensstreitigkeiten der Lutheraner und der Calvinisten in Westungarn im 16. Jh. *JGPrÖ* 96 (1980) 214–223; Gustav Reingrabner, Die Batthyánys und die Reformation im 16. und 17. Jh. (erscheint demnächst im einschlägigen Band der »Schlaininger Gespräche«).

Humanisierung der Gesellschaft, weil von nun an in Konfliktfällen und in Streitgesprächen die daran Beteiligten auf die im Mittelalter verbreitete Gewalt verzichten konnten, weil sie sich nun verbal artikulieren konnten und nicht mehr auf Tätlichkeiten als Kompensation für Sprachlosigkeit angewiesen waren. Gewalt und Selbstjustiz wurden abgelöst durch Selbstdisziplin und öffentliche Gerichtsbarkeit, wobei auch die Kirchenzucht eine begrenzende, öffentliche, disziplinierende und entlastende Funktion erhielt – im Unterschied zur persönlichen Willkür und Selbstjustiz. Eine andere objektiv messbare Folge des Nebeneffekts der Wortverkündigung war der in evangelischen Regionen gestiegene Alphabetisierungsgrad im Unterschied zu katholischen Landstrichen, wenn auch vorerst in bescheidenem Ausmaß.[9]

In der Taufliturgie von Beythes Agende gibt es einen auffallend rationalen Zug. Der Autor wies nämlich darauf hin, dass die Gnade Gottes nicht im Vollzug der Taufhandlung verliehen wird, sondern sie den Täufling von Geburt an begleitet. Die Taufe ist die »Bezeugung« und die »öffentliche Bekundung« dieser Gnade und Fürsorge Gottes. Diese Aussage zielte auf die Befreiung von der weit verbreiteten Furcht jener Zeit, dass ungetaufte Säuglinge im Falle ihres plötzlichen Todes der Verdammnis anheim fielen, eine Furcht, die in der Zeit einer sehr hohen Säuglingssterblichkeitsrate durchaus verständlich erschien. Diese Furcht bewog viele, die Taufe bereits im Mutterleib vorzunehmen, was der reformierte Bischof von Debrecen, Péter Méliusz Juhász, aus theologischen Gründen scharf verurteilte.

Das frühere von den Paten gestiftete spezielle Taufgewand, das »korozsma« (Chrysma), wurde von Beythe genauso verworfen wie die Salbung des Täuflings mit Öl und die Besprengung mit Wasser in einer kreuzförmigen Bewegung beim eigentlichen Taufakt. Alle diese Riten, die auch als gewohnheitsrechtliche Volksbräuche galten, sollten die Angriffe des Teufels abwehren. Sie stellten also einen gewissen Exorzismus dar.[10] Demgegenüber hat Beythe in seiner kurzen Taufansprache darauf verwiesen, dass Christus uns auch aus der Macht des Teufels befreit hat, sodass es bei der Taufe keinerlei Form von Exorzismus bedurfte. Allerdings kann man an diesem Punkt eine deutliche Desynchronisation beobachten, kennzeichnend für eine Übergangsperiode: Auf der einen Seite lehnte Beythe nämlich jeglichen Exorzismus entschieden ab, auf der anderen jedoch hatte er – im Einklang mit den meisten ungarischen evangelischen Taufliturgien des 16. Jahrhunderts – unter die Tauffragen auch folgende aufgenommen: »János, widersetzt du dich allen Handlungen des Teufels?«

Hinter dieser Relativierung des Teufels steckte die unter den ungarischen Reformierten im 16. Jahrhundert verbreitete Auffassung, dass der Teufel keine leibliche,

9 Kálmán Benda, A felvilágosódás és a paraszti müvelteség a 18. századi Magyarországon [Aufklärung und bäuerliche Bildung im Ungarn des 18. Jh.]. *Világosság* 19 (1967) 54–61.

10 Béla Sörös, A magyar liturgia története [Die Geschichte der ungarischen Liturgie] (Budapest 1904) 326; Péter G.Tóth, Egy mondat a kisértésröl [Ein Satz über die Versuchung]. *Kortárs*, Nr. 5 (2005) 39–49; *Magyar Néprajzi Lexikon* [Ungarisches Volkskundelexikon] 3, 275–276 (»korozsma«); Dániel Bárth, Benedikcio és exorcismus a kora uj kori Magyarországon [Benedictio und Exorzismus in der frühen Neuzeit in Ungarn] (Budapest 2010).

sondern lediglich eine geistige Realität sei, sodass er in den Menschen nicht eindringen könne. Diese Auffassung spielte eine wichtige Rolle zur Zeit der Hexenprozesse, deren Zahl in den ostungarischen reformierten Gegenden auf ein Minimum beschränkt blieb.[11] Entgegen der allgemeinen zeitgenössischen Vorstellung, dass hinter Krankheiten eine Verhexung oder der Teufel selbst stecke, betonten die reformierten Pfarrer und Theologen in Ungarn schon zu jener Zeit, dass bestimmte Kräuter als solche auch ohne magische Zaubersprüche und Handlungen hilfreich seien und eine Medizin darstellten. Es ist daher nicht erstaunlich, dass im Kampf gegen magische Heilungsvorstellungen die Autoren der ersten ungarischen Kräuterbücher im 16. Jahrhundert reformierte Pfarrer waren. So ist Bischof Péter Méliusz Juhász' »Herbarium« 1567 in Klausenburg und András Beythes (Sohn von Bischof Beythe) »Fiveskönyv« (Kräuterbuch), 1595 in Güssing herausgekommen.[12]

Die Praxis des Muttersegens bezeichnete Beythe als eine unwichtige Sache. Derzufolge durfte nämlich die Wöchnerin erst nach Ablauf von sechs Wochen nach ihrer Niederkunft wieder in den Gottesdienst kommen und dies im Rahmen einer speziellen Segnung, nachdem sie »rein« geworden war. Dahinter steckte die aus dem Altertum stammende Vorstellung, dass das Blut sowohl beim sexuellen Akt als auch beim Geburtsvorgang die Frau verunreinige. Das war Grund für die Tabuisierung der Frau bzw. für ihre Diskriminierung.[13] Beythe hat demgegenüber körperliche Reinheit von der seelisch-religiösen Reinheit getrennt, was als eine Befreiung aus der Macht einer magischen Vorstellung zu verstehen ist. Gemäß seiner vorsichtigen Formulierungen – auch wenn er prinzipiell gegen den Muttersegen eingestellt war – riet er den Müttern, dass sie nach der Niederkunft erst dann in den Gottesdienst kommen sollten, »wenn sie spüren, dass sie rein geworden sind«, ohne einen bestimmten Termin und ohne eine darauffolgende spezielle liturgische Handlung damit zu verbinden. Beythes Zugang zu diesem Thema war, ungeachtet seiner vorsichtigen Formulierungen, ein bedeutender Schritt in Richtung einer rationalen Einstellung zur Sexualität und zu ihrer Enttabuisierung.

---

11 Áron Kiss, A XVI. Században tartott magyar református zsinatok végzései [Beschlüsse der ungarischen reformierten Synoden im 16. Jh.] (Budapest 1881) 228–230; Ildikó Kristof, Boszorkányok »Orvosasszanyok« és »Parázna személyek« a XVI.–XVII. századi Debrecenben [Hexen, »Arztfrauen« und »unzüchtige Personen« in Debrecen im 16. und 17. Jh.]. *Ethnográphia* 101 (Budapest 1990) 438–466.

12 Balázs Németh, »Gott schläft nicht, er blinzelt uns zu ...« Evangelisch-reformierte Lebensgestaltung zwischen Kontinuität und Wandel – Ungarn im 16. Jahrhundert als Beispiel (Frankfurt 2003) 209–226.

13 *Magyar Néprajzi Lexikon* [Ungarisches Volkskundelexikon] 1, 149–150 (»aszonyáldás« – »Frauensegen«) 2, 344 (»gyermekágy« – »Wochenbett«); Sándor Benedek, A magyarországi református egyház istentiszteletének multja [Die Vergangenheit des Gottesdienstes der reformierten Kirche Ungarns] (Siget i. d. Wart 1971) 266–270; Hans-Peter Hasenfratz, Art. Tod I. Religionsgeschichtlich. *TRE* 33 (2003) 579–582; Dániel Bárth, Esküvö, keresztelö, avatás. Egyházi és népi kultura a kora ujkori Magyarországon [Trauung, Taufe, Weihehandlung. Kirchliche Kultur und Volkskultur im frühneuzeitlichen Ungarn] (Budapest 2005).

Deutlich ist der Mentalitätswandel in der Abendmahlsordnung ersichtlich, indem Beythe feststellte, dass das Abendmahl keinerlei Opfercharakter habe, sondern es »Erinnerung«, »Siegel«, »Bezeugung des Heils« und »Bekräftigung des ewigen Lebens« sei. Die Aufzählung klingt sehr reformiert. Das öffnete den Weg zu einer rationalen Denkweise und verließ eine sakrale Vorstellung, mit der in jener Zeit stets magisches Gedankengut verbunden war. Eine deutliche Stärkung des individuellen Selbstbewusstseins wurde erzielt durch die Kommunion in beiderlei Gestalt, das heißt den Abendmahlsgästen wurden Brot und Wein gereicht. Das Selbstbewusstsein wurde noch zusätzlich dadurch gestärkt, dass die Kommunikanten Brot und Kelch in die eigenen Hände nehmen konnten. Diese evangelische Praxis hat u. a. den Abstand zwischen Laien und Geistlichen verringert. Beythe hat es den Pfarrern freigestellt, ob sie beim Abendmahl Hostien oder Brot verwenden wollten, obwohl er sich selbst auf Grund der Praxis Jesu für Brot aussprach. Genauso hat er es freigestellt, ob beim Abendmahl ein gewöhnlicher Tisch oder der Altar verwendet werden sollte. Er selbst bevorzuge den Tisch, schrieb er, wieder auf das Beispiel Jesu verweisend. Hier muss ich vermerken, dass der Altar die Gläubigen sicherlich an den früheren Opfercharakter und an das Sakrale der Handlung erinnerte. Dagegen spielte der Tisch, gemäß der damaligen Zeit, eine zentrale Rolle im Alltag als Zentrum der gesellschaftlichen und häuslichen Kommunikation und Zusammengehörigkeit. Und diese Rolle spielte er auch beim Abendmahl. Gleichzeitig verringerte er ebenfalls die Distanz zwischen Geistlichen und Laien, denn der Pfarrer war auch Teil der dörflichen Gemeinschaft. Beythe stellte für die Praxis des Abendmahls also Alternativen vor: Brot oder Hostie, Altar oder Tisch, alles Zeichen für seine harmonisierende Theologie.

Auch den Krankenbesuch hat Beythe in seine Agende aufgenommen, denn dieser war – auf Wunsch des Kranken – mit Beichte und Abendmahl verbunden. Auch an dieser Stelle zeigt sich Beythes harmonisierende Theologie: Er grenzte sich deutlich von der so genannten letzten Ölung ab und bezeichnete den Krankenbesuch als einen seelsorgerlichen Dienst, wobei das Wort Gottes verkündigt werde unter dem speziellen Aspekt des Kranken. Auch sogenannte weltliche Fragen hat Beythe in den Rahmen dieses Gespräches aufgenommen. Er forderte z. B. den Kranken auf, ein Testament zu verfassen, damit »unter den Erben kein Streit entstehe«. Dabei dachte er vorwiegend an rationale Fragen, in starkem Gegensatz zur mittelalterlichen Testamentspraxis. Schon in deren Einleitung spielte die Berufung auf die Jungfrau Maria und alle Heiligen als Fürsprecher eine große Rolle und daneben nahmen die eigenen heilbringenden Verdienste und die Verfügung über die Seelenmesse einen breiten Raum ein. Der Historiker Le Goff bezeichnete ein solches mittelalterliches Testament als »Passierschein in den Himmel«, und der Kulturhistoriker Philippe Ariès meinte, das »Testament war das Instrument für die Kontinuität zwischen dem Diesseits und dem Jenseits«. Alle diese Vorstellungen spielten aus theologischer Sicht in der reformatorischen Theologie keinerlei Rolle mehr. Das evangelische Testament konnte deshalb rein sachbezogen sein, denn Fürsprecher und Passierschein waren obsolet geworden, weil den Menschen bewusst gemacht wurde, dass die Erlösungstat Christi ein vollzogenes Faktum ist. Dieser christologische Hintergrund führte zu einem radikalen Wandel: Aus Glaubensgründen wurden die Testamente streng sachbezogen.[14] Ein gutes Beispiel dafür ist jenes von Bálint Balassa (1551–1594), dem Begründer der ungarischen Lyrik, der sein Testament 1585 vor seiner Rekatholisierung verfasste und dessen kurzer einleitender Satz lautete: »Ich empfehle meine Seele meinem gnädigen Gott«; unmittelbar daran schließt sich der sehr umfangreiche sachliche Inhalt über die Verteilung seine Güter an.[15]

Beythe hat in seine Agende auch die persönliche Beichte aufgenommen, die wiederum seine harmonisierende theologische Tendenz widerspiegelt. Sofort in der Einleitung grenzte er sich von der Ohrenbeichte ab, weil, wie er unterstrich, die persönliche Beichte eigentlich ein seelsorgerliches Gespräch sei. Darüber hinaus könne nur Christus die Sünden vergeben, nicht aber ein Priester. Kein Mensch könne nämlich verkünden, dass jemand seiner Sünden ledig, dass er »fertig« sei, wie Beythe sagte, »weil Herrschaft ein teuflisches Wort ist, denn es stellt sich gegen die alleinige Herrschaft Christi«. Demzufolge braucht sich niemand zu sorgen, dass er verdammt sei, weil er nicht alle seine Sünden gebeichtet hat. Dies scheint Menschen früherer Zeiten existentielle Furcht eingejagt zu haben, von der Beythe das Beichtkind aus christologischer Sicht entbunden und befreit hat. Beythe erinnerte die Beichtenden an die Sündenvergebung Christi; jedoch nicht nur im Hinblick darauf, dass Christus unsere Sünden vergibt, sondern dass auch die Menschen untereinander sich ihre Sünden vergeben sollen. Deshalb forderte Beythe den Beichtenden auf, jeglichen Rachegedanken zu vergessen und seinem Feind, der ihm Schaden zugefügt habe, zu vergeben. Dieser Passus verweist auf die im Mittelalter verbreitete Form der Blutrache und der Selbstjustiz. Bei der Überwindung der Rache erinnerte Beythe an christologische Grundsätze, und gleichzeitig trug er maßgeblich zur Humanisierung der gesellschaftlichen Beziehungen bei. Erwähnenswert ist, dass außer der Agende Beythes keine andere ungarische evangelische Agende des 16. Jahrhunderts das Thema Beichte aufgenommen hat.

Aus der Trauungsliturgie Beythes ist klar ersichtlich, dass die Ehe sich nach der Reformation persönlicher und intimer gestaltet hat im Vergleich zu früheren Zeiten. Das wird deutlich an den an die Brautleute gerichteten Fragen, aber ganz besonders bei der Erörterung der Zielsetzung der Ehe. Beythe hat dabei die Reihenfolge im römisch-katholischen Eheverständnis umgedreht. Als erstes Ziel der Ehe nannte er »die verpflichtende Verbindung zwischen einem Mann und einer Frau« und erst an zweiter Stelle kam die Zeugung der Nachkommenschaft, die in der römisch-katholischen Eheauffassung an erster Stelle stand. An die dritte Stelle der Zielsetzungen der Ehe stellte Beythe, im Einklang mit allen anderen Agenden, den Schutz vor Unzucht. Zweifelsohne im Geiste seiner Zeit erwähnte Beythe unter den Pflichten der Ehefrau deren Gehorsam, aber umso mehr hob er hervor, dass der Ehemann »die Sitten der Jugend zurücklassen« solle, d. h. Trunkenheit, Fluchen und Streitlust.

---

14 NÉMETH, »... Gott schläft nicht, er blinzelt uns zu ...« (wie Anm. 12) 81 f.

15 Eckhardt SÁNDOR (Hg.), Bálint Balassi, Összes müvei I [Das gesammelte Werk Bálint Balassis] (Budapest 1951) 342–344.

Am stärksten ist der Mentalitätswandel bemerkbar in Beythes Ausführungen über die Beerdigung. Außer Beythe hat unter allen ungarischen evangelischen Autoren von Agenden des 16. Jahrhunderts nur Gáspár Heltai 1559 in seiner Agende eine Beerdigungsordnung verfasst, die Beythe bekannt war. Beythes Liturgie ist allerdings nur verständlich, wenn man sich den fundamentalen Unterschied zwischen dem damaligen katholischen und dem reformatorischen Verständnis vom Tod vor Augen hält. Die evangelische Beerdigungsliturgie zog die Konsequenz aus diesem grundsätzlichen Unterschied. Gemäß der evangelischen Auffassung gibt es eine unüberwindbare Trennlinie zwischen den Verstorbenen und den Lebenden, weil der Körper der Verstorbenen im Friedhof ruht, während ihre Seele sich bereits bei Gott befindet und nicht herumgeistert zwischen Friedhof und früherer Wohnstätte, was den Angehörigen ständige Furcht einjagte.[16] Dementsprechend benötigten die Evangelischen, so betonte Beythe, keine magischen – er spricht von abergläubischen – versöhnenden oder vermittelnden Handlungen oder Riten, welche die Verstorbenen befrieden oder ihnen helfen sollten beim Übergang ihrer Seelen vom Fegefeuer in den Himmel. Ein solcher Ritus war in Ungarn u. a. das Läuten der »Seelenglocke«, die die Seele des Verstorbenen in den Friedhof begleitete und »den Bösen« vertrieb. Es war auch nicht mehr erforderlich, den Toten mit Asche zu bestreuen als Hinweis auf die Vergänglichkeit des Daseins. Man brauchte auch kein Totenmahl mehr, ein Überbleibsel vom Totenkult des Altertums, bei dem symbolisch der Leichnam des Verstorbenen verzehrt wurde. Mit diesem Totenmahl war auch eine Ausspeisung der Armen verbunden, die eigentlich den Toten repräsentierten und die Angehörigen schützen sollten vor einer eventuellen Rache des Verstorbenen. Alle diese Riten – und andere – hat Beythe in seiner Agende aufgezählt und sie aus theologischen Gründen entschieden abgelehnt.[17] Auch die Seelenmesse war obsolet geworden, weil die Seele des Verstorbenen bereits bei Gott sei und nicht im Fegefeuer schmore, schrieb Beythe. Christi bereits geschehene Erlösung habe ihre ausschließliche Gültigkeit auch im Zusammenhang mit Tod und Beerdigung.[18]

Ausschließlich theologische Überlegungen sind die Grundlage für die Rationalisierung der Beerdigungsliturgie und die absolute Reduktion der Riten und Rituale. Dafür erhielt die Wortverkündigung jedoch eine dominierende Rolle. Grundsätzlich hatte Beythes Beerdigungskonzeption nur drei Elemente: Predigt, Gebet und Lied. Die Predigt wird ausschließlich an die Angehörigen, nicht aber an den Verstorbe-

16 Eberhard JÜNGEL, Tod (Gütersloh 1993); Gert HARTMANN, Art. Reinheit. *TRE* 28 (1997) 493–504.

17 Robert MUCHEMBLED, Kultur des Volkes – Kultur der Eliten. Die Geschichte einer erfolgreichen Verdrängung (Stuttgart 1984) 98; Géza ROHEIM, Magyar néphit és népszokások [Ungarischer Volksglaube und Volksbräuche] (Budapest 1925; Faksimile Ausgabe 1990) 166–180; *Magyar Néprajzi Lexikon* [Ungarisches Volkskundelexikon] 2, 441–443 (»Halotti tor« – »Leichenschmaus«), 468 (»Harangozás« – »Glockengeläute«), 457 (»Hamvazószerda« – »Aschermittwoch«), 4, 572 (»Szegények etetése« – »Speisung der Armen«).

18 Jacques LE GOFF, Die Geburt des Fegefeuers. Vom Wandel des Weltbildes im Mittelalter (München 1982) 195–201; Ernst KOCH, Art. Fegefeuer. *TRE* 11 (1983) 69–78.

nen gerichtet, wie das früher der Fall war. Inhalt der Predigt sind Dank, Trost und Hoffnung auf das ewige Leben aufgrund der Erlösungstat und Auferstehung Christi. Die Gebete betreffen Lob Gottes, Dank und Vertrauen, jedoch keine Bitte um Vermittlung, da die Erlösung bereits am Kreuz geschehen ist. Und weder Heilige noch die Jungfrau Maria noch fromme Taten der Hinterbliebenen können dazu etwas tun. Beythe verweist auf Bibelstellen, wenn er mahnt, den Verstorbenen nicht in der Kirche und unter dem Altar zu bestatten, denn Kirche und Altar allein garantierten nicht die Nähe Gottes. Beythes Hinweis auf den Friedhof trifft sich mit den Maßnahmen vieler Magistrate – z. B von Paris –, die Beerdigungen aus den Kirchen in die außerhalb der Städte liegenden Friedhöfe zu verlegen. Nur die Motivation dafür war verschieden. Beythe argumentierte biblisch-theologisch, die Magistrate dagegen haben hygienische Gründe angeführt wegen befürchteter Seuchengefahr. Beide dienten der Zivilisierung.[19]

Beythe lässt die Beerdigungsordnung im Hause des Verstorbenen beginnen: »Weil wir Anwärter zum ewigen Leben sind, versammeln wir uns beim Verstorbenen, zeigen ihm unseren Dank, begleiten ihn und erinnern uns auch an unsere eigene Vergänglichkeit.« Der Leichnam wird dann vom Haus des Verstorbenen in den Friedhof getragen und währenddessen singen die Geistlichen und die Schüler »Loblieder an Gott«. Im Friedhof spricht der Pfarrer ein Gebet, in dem er Gott dankt, dass er über uns regiert und uns zum ewigen Leben auferweckt. Danach spricht er in einer kurzen Predigt darüber, dass wir alle zu Staub werden, aber Jesus in uns die Hoffnung auf das ewige Leben geweckt hat. »Danach soll der Verstorbene mit Lobliedern bestattet und seine Eltern, Verwandten und Freunde getröstet werden.« Beythe schließt seine Beerdigungsordnung mit den Worten: »Danach sollen wir alle auseinander gehen, jeder zu seiner Beschäftigung zurück, und er bemühe sich, ein gottgefälliges Leben zu führen, und er möge seine eigene letzte Stunde nicht vergessen«. Hinter diesen Worten steckt, wenn auch nur indirekt, die Absage an das Totenmahl, das sich früher nahtlos an die Beerdigung anschloss. Dieses war voller magischer und symbolischer Handlungen, die u. a. den Zweck hatten, den Verstorbenen zu befrieden, damit aus seiner Seele nicht eine »wiederkehrende Seele« werde.[20] All das haben die Reformierten – so auch Beythe – entschieden abgelehnt – nicht aus rationalen und aufgeklärten Gründen, sondern aufgrund des Wortes Gottes und der alleinigen Erlösungstat Christi.

In seinem Schlusskapitel kommt Beythe noch einmal summarisch auf die sieben Sakramente der römisch-katholischen Kirche zu sprechen, da eine klare Absage an das Messopfer als eine Wiederholung des einmaligen Opfers Jesu sein großes Anliegen war. Damit im Zusammenhang verurteilte er scharf die verschiedenen magischen Praktiken, die mit diesem »Versöhnungsopfer« in Verbindung standen. Er meinte, die Kirche brauche keine Praktiken, um die Angriffe des Teufels abzuwehren, da Christus am Kreuz ein für alle Male die Macht des Teufels gebrochen habe. So

19 Philippe Ariés, Geschichte des Todes (München 1982) 407.

20 Roheim, Magyar néphit és népszokások (wie Anm. 17) 179–196; Tekla Dömötör, Volksglaube und Aberglaube der Ungarn (Budapest 1981) 107–111.

führte die christologische Konzentration zur Befreiung von einer lähmenden Angst und damit indirekt als Nebeneffekt zu einer gewissen Rationalisierung des Lebens. In der Vorstellung Beythes bewirkte die Christologie auch einen gewissen Grad an Emanzipation: Gott verleihe die Gabe des Heiligen Geistes unmittelbar und nicht »durch die Hand des Gottverfluchers«. Daraus folgt, dass »jeder Christ von Gott zum Priester berufen wurde«. Das allgemeine Priestertum aller Gläubigen befreit die Christen von ihrer Passivität als Objekte und qualifiziert sie zu Subjekten, die kein Versöhnungsopfer, sondern ein Dankopfer bringen durch ihre Lebensführung, die Zeugnischarakter hat und »durch die Hilfsleistungen an die Armen und Elenden sowie durch Taten der Barmherzigkeit«. Dass das Leben voller Dankbarkeit gestaltet wird in Form gelebter Nächstenliebe bedeutet, dass man Gott Dank zeigt für seine Gnade und Güte. Das erinnert an den Geist des Heidelberger Katechismus, den Beythe selbst gekannt hat. Damit hat Beythe auch Calvins Gedanken rezipiert, der die einseitige und ohne Gegenleistung zu erwartende Gnade Gottes auf die Beziehungen zwischen Mensch und Mitmensch übertrug. Das bedeutete eine Abgrenzung von der Reziprozität und von einem »do ut des« sowohl in der Gott-Mensch als auch in der Mensch-Mitmensch-Beziehung. Dies wiederum öffnete die Tür zu einer »schenkenden Sozialethik«.[21] Die Überwindung der Reziprozität im Bereich der Theologie war ein kleiner Beitrag der Reformation für das Aufbrechen der geschlossenen Gesellschaft mit ihren verschlossenen Toren, schützenden Mauern und Wassergräben.

Zusammenfassend lässt sich feststellen, dass Beythe in seiner Agende aus theologischen Gründen einen Mentalitätswandel bewirkt hat, den er durch Akzentverschiebungen in der formalen Gestaltung der liturgischen Vorgänge erreichte. In diesem Sinn hat er die Riten auf ein Minimum reduziert und gewisse symbolische Handlungen, die ursprünglich magischer Natur waren, aber in die katholische Liturgie integriert wurden, eliminiert. Und schließlich hat er die visuellen und optischen Wirkungen der Zeremonien gedämpft. Alle diese Elemente bildeten in der alten Gesellschaft die wichtigsten Bausteine des kollektiven Selbstbewusstseins und Zusammengehörigkeitsgefühls und waren Haltegriffe einer Gesellschaft, in der die »kollektiven Ängste« eine Lähmung bewirkten, aber auch unkontrollierte Aggressionen und Gewalt hervorriefen.[22] Das Fehlen dieses Grundgerüsts hat nach der Reformation bei vielen Menschen ein Vakuum und das Gefühl des Alleinseins bewirkt. Um die Gesellschaft wieder ins Lot zu bringen, meinte Max Weber, wurde hinfort eine »innerweltliche Askese«, d. h. Sparsamkeit und ein forciertes Arbeitsethos, als Lebensstil die gestaltende Kraft.[23] Den Mangel an Riten hat Beythe durch das Predigen und Hören des Wortes Gottes und durch das Heben des Selbstwertgefühls der Gläubigen

---

21 Natalie ZEMON DAVIS, Die schenkende Gesellschaft. Zur Kultur der französischen Renaissance (München 2007) 162–175.

22 Jean DELUMEAU, Angst im Abendland. Die Geschichte kollektiver Ängste im Europa des 14. bis 18. Jahrhunderts. 2 Bände (Hamburg 1985); Éva PÓCS (Hg.), Közösség és identitás [Gemeinschaft und Identität] (Budapest 2002).

23 Max WEBER/Johannes WINCKELMANN (Hg.), Die protestantische Ethik (München 1965) 115–165.

kompensiert. Das hat in vielen Kreisen der Gesellschaft zu einem neuen Bewusstsein und einer neuen Identität, aber auch zur Sachlichkeit, zur Hervorkehrung des subjektiven Individuums und zu einem neuen Zusammengehörigkeitsgefühl unter dem Wort Gottes geführt.

All das bewirkte als Nebeneffekt einen Mentalitätswandel, nicht aus rationalen, sondern aus theologischen Gründen.

Johann Georg Bauhofer (1806–1864), Seelsorger der Palatinissa Maria Dorothea und Gründungspfarrer der evangelisch-lutherischen Gemeinde von Ofen[1]

Von Gerhard Hausmann

War es im 16. Jahrhundert Wittenberg, von wo die Reformation von Deutschland aus in den südosteuropäischen Raum, insbesondere nach Ungarn ausstrahlte, so waren es in den folgenden Jahrhunderten insbesondere Halle im Blick auf den Pietismus und Jena im Blick auf die Aufklärung, die durch eine große Anzahl von meist Theologie Studierenden in die evangelische Kirche Ungarns hineinwirkten.[2]

Einen weiteren Impuls stellte im zweiten Viertel des 19. Jahrhunderts die württembergische Erweckungsbewegung dar, die in der Person der Palatinissa Maria Dorothea[3] und ihres näheren Umfelds entscheidende Anstöße im Blick auf die Frömmigkeit aber auch im Blick auf die sozialen Herausforderungen der Zeit gab. Am 24. August 1819 fand die Trauung der Tochter des Herzogs Ludwig von Württemberg und dessen Ehefrau Henriette von Nassau-Waldburg in Kirchheim unter Teck mit Palatin Joseph, dem Bruder des Habsburger Kaisers Franz I. und Statthalter im Königreich Ungarn statt.

Geprägt war Maria Dorothea durch die von altpietistischer lutherischer Frömmigkeit, aber auch durch den Spiritualismus eines Johann Albrecht Bengel und Heinrich Jung-Stilling gespeiste religiöse Haltung, die sich bei ihr mit dem Schweizerischen Réveil in seiner reformierten, freikirchlichen Ausprägung verband.[4]

---

1 Eine Kurzfassung dieses Aufsatzes zum 150. Todestag Georg Bauhofers wurde auf der Tagung »Luther und die Evangelisch-Lutherischen in Ungarn und Siebenbürgen. Augsburgisches Bekenntnis, Ethnie und Politik vom 16. Jahrhundert bis 1918«, die vom 22.–24. November 2012 in Tübingen stattfand, vorgetragen. Die im Folgenden verwendeten Schriftstücke aus dem 19. Jahrhundert wurden um der besseren Lesbarkeit willen leicht normalisiert und der heutigen Rechtschreibung angepasst. Einschlägiges Bildmaterial (Portraits der Erzherzogin Maria Dorothea, Portrait Georg Bauhofers, Abbildung von Kirche, Pfarrhaus und Schule in Buda) findet sich bei Tibor Fabiny, Mária Dorottya az utolsó magyar nádorné élete képekben/ Erzherzogin Maria Dorothea (Budapest 1997), insbesondere die Bilder Nr. 27, 35 und 51. Dort auch weitere Angaben zu ihrer Herkunft.

2 Zum Studium von ungarischen Studenten in Deutschland vgl. den Sammelband: Márta Fata/ Gyula Kurucz/Anton Schindling (Hg.), Peregrinatio Hungarica. Studenten aus Ungarn an deutschen und österreichischen Hochschulen vom 16. bis zum 20. Jahrhundert (Contubernium. Tübinger Beiträge zur Universitäts- und Wissenschaftsgeschichte 64, Stuttgart 2006).

3 Zur Erzherzogin Maria Dorothea vgl. an neueren Arbeiten den mit reichem Bildmaterial ausgestatteten, zweisprachigen Band Fabiny, Mária Dorottya (wie Anm. 1) und den Aufsatz von Karl Schwarz, Maria Dorothea (1797–1855) – eine württembergische Pietistin in Ungarn, in: Deutsche Sprache und Kultur im Raum Pest, Ofen und Budapest, hg. von Wynfrid Kriegleder/Andrea Seidler/Jozef Tancer (Bremen 2012) 53–68.

4 Zu weiteren, in das Umfeld der »Erweckung« gehörenden Personen wie Johanna von Krüdener,

I. Die kirchliche Lage in Ungarn an der Wende vom 18. zum 19. Jahrhundert

Die kirchliche Lage in Ungarn zu Beginn des 19. Jahrhunderts war bestimmt zum einen durch eine in die Krise geratene, in einem blutarmen Formalismus ohne Impulse für das Glaubensleben verharrende lutherische Orthodoxie, zum anderen durch den weithin alle Bereiche der Kirche durchdringenden Rationalismus. Bei der Generalsynode des Jahres 1791 kam es zu einer heftigen Auseinandersetzung unter den Theologen, wie auch bei den weltlichen Teilnehmern, über die Verpflichtung der Geistlichen auf die Symbolischen Bücher. Dabei trat nun ein Generationenkonflikt zutage, indem die Jüngeren sich für die »Confessio Augustana« allein, die Älteren darüber hinaus auch für die Konkordienformel als verbindliche Lehrgrundlage aussprachen. Ergebnis dieser Auseinandersetzungen war, dass in den Synodalbeschlüssen überhaupt keines der Symbolischen Bücher erwähnt wurde.[5]

Wie sehr der Rationalismus als eine Form der Spätaufklärung das theologische Denken und die kirchliche Praxis mit ihrer Verkündigung, den neu herausgegebenen, überarbeiteten Gesangbüchern und der weitgehend danieder liegenden persönlichen Frömmigkeit bestimmte, geht aus einem Bericht des Pfarrers Samuel Palumbiny in (Schütt-) Somerein, dem Amtsvorgänger Georg Bauhofers hervor, der anonym in der von Christian Burk, Pfarrer im württembergischen Groß-Bottwar, herausgegebenen Zeitschrift »Der Christenbote« erschien:

> »Unter den verschiedenen Ländern Europas möchte es wenige geben, in welchen der Rationalismus so herrschend geworden ist als im protestantischen Ungarn. Von 1688 bis 1783 lebte die evangelische Kirche Ungarns, welche ungefähr zwei Millionen Seelen zählt, ohne Seelsorger, ohne alle geistliche Pflege, preisgegeben den Versuchungen Roms unter steten Verfolgungen, und konnte ihre Gesang-, Predigt- und Erbauungs-Bücher und ihre Bibel nur hie und da vor den Flammen retten. Als endlich die heiß ersehnte und erflehte Religionsfreiheit durch Kaiser Joseph[6] erschien, wurden allenthalben Kirchen erbaut und Gemeinden errichtet, deren jetzt nur allein die Lutheraner 600 zählen. Aber unglücklicher Weise fiel die Errichtung der meisten dieser neuen Gemeinen in die unglückliche Periode, da Semmler[7] und seine Geistesverwandten ihre theologische Herrschaft ausbreiteten. Dazu kam, dass man aus Mangel an Kandidaten keine strenge Forderung an die anzustellenden Prediger machen konnte, und jeder Schulmeister, der ein wenig Latein verstand, zum Pfarrer zu machen sich genötigt sah. Zwist, Unruhe, Widerspenstigkeit, Unglaube,

---

Georg Sigrist, César Malan u.a., die Einfluss auf die Frömmigkeit der jungen Maria Dorothea nahmen, vgl. Fabiny, Mária Dorottya (wie Anm. 1) 24 f.

5 Zu diesem Punkt der Generalsynode vgl. Johannes Borbis, Die evangelisch-lutherische Kirche Ungarns in ihrer geschichtlichen Entwicklung nebst einem Anhange über die Geschichte der Protestant. Kirchen in den deutsch-slavischen Ländern und in Siebenbürgen (Nördlingen 1861) 176 f.

6 Die Stelle bezieht sich auf das Toleranzpatent Kaiser Josephs II. von 1781. Vgl. dazu den Sammelband: Peter F. Barton (Hg.), Im Zeichen der Toleranz: Aufsätze zur Toleranzgesetzgebung des 18. Jahrhunderts in den Reichen Josephs II., ihre Voraussetzungen und Folgen (Wien 1981).

7 Gottfried Hornig, Johann Salomo Semler. Studien zu Leben und Werk des Hallenser Aufklärungstheologen (Hallesche Beiträge zur europäischen Aufklärung 2, Tübingen 1996).

Sittenlosigkeit, Verfall des Wortes Gottes, war die Folge davon. Das arme Volk glaubte Alles zu haben, als es mit seinem sauren Schweiß emporsteigende evangelische Gotteshäuser sah. Ach es ließ seine Hausandachten fahren, durch die es bis dahin ohne Kirchen im rechten Glauben war erhalten worden; es verließ sich jetzt auf die neuen Gotteshäuser, wo man ihm nach Kant'schen Grundsätzen Aufklärung predigte, und seine bisherige Lehre als Aberglauben weg demonstrierte. Der Mangel an Bibeln und andern guten Erbauungsbüchern vollendete das Elend; denn das arme blinde Volk sah sich gänzlich auf seine blinden Leiter beschränkt, da es bei seiner außerordentlichen Armut nicht im Stande war, sich neue Bücher anzuschaffen. – So hat denn Rationalismus sich auf eine Art in Ungarn verallgemeint, wie man im Ausland unmöglich sich eine Vorstellung machen kann. Kaum ließ sich einer oder der andere Prediger nennen, der eine Ahnung hätte vom eigentlichen Wesen des Christentums. Der redlichste Teil der Prediger sind alte Männer aus der Semmler-Grießbach'schen[8] Schule, diese sind reinen Wandels, Tugendmänner, und ehren Christum als Tugendlehrer. Allein selbst dieser Stamm ist dem Aussterben nahe, und der jetzt wirkende und nachwachsende Teil ist großenteils ohne wahre Religion. Zwar ist das Geschrei von Aufklärung groß, aber die Früchte dieses Baumes erzeigen sich nicht als erfreulich. Ringsumher ist Alles tot, kein Christus, keine Liebe, Alles selbstgefällige Legalität, samt dem heuchlerischen Bestreben, sich um des Brotes willen so darzustellen, wie man am bequemsten durchkommen kann. Ach, dass der HErr einmal ansehen möchte diesen Jammer, und Zeiten der Erweckung und Erleuchtung auch dem protestantischen Volke in Ungarn senden möchte!«[9]

Das Bild, das hier von der lutherischen Kirche in Ungarn gezeichnet wird, macht deutlich, in welch hohem Maße der Rationalismus zur bestimmenden kirchlichen, aber auch gesellschaftlichen Lebensform geworden ist. Der Wunsch nach »Zeiten der Erweckung«, nach einer echten innerlichen, biblisch fundierten Frömmigkeit klingt hier bereits auf, doch sind es nur einzelne Stimmen, die sich in dieser Weise artikulieren.[10]

II. Der theologische Weg Georg Bauhofers

Blicken wir nun auf Johann Georg Bauhofer,[11] den späteren ersten Pfarrer der Ofener evangelischen Kirchengemeinde und Seelsorger der Erzherzogin Maria Dorothea. Am 26. November 1806 in Oedenburg/Sopron als erstes Kind des Schuhmachermeis-

8 Gerhard Delling, Johann Jakob Griesbach. Seine Zeit, sein Leben, sein Werk. *Theologische Zeitschrift* 33 (1977) 81–99.

9 *Christenbote*, Jg. 5, Nr. 30 (1835) 286 f.

10 Zu den Anfängen der Erweckungsbewegung in Ungarn und ihrer Ausbreitung vgl. Pavel Filipi, Die Erweckungsbewegung in Ostmitteleuropa, in: Geschichte des Pietismus Band 3. Der Pietismus im neunzehnten und zwanzigsten Jahrhundert, hg. von Ulrich Gäbler (Göttingen 2000) 359–369. Speziell auf Ungarn bezogen: Endre Zsindely, Die Frage nach der Erweckungsbewegung im ungarisch-sprachigen Raum, in: Erweckung am Beginn des 19. Jahrhunderts. Referate einer Tagung an der Freien Universität Amsterdam, 26.–29. März 1985, hg. von. Ulrich Gäbler/Peter L. Schramm (Amsterdam 1986) 285–297.

11 Die ausführlichste Lebensbeschreibung Bauhofers bietet Tibor Fabiny, Kincs a cserépedényben. Bauhofer György élete 1806–1864. (Budapest 2000). Darüber hinaus mit besonderem

ters Abraham Bauhofer und seiner Ehefrau Barbara, geb. Unger, geboren, besuchte er das Lyzeum seiner Vaterstadt. In gleicher Weise wie auch an den höheren Schulen in Pressburg/Bratislava/Pozsony und Eperies konnte auch in Oedenburg durch ein spezielles Unterrichtsangebot für Juristen und Theologen in den beiden letzten Klassen der Zugang zu Beamten- oder Pfarrstellen, ohne an einer Universität studieren zu müssen, erworben werden. Der Schulbetrieb war voll und ganz vom Rationalismus bestimmt, zumal die Lehrkräfte zumeist in Jena, der Hochburg des Rationalismus in dieser Zeit, studiert hatten. In den Schulferien lernte Bauhofer die ungarische und bei einem Juden in Deutschkreuz die hebräische Sprache. Nach der Schulzeit eröffnete sich ihm die Möglichkeit zu einem auf drei Jahre angelegten Studium am neu gegründeten Theologischen Institut in Wien.[12] Dieses war eingerichtet worden, weil ab 1819/20 ein Studium an einer deutschen Universität für Untertanen der Habsburgermonarchie grundsätzlich verboten war, um das Eindringen aufklärerisch-revolutionärer Gedanken zu verhindern.

Bereits vor Abschluss des zweiten Studienjahres wurde Bauhofer vom Superintendenten Johann Kis nach Oedenburg als Kaplan berufen. Dort wurden nun seine ungarischen Sprachkenntnisse weiter vertieft, da er unter anderem die Aufgabe hatte, Diktate des Superintendenten, der eine Vielzahl von lateinischen Autoren und deutschen Klassikern ins Ungarische übersetzte, niederzuschreiben. Die von Bauhofer erworbene Kompetenz, auch auf Ungarisch predigen zu können, ermöglichte die Berufung als Nachfolger von Samuel Palumbiny auf die zweisprachige Kirchengemeinde Somerein/Somorja, etwa 15 km südöstlich von Pressburg.

Am 17. Mai 1829 hielt er im »Bethause der evangelischen Gemeinde Augsburger Confession in Oedenburg« als »bisheriger Predigt-Amts Gehülfe daselbst«[13] seine Abschieds-Rede über die Berufungsgeschichte des Propheten Jeremia (Jer 1, 6–12) und noch im gleichen Monat seine Antrittspredigt über 1. Petrus 5, 1–5. Noch in diesem Jahr, am 17. November, wurde er mit Wilhelmine, geb. Schneider, aus Oedenburg von Superintendent Johann Kis getraut.

Eingehen auf die Quellenlage im Blick auf Bauhofers Tagebuch (Napló) und seine Korrespondenz: Gerhard HAUSMANN, Georg Bauhofer (1806–1864), erster Pfarrer der evangelisch-lutherischen Gemeinde in Ofen – Tagebuch und Briefwechsel, in: Deutsche Sprache und Kultur (wie Anm. 3) 43–52. Das Tagebuch Bauhofers befindet sich zusammen mit einem Großteil seiner Korrespondenz im Evangelischen Landesarchiv/Evangélikus Országos Levéltár in Budapest unter der Signatur EOL V 112.

12 Zur Protestantischen Lehranstalt im Rahmen der Geschichte der Evangelisch-Theologischen Fakultät in Wien vgl. Karl SCHWARZ, »Eine Fakultät für den Südosten«. Die Evangelisch-theologische Fakultät in Wien und der »außerdeutsche Protestantismus« (Südostdeutsches Archiv XXXVI/XXXVII, München 1993/94) 84–120, besonders 85–88.

13 Abschieds-Rede, gehalten am 17. May 1829 im Bethause der evangelischen Gemeinde Augsb. Confession in Oedenburg von J. Georg Bauhofer, bisherigen Predigt-Amts-Gehülfen daselbst. Oedenburg, 1829. Gedruckt bey Katharina von Kultschar.

III. Bauhofers Begegnung mit der Erzherzogin Maria Dorothea

Vermittelt durch den schon betagten Pfarrer Stephan Christoffy[14] im benachbarten Mischdorf/Misérd entstanden erste Kontakte zu der sich wegen des Landtages öfters in Pressburg aufhaltenden Erzherzogin Maria Dorothea. Hielt es Bauhofer von seiner Ausbildung und seinem Studium her, wie er selbst in seinem Tagebuch schreibt, »im Geheimen noch mit den so genannten Rationalisten«, so hielt er sich andererseits »streng an die heilige Schrift und den Lehrbegriff der protestantischen Kirche«.[15] War er auch kein Vertreter des lutherischen Konfessionalismus,[16] wie wir ihn einige Jahrzehnte später insbesondere im slowakischen Luthertum finden, so war doch durch sein intensives Leben in und mit der Bibel der Weg zu einer erfahrungsbezogenen persönlichen Erweckungsfrömmigkeit im Umfeld der Erzherzogin Maria Dorothea geöffnet.

Von der Erzherzogin erhielt Bauhofer unter anderem eine prächtige Ausgabe der »Vier Bücher vom wahren Christentum«[17] des Vorläufers des Pietismus Johann Arndt sowie das Gesangbuch der Herrnhuter Brüdergemeine von Albertini.[18] Darüber hinaus unterstützte sie ihn bei der Veröffentlichung verschiedener Schriften wie dem »Gebetbüchlein für Dienstboten«, das auf Deutsch und Ungarisch erschien, der gedruckten Predigt anlässlich des Todes von Kaiser Franz I. oder der Herausgabe der Erbauungsschrift des Erweckungstheologen Johann Gossner,[19] »Das Anklopfen des Heilands«, in ungarischer Sprache.[20] Bei den ersten Audienzen lernte Bauhofer nun genauer die »fromme, als Pietistin verschrieene Seele«[21] kennen. Er beschreibt sie folgendermaßen: Sie sei

14 Die wichtigsten biographischen Angaben zu Stephan Christoffy finden sich bei Gustav Reingrabner, Eine Wolke von Zeugen, in: Glaube und Heimat 1998. Evangelischer Kalender für Österreich, Jg. 52 (Wien 1998) 37–39.

15 Bauhofer, Tagebuch (wie Anm. 11) fol 3. Dazu an gleicher Stelle: »Mein Glaube jedoch und meine religiöse christliche Bildung schwankten in dieser Periode immer noch hin und her.«

16 Auch wenn Bauhofer selbstverständlich die »Luther-Bibel« und den »Kleinen Katechismus« verwendete, fällt auf, dass er abgesehen von einigen allgemeinen Erwähnungen kaum auf Luther Bezug nahm. Doch griff er auf den Reformator zurück, wenn er auf »Christi stellvertretenden Gerechtigkeit« zu sprechen kam, oder verwies auf Luthers Zwei-Regimenten-Lehre in der Bittschrift an die Erzherzogin vom 1. Juni 1850. Wie aus einem längeren Zitat am Ende eines Briefkonzepts von 1847 (EOL [wie Anm. 11] Bestand AGE III a 2; 10, Nr. 35) aus Luthers »Auslegung der 1ten Epistel Petri 2, 15« hervorgeht, verfügte er über die Leipziger Lutherausgabe von 1731.

17 Zu Johann Arndt und seinen »Vier Büchern vom Wahren Christentum« vgl. Martin Brecht, Das Aufkommen der neuen Frömmigkeitsbewegung in Deutschland, in: Geschichte des Pietismus Band 1. Der Pietismus vom siebzehnten bis zum frühen achtzehnten Jahrhundert, hg. von Dems. (Göttingen 1993) 113–203, v.a. 134–151. Eine Übersetzung dieser Erbauungsschrift ins Ungarische erfolgte 1741.

18 Zu Albertini vgl. Dietrich Meyer, Art. Johann Baptist von Albertini. *RGG*^{4} 1 (1998) 268.

19 Zu seiner Person und Wirksamkeit vgl. Niels-Peter Moritzen, Art. Johann Evangelista Goßner. *TRE* 13 (1984) 591–594.

20 Das Buch erschien 1834 in ungarischer Übersetzung in Pressburg.

21 Bauhofer, Tagebuch (wie Anm. 11) fol 5.

> »religiös, ohne bigott zu sein, schätzt [...] besonders diejenigen Prediger und Religions-Lehrer aller Konfessionen, die mit dem Apostel, die Erkenntnis Jesu höher als alles übrige Wissen achten; und dem Volke Gottes Rath und Willen durch Christum rein und von menschlicher Afterweisheit abgesondert verkünden. Dabei verachtet sie selbst aber das menschliche Wissen und Lernen nicht, sondern will es nur dem Christlichen Glauben untergeordnet wissen! Besonders gründliche Kenntnisse hat diese hohe Frau, von den theologischen Verirrungen aller Zeiten, und in der Bibel ist sie so fest bewandert, dass mancher Doctor Theologiae ihr weichen müsste«.[22]

Dass die Erzherzogin auch Interesse an der zeitgenössischen theologischen wissenschaftlichen Arbeit hatte, geht daraus hervor, dass sie ein Exemplar von De Wettes »Archäologie«, der ersten systematischen Zusammenfassung der hebräisch-jüdischen Archäologie, Bauhofer zur Lektüre übergab.[23]

Die praktizierte Frömmigkeit, die ökumenische Weite, die Überordnung von Glaube und Offenbarung über die menschliche Vernunft und die intensive Vertrautheit mit der Bibel sind nun alles ganz zentrale Punkte, die die Erweckungsbewegung einer in dürrem Rationalismus mündenden Aufklärung entgegenstellte. Somit erwies sich Maria Dorothea in der Tat als überzeugte Vertreterin dieser Glaubens- und Frömmigkeitsrichtung. Von den oft stundenlangen Begegnungen schrieb Bauhofer in sein Tagebuch:

> »Ich muss gestehen, dass ich immer froh und in mancher Hinsicht gebessert von ihr ging. Ein Vorbild der Demut, des Glaubens, der Menschenliebe, ein Muster als christliche Gattin, als duldende – eine mit ihrem Gatten so zufrieden lebende Frau wie sie, habe ich noch nie gesehen.«[24]

So wuchs im Laufe der Zeit ein enges Vertrauensverhältnis, das aber bei anderen Amtskollegen Neid und böse Nachrede hervorrief. Auf vielfältige Weise erfuhr Bauhofer angesichts seiner mit 250 Gulden nicht gerade üppig dotierten Pfarrstelle, seiner schon damals sechsköpfigen Kinderschar und seines oft stark angegriffenen Gesundheitszustandes von der Erzherzogin immer wieder finanzielle Unterstützung.

Bereits in Pressburg hatte Bauhofer einige Male in Anwesenheit der Erzherzogin gepredigt, und diese hatte sogar am 16. Mai 1844 mit ihren beiden Töchtern den Got-

---

22 Ebenda. Die Erzherzogin las die Bibel in den Ursprachen Hebräisch und Griechisch. In Pressburg hatte sie regelmäßig drei Mal in der Woche Unterricht in der hebräischen Sprache bei Lazar Horowitz (geb. 1803/4 in Floß, Oberpfalz, gest. 11. 6. 1868 in Vöslau), dem späteren Leiter der orthodoxen Jüdischen Gemeinde in Wien. Auch in Ofen setzte sie diesen Unterricht fort. Auf ihre reiche Bibelkenntnis und exegetischen Scharfsinn weist Bauhofer bewundernd hin, so Tagebuch (wie Anm. 11) fol 23 (13. 6. 1836).

23 Ebenda fol 254 (27. 12. 1843). Zu de Wette vgl. Ludwig Diestel, Geschichte des Alten Testaments in der christlichen Kirche (Jena 1869) 580 (»Archäologie«); Rudolf Smend, Wilhelm Martin Leberecht de Wettes Arbeit am Alten und Neuen Testament (Basel 1958); Ders., Art. Wilhelm Martin Leberecht de Wette. *RGG*[4] 8 (2005) 1500–1501; Hans-Joachim Kraus, Geschichte der historisch-kritischen Erforschung des Alten Testaments (Neukirchen [2]1969) hier besonders 174–189. Das »Lehrbuch der Hebräisch-Jüdischen Archäologie« erschien erstmals 1814 ([2]1830, [3]1842).

24 Bauhofer, Tagebuch (wie Anm. 11) fol 5.

tesdienst in Somerein besucht und sich noch bis Mittag im Pfarrhaus aufgehalten. Ein weiterer, mehr privater Besuch ebenfalls mit den beiden Töchtern fand dann schon kurz danach am 14. Juni 1844 statt. Die Verbindung riss auch nicht ab, als Maria Dorothea sich für längere Zeit im Schloss von Ofen/Buda aufhielt. Im Gegenteil forderte sie Bauhofer auf, möglichst oft nach Ofen zu kommen, wobei sie sich bereit erklärte, die Kosten für das Dampfschiff zu übernehmen.

Waren bei den Audienzen »Jesus und der Glaube an ihn« und die Arbeit am »Reich Gottes« stets eine Hauptsache der Unterredung, so wurden auch kirchenpolitische Maßnahmen wie die Einführung der Union in Preußen besprochen und von der Erzherzogin kritisch kommentiert:

> »Diese äußerlichen, fleischlichen Unionen dienen zu nichts! Vielmehr wird dadurch der Hierarchische Sinn gepflegt und Verfolgungen angezettelt. Im Geiste einig und duldsam sollte jede Regierung ihre Untertanen ihres Glaubens leben lassen und sich nicht als ein 2ter Papst in das Innere der Religion, wie der sonst kluge und fromm gesinnte König mischen!«[25]

Ebenso kam immer wieder die kirchliche Lage in Pest zur Sprache. So vermerkte Bauhofer in seinem Tagebuch unter dem 13. Juni 1836:

> »Die hohe Frau seufzte sehr darüber, dass sie in Pest so wenig echtes Christentum predigen hört; dass Prediger Lang sich nicht an das Evangelium hält, sondern mit dürren Moral-Reden die Stunde füllt, wodurch dem Menschen doch keine Kraft gegeben wird, sein verderbtes Herz umzuwandeln.«[26]

---

25 Ebenda fol 22.

26 Ebenda fol 23. In diesem Zusammenhang berichtet Bauhofer von einer Unterredung mit Lang, in der er ihm aufrichtig seine Meinung mitteilte: »Er nahm es auch besser auf als ich dachte. Sein einziger Fehler ist, dass er bei der Verwaltung seines Amtes sich vor den so genannten Hochgebildeten fürchtet und ihre törichten Meinungen und eingebildete Weisheit, wenn es Jesum gilt, schonen oder sich ihnen accomodieren zu müssen glaubt. Ich warnte ihn und sagte, er solle nur Jesum predigen und um die ganze Welt nichts fragen! – Bei einem Gastmahl, wo ein paar Tausend sind, sich nach dem verderbten Geschmack einiger Menschen richten, ist schon Torheit – darüber wird man seines Zieles noch mehr verfehlen – um wie viel sündlicher in einem so heiligen Amte, das predigen wollen, nicht was die Pflicht fordert, sondern wonach die Ohren jucken. Dies nahm er zu Herzen! Ich berichtete der guten Erzherzogin, wie Bruder Lang nur des Umganges mit entschieden gläubigen Predigern, besonders älteren Männern bedürfte, um ein treuer Knecht Jesu zu werden, worauf ich die Antwort erhielt: ›Aber ach, wo sind diese‹.« Einige Jahre später, am 17. Juli 1842 vermerkte Bauhofer in seinem Tagebuch fol 205: »Um 3 Uhr begab ich mich in die Kirche, um Herrn Bruder Lang predigen zu hören. Er hatte das inhaltschwere Evangelium ›Hütet euch vor den falschen Propheten‹ [Matthäus 7, 15]. Er predigte vieles über und von dem Glauben so bunt durcheinander, wie es gewöhnlich zu geschehen pflegt. – In Hauptsachen sind wir, meinte er, ja alle eins: Und diese Hauptsachen waren ihm, der Glaube an Gott, den lieben Vater im Himmel, der Glaube an Jesum, und der Glaube an das ewige Leben. In andern Dingen sei zwischen zwei Gläubigen ebenso wenig eine Übereinstimmung möglich, als zwei Fische im Wasser, zwei Früchte auf einem Baume sich gleichen. Unerleuchtete Prediger sind am schwersten anzuhören, wenn sie vom Glauben reden.« Vgl. ebenda.

Für Maria Dorothea war bezeichnend, dass sie die »dogmatischen« Predigten bevorzugte, die die zentralen Glaubensartikel erklären und den Glauben stärken sollten, gegenüber den, gerade von den Aufklärungstheologen gehaltenen, »ethischen« Predigten, die, wie sie meinte, die Menschen doch nicht bessern würden.[27]

Bei diesen Unterredungen erklärte sie, »wie sie nur zu denjenigen Geistlichen ein Zutrauen haben könne, die durch das Blut und Verdienst Jesu Christi gerecht und selig zu werden hoffen; und sich auf ihre Tugend etc. gar nichts einbilden«.[28] Dem stimmte Bauhofer mit Hinweis auf die deutliche Bibelstelle »Das Blut Jesu Christi macht uns rein von allen unsern Sünden!«[29] zu. Einige Jahre später, am 27. Juli 1842, klagte Maria Dorothea darüber, wie viele Seelenleiden sie zu bestehen gehabt hätte und noch habe. Am meisten vermisste sie »einen gläubigen Seelsorger, oder Seele überhaupt, durch welche ihr Zuspruch und Erbauung zufließen könnte!«.[30]

IV. Die Gründung der evangelisch-lutherischen Kirchengemeinde in Ofen und die Berufung Georg Bauhofers als ersten Pfarrer dieser Gemeinde

Bereits im Jahr 1840 gab es erste konkrete Überlegungen von Seiten der Erzherzogin, in Ofen eine eigenständige Gemeinde zu gründen. Dies hing zum einen mit dem starken Wachstum der beiden Städte Ofen und Pest, zum anderen mit dem insbesondere im Winter schwierigen, ja oft auch gefährlichen Überqueren der Donau zusammen – zumal es zu diesem Zeitpunkt noch keine feste Brücke zwischen den beiden Städten gab –, um in Pest evangelische Gottesdienste zu besuchen. Als weiterer Grund kam hinzu, dass sich die Pester Pfarrer aus Arbeitsüberlastung weigerten, regelmäßig Gottesdienste in Ofen zu halten.

Da die Erzherzogin Maria Dorothea unter den Geistlichen in Pest keinen vorfand, der ihrer Erweckungsfrömmigkeit entsprach,[31] war für sie die Auswahl eines ihr zusa-

27 Ebenda fol 316 (1. 1. 1845): »Die höchste Frau, merkte ich, liebt beinahe allein nur die dogmatischen oder Glaubens-Predigten, und im Grunde hat sie Recht, mit den übrigen wird nie viel bewirkt«.

28 Ebenda fol 23.

29 1. Johannes 1, 7.

30 Bauhofer, Tagebuch (wie Anm. 11) fol 209.

31 Im Anschluss an einen Beicht- und Abendmahlsgottesdienst (Karfreitag, 21. 3. 1845) schildert Bauhofer die Stimmung: »Auch die höchste Frau ging zum Tische des Herrn und vielleicht hat keine Seele das Abendmahl mit so heiliger Rührung genossen als Sie. Ich hörte Ihr Schluchzen, wie Sie die Bewegungen ihres Herzens mit Mühe niederhielt! Ihre Augen waren mit Tränen gefüllt, und Ihre Seele schien in das himmlische Wesen in Christo versetzt zu sein! Nun mag ein gläubiges Herz es fassen, wie es dieser edlen Fürstin zu Mute sein musste, wenn sie so viele Jahre hindurch in einem Sinne von Christo und seinem Heil predigen hörte, wie es der hohle Rationalismus in seiner klappernden Dürre zur Mode machte, – und wenn Sie so viele Jahre abgeschlossen war vom Umgang mit Ihr religiös gleich gesinnten Seelen. Diesen Abschnitt

genden Pfarrers von hoher Bedeutung.[32] Angesichts des sich vier Jahre hinziehenden Prozesses, die Ausgliederung der rechts der Donau wohnenden Evangelischen aus der Pester Gemeinde umzusetzen und in Ofen eine selbständige Kirchengemeinde zu gründen, drängte sie auf eine entsprechende Entscheidung. Denn hier sah sie die Möglichkeit, einen Geistlichen ihrer Richtung zu berufen. Von den drei in Frage kommenden Geistlichen – Stephan Christoffy, Gottlieb August Wimmer,[33] Pfarrer in Oberschützen, und Georg Bauhofer – war der erste zu diesem Zeitpunkt mit 67 Jahren schon zu alt, Wimmer jedoch von seiner Wesensart her einer, der keinen Konflikt, insbesondere mit der Obrigkeit, scheute. So fiel die Wahl der Erzherzogin letztlich auf Georg Bauhofer als einen profilierten Vertreter der Erweckungsbewegung.[34] Doch nun sollten sich in Ofen erhebliche Widerstände zeigen, sowohl bei den Pfarrern als auch bei den einflussreichen Laien, die damals weitgehend vom Rationalismus geprägt waren. Man wollte keinen »Pietisten«,[35] ein Schimpfwort, das in machen Kreisen hinter vorgehaltener Hand selbst in Richtung Erzherzogin gesprochen wurde, deren Frömmigkeit – so redete sie ihre Glaubensgenossen mit Bruder und Schwester an und gab ihnen die Hand – und deren Lebensstil – Erbauungsstunden statt Theater und Bälle – in Vielem nicht den Vorstellungen entsprach, die man von einer Palatinissa hatte.

Die Gründe, die nun gegen Bauhofer ins Feld geführt wurden, bezogen sich vordergründig auf seinen Gesundheitszustand und seine große Familie. Im Falle seines baldigen Ablebens müsse die Kirchengemeinde für die Versorgung seiner Witwe und

---

Ihres Lebens nannte Sie einmal ›die Wanderung durch die Wüste Zahara‹.« Vgl. Bauhofer, Tagebuch (wie Anm. 11) fol 324.

32 Ebenda fol 211 (6. 11. 1842). Der Hofkaplan Taubner war »seit einiger Zeit seiner mehr rationalistischen Predigten wegen in Ungnade« und wechselte, wohl auch wegen Geldunterschlagungen, als Militärgeistlicher nach Italien.

33 Einen Überblick über die umfassenden Aktivitäten Wimmers bietet Bernhard Hans Zimmermann, Gottlieb August Wimmer (1791–1863). Ein Wiener mit länderweiter Wirkung (Wien [2]1965). Für einen wichtigen Teilaspekt vgl. Ders., G. A. Wimmer. Ein Bahnbrecher der Bibelverbreitung in Südosteuropa. *JGPrÖ* 57 (1937) 125–150.

34 Noch ehe die endgültige Entscheidung gefallen war, teilte die Erzherzogin Bauhofer noch einen weiteren Gesichtspunkt mit: »Ich muss es ihnen lieber Bauhofer nur gestehen, ein Grund, warum ich sie wählte, war auch, dass sie einfach sind. Ich will damit nicht sagen, dass sie in Ofen nicht gerade einen besseren Rock (der jetzige schwarze, den ich an mir hatte, war, inter nos sit dictum, ziemlich abgetragen oder am Oberleib durch den Reverenda abgewetzt) tragen sollen, aber nur nichts Übertriebenes – das liebe ich nicht. Und auch ihre Frau soll in Ofen die einfache und bescheidene Bauhofer bleiben!! Nun K. Hoheit, antwortete ich, was die bessere Kleidung betrifft, so ist das die leichteste Kunst, wo man Geld dazu hat. Ich aber wollte lieber ohne Schulden ärmlicher, als mit Schulden reich gekleidet einhergehen, und nach diesem Grundsatze handelt auch meine Gattin und werden auch meine Kinder behandelt. – Nun das danke ich ihnen, sagte die höchste Frau.« Vgl. Bauhofer, Tagebuch (wie Anm. 11) fol 250 (1. 11. 1843). Die Schlichtheit in der äußeren Lebensform war auch ein Kennzeichen der Erzherzogin, die allen Putz und alle Prunksucht ablehnte.

35 Die Palatinissa bringt es auf den Punkt, wenn sie sagt: »Das sind schreckliche Menschen, wie lau, wie gleichgültig sie sind, gegen Gottes Wort. Es scheint, sie wollen überhaupt keinen gläubigen Prediger.« Vgl. Bauhofer, Tagebuch (wie Anm. 11) fol 259 (17. 1. 1844).

der neun Kinder aufkommen. Doch die Erzherzogin wies dies zurück, indem sie erklärte, Bauhofers Gesundheitszustand habe sich bereits wesentlich gebessert, und im Falle seines Todes habe sie selbst finanziell für die Familie vorgesorgt. Interessanterweise wurde nun auch ein sprachliches Argument vorgebracht, er (Bauhofer) habe keine so noble Aussprache und er spreche das »A« und »O« so dunkel aus – wohl eine Folge des Ungarischen und des Oedenburger Dialekts –, doch da konterte die Erzherzogin mit dem Hinweis, dass auch in Württemberg die Aussprache sehr schlecht sei. Die Möglichkeit, man könne einen »gläubigen« Theologen aus dem Ausland berufen, wies sie damit zurück, dass ein solcher weder Ungarisch könne noch mit Recht und Gebräuchen der Kirche in Ungarn vertraut sei. Der Vorschlag, mit der Berufung eines Pfarrers zu warten, bis eine Kirche in Ofen gebaut sei, was die Angelegenheit noch mehr hinausgeschoben hätte, zumal sich die Verhandlungen über die Loslösung der Ofener von der Pester Gemeinde bereits in die Länge zogen, führte nun bei der Erzherzogin, die unter allen Umständen an Bauhofer festhalten wollte, zu der Aussage, sie würde dann die zugedachten Vorteile zurückziehen, das heißt ihre finanziellen Zusagen an die Gemeinde zurücknehmen, eine Drohung, die nun alle Vorbehalte und Widerstände brach. Bauhofer hielt in den Monaten, in denen die Entscheidung reifte, mehrere Predigten in Ofen, damit die Gemeinde ihn kennenlernen könne. Am 19. Juli 1844 traf schließlich ein Schreiben von Karl Jakobson ein, der sich bisher am schärfsten gegen Bauhofer ausgesprochen hatte, mit der Nachricht, dass dieser doch von der Ofener Gemeinde gewählt wäre. Am 14. Oktober 1844 erfolgte der Umzug von Somerein nach Ofen, wo die Familie mit reichen Geschenken von der Erzherzogin wie auch von verschiedenen Gemeindegliedern überrascht wurde. An diesem Tag erhielt Bauhofer auch ein Schreiben der Erzherzogin, in dem sie ihn willkommen hieß:

> »Der Herr segne Ihren Eingang in diese Stadt, für welche ich seit 25 Jahren um einen treuen Seelsorger seufzte zu dem ›Erzhirten und Bischof unserer Seelen‹. Gelobet sei der Herr, der wohl sein Volk oft lange heimsucht, aber nimmer verlässt! ER verbirgt wohl Sein heilig Antlitz, aber ER bleibt doch bei uns bis an der Welt Ende! Ihm wollen wir leben und sterben, ER kräftige uns dazu! Oh teurer und verehrter Bruder im HErrn, der HErr breite seine mächtigen und heiligen Arme über Sie und ihr Haus. Auf sein Lebenswort zu weisen, verleihe ER Ihnen. Seinen Willen zu tun, das gebe ER Ihnen! Amen. Grüssen Sie innig von mir Ihre treue Leidens- und Freudensgefährtin und die lieben Kinder! Sie werden gewiss Freude gehabt haben über die liebevolle Bereitwilligkeit der Gemeinde! Maria.«[36]

Auch die finanzielle Situation hatte sich gegenüber Sommerein (250 Gulden) erheblich verbessert. Zu den 600 Gulden Conventions-Münze Jahresgehalt, das je zu einem Drittel vom Erzherzog, der Erzherzogin und der Gemeinde aufgebracht wurde, kamen noch 200 Gulden Quartiergeld und weitere nicht näher spezifizierte 100 Gulden, abgesehen von den Akzidenzien. Am 20. Oktober 1844 hielt Bauhofer in einem Saal des Ofener Schlosses, der wie auch zwei weitere Nebenzimmer voll von Menschen war, seine Antrittspredigt über den Text 1. Korinther 2, 1–5,[37] nachdem der Pfarrer

---

36 Der Brief, datiert Ofen, den 14. Oktober 1844, befindet sich im Evangelischen Landesmuseum in Budapest.

37 Antritts-Predigt, gehalten im königl. Schloß am 20. October 1844 von J. Georg Bauhofer, Pre-

der Pester ungarischen Gemeinde, József Székács,[38] die Feier mit einer kurzen Ansprache eröffnet hatte. An der anschließenden Beichte und Abendmahlsfeier nahm auch die Palatinissa teil.

War bereits die Antrittspredigt sehr positiv aufgenommen worden, so gewann Bauhofer schon in kürzester Zeit in der Ofener Gemeinde und auch bei denen, die sich anfänglich gegen ihn ausgesprochen hatten, höchstes Ansehen.

V. Die Ofener Kirchengemeinde

Die Ofener Gemeinde[39] war zweisprachig, wobei das deutsche Element eindeutig dominierte. Dies zeigte sich unter anderem daran, dass die Gottesdienste, die zunächst in Räumen des Schlosses stattfanden – bis 1847, als schließlich Kirche, Schule und Pfarrwohnung am St. Georgsplatz (späterer Name Paradeplatz/Disz tér) gebaut waren –, in deutscher Sprache gehalten wurden. Nur ein Mal im Monat und jeweils an den zweiten Feiertagen der Hauptfeste Weihnachten, Ostern und Pfingsten fand ungarischer Gottesdienst statt. Jedoch legte Bauhofer großen Wert darauf, dass in den evangelischen Schulen, deren Unterrichtssprache selbstverständlich Deutsch war, die Schüler auch gründlich Ungarisch lernten.

Wie sehr die Sprachenfrage bis hinein in die Familie Bauhofer wirkte, wird daran deutlich, dass seine Frau zeitlebens nicht in der Lage war, ungarische Schriftstücke zu lesen, während hingegen ihre Tochter Wilhelmine von der Erzherzogin gebeten wurde, häufig ins Schloss zu kommen, um mit den jungen Prinzessinnen Elisabeth und Marie Ungarisch zu sprechen. Dass ihr Sohn Stephan im Zuge der Magyarisierung seinen Nachnamen in Bánhegyi änderte, ist zumindest aufschlussreich.

Die Ofener Gemeinde, die sich von Szentendre im Norden bis nach Hanselbek/Érd im Süden erstreckte, bestand sozial gesehen aus Angehörigen der reichen, einflussreichen deutschsprachigen Oberschicht, die schwerpunktmäßig in der Festung

---

diger der evangelischen Gemeinde Augsb. Bekenntnisses in Ofen. Nebst der Einführungsrede des d. z. Seniors, Dr. J. Székács, und einer kurzen Nachricht über die Entstehung der gedachten Gemeinde. Der Ertrag ist für den Baufond der ev. Kirche und Schule in Ofen bestimmt. Ofen, gedruckt in der königl. Ung. Universitäts-Buchdruckerei. – Thematisch handelt die Predigt »Über die Verbindung einer Christen-Gemeinde mit einem Diener des Evangelii«. Die zentrale Aussage findet sich auf Seite 9: »Darum also beruft eine Christen-Gemeinde einen Diener des Evangelii, damit wir zum Bewusstsein unserer göttlichen Bestimmung erweckt, im Glauben an den Erlöser wandeln, und verleugnen alles ungöttliche Wesen und die weltlichen Lüste und züchtig, gerecht, keusch und gottselig leben in dieser Welt.« Damit entsprach Bauhofer den Vorstellungen von einem »erweckten, gläubigen« Prediger.

38 Zu diesem Pfarrer der ungarischsprachigen Pester Gemeinde vgl. Botond Kertész, Székács József püspök visszaemlékezései (Budapest 2008).

39 Zu den Anfängen der Ofener Gemeinde finden sich einige wichtige Hinweise in der älteren Literatur: Paul Tomaschek, Geschichte der evangelischen Kirchengemeinde A.C. in Ofen (Budapest 1880); Kornél Sztehlo, A budai ágostai hitvallású evangélikus egyház története 1821–1918 (Budapest 1930).

(Burgberg) und der Wasserstadt wohnte.[40] Dazu kamen Gemeindeglieder aus verschiedenen Handwerken und einige Ausländer, die sich im Rahmen des Baus von technischen Großprojekten in Ofen aufhielten und sich der evangelischen Gemeinde anschlossen. Daneben gehörten – zunächst zahlenmäßig kaum fassbar – vor allem in der Raitzenstadt/Tabán und in den vom Zentrum weit entfernten Ortschaften Menschen, die unter unglaublich schwierigen materiellen und geistlichen Bedingungen lebten. Die Sammlung der Gemeinde durch eigens dort – etwa in Privathäusern, Wirtshäusern oder in einer reformierten Kirche – gehaltene Gottesdienste, durch Verteilung von Bibeln, Katechismen und Traktaten – zum großen Teil finanziert durch die Erzherzogin – sowie durch sozialdiakonische Unterstützung der Ärmsten war das Gebot der Stunde. All diesen Herausforderungen stellte sich Bauhofer.

In einer durch starke Fluktuation bestimmten, stark angewachsenen Stadt war es schwer, überhaupt einen zahlenmäßigen Überblick zu gewinnen. Schätzte man für das Jahr 1838 die Zahl der Evangelischen auf der Ofener Seite noch auf 450, so erfasste man bei der Gemeindegründung 1844 etwa 700 Gemeindeglieder; doch war diese Zahl – wie sich aus Hochrechnungen auf der Basis von Hochzeiten und Beerdigungen ergab – bereits zu niedrig angesetzt, und die Zahl von 1.467 Gemeindegliedern, die für das Jahr 1848 angegeben ist, dürfte am ehesten der tatsächlichen Größe entsprechen.[41]

Die Bedeutung des Schulwesens für den Aufbau der Gemeinde in Ofen wurde Bauhofer schnell klar. Nachdem bereits 1822 eine Elementarschule eingerichtet worden war, wandte er sich dem höheren schulischen Bereich zu, gleichsam als Gegengewicht gegen die bisher dominierenden katholischen Piaristen-Schulen.[42] Eine Anfang der 1840er Jahre von den »Schottischen Missionaren«,[43] die engen Kontakt zu der Erzherzogin hatten, gegründete »Freischule« zog auch eine große Anzahl von jüdischen Schülern an. Bei dem Kirchenkonvent des Jahres 1847 (25. Juli) übergab Bauhofer

40 Im Zusammenhang mit dem geplanten Kirchen-, Pfarrhaus- und Schulbau kommt es zu einer bezeichnenden Bemerkung der Erzherzogin, die darauf hinweist, »dass man ihre Gemeinde«, worunter Sie die Armen und die Bürgerklasse verstand, »nicht habe zum Worte kommen lassen«. Vgl. Bauhofer, Tagebuch (wie Anm. 11) fol 347 (23. 12. 1845). Die Deputation, an die diese Worte gerichtet waren, geriet darüber verständlicherweise in »schreckliche Aufregung«!

41 Die Zahlen, die jedoch mit Vorsicht zu nehmen sind, wurden den Schematismen der Evangelischen Kirche in Ungarn für die betreffenden Jahre entnommen.

42 Zur Bedeutung des Piaristenordens für das gymnasiale Schulwesen im Königreich Ungarn vgl. Julia Riedel, Bildungsreform und geistliches Ordenswesen im Ungarn der Aufklärung. Die Schulen der Piaristen unter Maria Theresia und Joseph II. (Contubernium, Tübinger Beiträge zur Universitäts- und Wissenschaftsgeschichte 77, Wiesbaden 2012).

43 Zur Judenmission durch Angehörige der Freien Schottischen Kirche vgl. Ábrahám Kovács, The History of the Free Church of Scotland's Mission to the Jews in Budapest and its Impact on the Reformed Church of Hungary 1841–1914 (Studien zur interkulturellen Geschichte des Christentums 140, Frankfurt/Main 2006) 45–104. Unter besonderer Berücksichtigung auch der einschlägigen Passagen aus Bauhofers Tagebuch vgl. den Aufsatz in der Festschrift für Tibor Fabiny von Jutta Hausmann, Mária Dorottya nádorné kora és a zsidómisszió, in: Megújulás és megmaradás. Fabiny Tibor – emlékkönyv, hg. von András Korányi (Budapest 2009) 231–240.

an die Kirchengemeinde eine von der Erzherzogin zur Verfügung gestellte Summe in Höhe von 4.000 Gulden, wozu dann noch 1.000 Gulden von den »Schottischen Missionaren« kamen, »damit bald eine 2. Schule errichtet werde für die der Normalschule entwachsenen Jünglinge, wo sie bis zur Syntax weiter studieren können und so dem verderblichen Einfluss der hiesigen Piaristenschulen entzogen werden«.[44]

VI. Sozial-diakonische Herausforderungen

Im Blick auf die sozialen Fragen hatte bereits in der Somereiner Zeit Bauhofers das Wirken des Pfarrers und Philanthropen Johann Friedrich Oberlin in Waldersbach im Steintal (Vogesen) in mehreren Gesprächen mit der Erzherzogin, bei der jener »viel, viel gilt«,[45] eine wichtige Rolle gespielt. So hatte sie Bauhofer »Oberlins Lebensgeschichte in 4 Theilen«[46] geliehen. Die Impulse, die von diesem Begründer der Kindergartenarbeit ausgingen, spielten auch bei der Entstehung der ersten Kindergärten in Ungarn eine wichtige Rolle. Auf Anregung von Maria Dorothea hatte Gräfin Therese Brunszvik am 1. Juni 1828, wobei auch die Erziehungsprinzipien Heinrich Pestalozzis Pate standen, einen ersten Kindergarten gegründet und schon im März 1829 wurde ein weiterer mit finanzieller Unterstützung der Palatinissa eröffnet, die sich für Verbreitung der Kindergartenidee in ganz Ungarn einsetzte und 1844 den Grundstein für ein Kindergärtnerinnen-Institut legte.

Hatte Georg Bauhofer als Pfarrer der kleinen, überschaubaren Kirchengemeinde in Somerein dort auch verschiedene Notlagen kennen gelernt, so war dies weder quantitativ noch qualitativ vergleichbar mit dem, was er in manchen Bereichen seiner Ofener Gemeinde antraf. Ein Beispiel mag für viele vergleichbare stehen. Im Januar 1848 hielt er nach dem Besuch in einem Haus in Tabán, wo ein Kind an Keuchhusten gestorben war, in seinem Tagebuch fest:

> »Ach welches Elend trifft man in den Städten an! O wie viel Segen könnten die Reichen verbreiten, wenn sie den ärmeren Handwerkern beratend und unterstützend an die Hand gingen! Aber der satanische Wucher und die Begierde nach Reichtum ersticken die edelsten Empfindungen und bilden einen Schwarm von erdrückten Proleten, der einmal unter ungünstigen Umständen gerade für euch Reiche sehr gefährlich werden kann.«[47]

---

44 Bauhofer, Tagebuch (wie Anm. 11) fol 390.

45 Ebenda fol 268 (27. 3. 1844).

46 Es dürfte sich dabei um ein Exemplar der von Sarah Atkins anonym 1831 herausgegebenen Schrift »Leben und Wirken des Johann Friedrich Oberlin, III. Zu Person und Werk Oberlins« gehandelt haben. Vgl. Eberhard Zwink, Art. Oberlin, Johann Friedrich (1740–1826). *TRE* 24 (1994) 720–723.

47 Bauhofer, Tagebuch (wie Anm. 11) fol 396. Diese Gedanken formulierte Bauhofer im gleichen Jahr (1848), in dem Johann Hinrich Wichern auf dem Wittenberger Kirchentag die evangelische Kirche zur Gründung der »Inneren Mission« aufrief und Karl Marx sein »Kommunistisches Manifest« veröffentlichte!

Diese knappe Sozialanalyse zeigt bereits, auf welche Weise Bauhofer die gesellschaftlichen Spannungsfelder wahrnahm und welche Wege über die Einzelfallhilfe hinaus er im Blick hatte.

Als Organisationsform erschien ihm der »christliche Verein«, in dem Glaube und Nächstenliebe verbunden waren, als die am ehesten angemessene Gestalt sozial-diakonischen Handelns. Auch hier als ein Beispiel ein Auszug aus dem von Bauhofer verfassten und vorgetragenen Jahresbericht des Komitees der von ihm 1859 gegründeten evangelischen Waisenversorgungsanstalt in Pest vom 29. Januar 1862:

> »Wenn man dem Zeitalter, in dem wir leben, so oft den Vorwurf machen hört, dass dessen ganzer Sinn und Streben nur auf zeitlichen Gewinn und sinnlichen Genuss gerichtet sei, und das religiöse Leben dabei verkürzt und der Glaube in eben so großem Maße im Abnehmen wäre, so scheint ein einziger Umstand genügend darzutun, dass diese Klagen im ganzen und insbesondere in religiöser Beziehung unbegründet und vielfach übertrieben sind. Denn in keiner Zeit hat sich des christlichen Glaubens Frucht, die wahre Nächstenliebe in ihren Quellen reiner, in ihren Mitteln reicher, in ihrem Wirkungskreis umfassender, in ihren Erweisungen aufopfernder und in ihren Wirkungen großartiger gezeigt als gerade in unseren Tagen. […] Die Ausdauer und der edle Sinn [des barmherzigen Samariters] mit dem er seine Liebeserweisungen bewerkstellte, finden sich in den verschiedenen christlich frommen Vereinen dargestellt. Nie und nirgends sind so viele entstanden als in unseren Tagen. Sie sind der edelste Schmuck, die Perlen an dem Halse unseres Zeitalters und scheinen den Beweis zu liefern, dass die Christen endlich einmal die apostolischen Worte verstehen und befolgen lernen: Dass der Glaube ohne werktätige Liebe tot sei und nichts nütze (1. Kor 13,3).«[48]

Auch wenn sich – wie es an späterer Stelle im Jahresbericht heißt – viele Seniorate und etwa 100 Pfarrer noch nicht bei diesen Aufgaben mitengagiert haben, so zeigt doch die positive Gesamteinschätzung der Situation, in wie starkem Maße sich die von der Erweckungsbewegung ausgegangenen Impulse als wirkmächtig und dauerhaft erwiesen haben.

VII. Der Kreis der »Erweckten« um Erzherzogin Maria Dorothea[49]

Auch auf der pastoralen Leitungsebene vollzogen sich seit dem Amtsantritt Bauhofers erhebliche Wandlungen. Regelmäßig fanden nun – oft im Beisein der Erzherzogin – gemeinsame Treffen der Ofener und Pester Pfarrer in den jeweiligen Pfarrhäusern statt, bei denen Fragen der praktischen Arbeit, aber auch theologische und kirchenpolitische Themen wie das Verhältnis von Staat und Kirche sowie das Schulwesen erörtert wurden. Ein wesentliches Element stellte bei diesen Zusammenkünften die eigene Erbauung im Sinn der Erweckungsbewegung dar, mit gemeinsamer Ausle-

48 EOL (wie Anm. 11) Bestand AGE III b 10, Nr. 8.

49 Für die Vielfalt der kirchlichen Meinungen und Richtungen in dieser Zeit vgl. Tibor Fabiny, Bewährte Hoffnung. Die Evangelisch-Lutherische Kirche Ungarns in vier Jahrhunderten (Erlangen 1984) 48–52.

gung eines Kapitels der Heiligen Schrift und dem im Knien abgehaltenen Gebet, das auch die Erzherzogin bei den Besprechungen im Schloss in gleicher Weise praktizierte. Neben Bauhofer waren bei diesen Versammlungen der Pester lutherische Pfarrer József Székács von der ungarischen Gemeinde, Michael Lang von der deutschen Gemeinde, der reformierte Pfarrer Pál Török und gelegentlich auch Jan Kollár, der Geistliche der evangelischen Slowaken, anwesend.[50] Weiterhin nahmen insbesondere der Aberdeener Professor für Altes Testament, John Duncan, sowie William Wingate und Robert Smith teil, die zur Gruppe der Schottischen freikirchlichen Missionare gehörten, die seit 1839 in nähere Beziehung zur sie vielfältig unterstützenden Erzherzogin getreten waren und 1842 die Erlaubnis zur Judenmission mit Stützpunkt in Pest bekommen hatten. Breiten Raum nahmen bei diesen Zusammenkünften auch die volksmissionarischen Aufgaben ein. Neben der Verbreitung von Bibeln,[51] Katechismen und den »Biblischen Geschichten« des Calwer Verlags waren insbesondere die Übersetzung und Verbreitung von Traktatliteratur im Blick, die weitgehend vom Englischen ins Deutsche und Ungarische übersetzt werden mussten und dazu auf den hiesigen Verstehenshorizont abgestimmt sein sollten. Die Verbindung zur Britischen Bibelgesellschaft und zur Londoner Traktat-Gesellschaft stellte der Oberschützener Pfarrer Gottlieb August Wimmer dar, der in großem Stil die Verbreitung derartiger Literatur in Ungarn besorgte. Am 10. Juni 1847 wurde für diesen Teil der Konferenzarbeit eine eigene Satzung beschlossen und in den Protokollen bis Ende November

50 Anlässlich eines Besuchs Bauhofers bei der Erzherzogin am 31. Januar 1845 berichtete er ihr über die letzte Predigerkonferenz. Sie bedauerte sehr, »dass durch Lang und Kollárs Dazwischenkunft, unsere Konferenzen eine schiefe Richtung gewinnen. Ich konnte mich nicht enthalten, Ihr diesmal das Gebet vorzusagen, womit Amtsbruder Kollár unsere Konferenz beschloss: ›Wir danken dir, o Weltheiland, dass du uns zu dieser brüderlichen Besprechung hast zusammen geführt, und bitten dich, gib uns Allen eine gute, gute Nacht.‹ – Da machte denn die gläubige Frau Erzherzogin ein Gesicht, in dem sich Staunen, Mitleid, Lachen und Weinen zu vereinigen schien, und fügte dann die witzige Bemerkung bei: ›Ach! Er hätte lieber sollen um den Tag bitten.‹ – Nun den Geist des Gebets haben doch nur die, die dem Heiland im herzlichen Glauben anhangen.« Vgl. BAUHOFER, Tagebuch (wie Anm. 11) fol 322.

51 Wie schwierig es war, angesichts rigider Zensurpraktiken Bibeln, sei es in hebräischer, deutscher, ungarischer oder slowakischer Sprache, ins Land zu bringen oder dort drucken zu lassen, aber auch wie sehr sich die Erzherzogin an diesem Punkt engagierte, geht aus einem Bericht über eine Besprechung in Pressburg vom 24. November 1843 hervor. »Die höchste Frau gestand mir, dass sie in Angelegenheit des Druckes der hebräischen Bibel den Herrn Erzherzog Stephan, der eben von Wien anwesend war, befragt hätte; ob er ihr rate, dass sie sich in die Sache menge. Er meinte aber, weil man in Wien die hebräische Bibel unter die Bücher zähle, die bezeichnet sind, so wäre es besser, wenn ihr Name wegbliebe. – Wir redeten weiter darüber, und da meinte die höchste Frau, Wimmer solle den Druck in Güns oder Debrezin versuchen. Sollten aber hier auch ähnliche Hindernisse sein, dann würde sie keine Schmach für Christi Sache scheuen! Ich will mit den Protestanten in einem Sack stecken und als evangelische Christin leben, leiden und sterben, rief sie begeistert aus!« Vgl. BAUHOFER, Tagebuch (wie Anm. 11) fol 251. Mehrfach finden sich Klagen, dass die Einfuhr von Bibeln und anderem christlichen Schrifttum an der Grenze des Habsburgerreiches verhindert werde und diese dort verrotten oder von Mäusen zerfressen werden.

1848 dokumentiert. Wie aus den einleitenden Sätzen hervorgeht, spielte dabei auch die Gegnerschaft zu der, mit jährlich 5000 Gulden reich dotierten, römisch-katholischen St. Stephans Gesellschaft eine wichtige Rolle:

»Nachdem unsere bisher üblichen Konferenzen mit dem Zweck in Verbindung gebracht wurden, evangelische christliche Grundsätze und Wahrheiten im Lande durch alle gesetzmäßigen Wege und Mittel zu verbreiten, und somit dem Wirken der römisch kath. St. Stephans Gesellschaft heilsam entgegen zu arbeiten, die ächt römische Produkte in alle Gegenden des Landes ausstreut, und die Personen und Grundsätze der edlen Reformatoren in den Kot zieht«,

wurden für die weitere Arbeit eine Reihe von Beschlüssen im Blick auf die Finanzierung, die Aufgabenverteilung und die Grundsätze gefasst.[52] Die Zusammenarbeit der Geistlichen sollte sich nun auch in anderer Weise auswirken. Die Nähe zur Erzherzogin und der gegenseitige Austausch führten dazu, dass Vorbehalte abgebaut und sich auch theologisch ein Wandel vollzog. Am sichtbarsten wurde dies bei József Székács, der sich zunehmend stärker der Erweckungsbewegung annäherte.[53] Dazu trug wohl mit bei, dass er auf seiner Reise durch die Schweiz und Deutschland die so genannten Pietisten näher kennen lernte.[54] Am 31. Januar 1844 notierte Bauhofer in seinem Tagebuch: »Er [Székács] fühle sich dem Herzen nach zu ihr [der Erzherzogin] hingezogen, da aber die gute Palatinus als eine Pietistin so ausgerufen sei, so könne er nicht vorsichtig genug handeln – um sich vor der Welt nicht bloß zu stellen.«[55] Welche Schwierigkeiten ein vom Rationalismus geprägter Prediger bei verschiedenen biblischen Aussagen hatte, geht aus einer Unterredung Bauhofers mit Székács über »Jesu stellvertretende Gerechtigkeit«[56] hervor, von der Bauhofer am 20. Dezember 1844 berichtet: »Er [Székács] gestand mir, dass er noch immer nicht über diese Wahrheit frei heraus predigen könne und mit sich nicht im Klaren sei, obwohl sich die Lehre aus

52 EOL (wie Anm. 11) Bestand AGE III a 2, 4. Bei der Auswahl der zu übersetzenden Traktate wurde die folgende Regel befolgt, »dass wir zuerst größtenteils Biographien, besonders auf jeden Stand berechnete, dann solche Traktate, die von allgemeinem Interesse über besondere Wahrheiten der Religion und Sitten oder Gebrechen des Lebens geschrieben sind; und in der dritten Reihe erst die strenger polemischen in den Druck geben wollen«. Vgl. BAUHOFER, Tagebuch (wie Anm. 11) fol 378 (28. 1. 1847).

53 So brachte Missionar Schwarz für Bauhofer sehr erfreuliche Nachrichten über Székács und Török mit, »die ihren Übertritt zum Supranaturalismus bezeugten.« Vgl. BAUHOFER, Tagebuch (wie Anm. 11) fol 259.

54 Ebenda fol 259 (14. 1. 1844).

55 Ebenda fol 262.

56 Am 5. und 12. Januar 1845 predigte Bauhofer selbst über die »stellvertretende Gerechtigkeit Christi«; an dem 2. Sonntag »namentlich, wie wir uns das Verdienst Christi zueignen und dessen gewiss werden, dass auch uns um seinetwillen die Sünden vergeben sind. Den 12. Januar hatte ich einen frohen Tag. Die höchste Frau war mit der Predigt so zufrieden, dass sie sich glücklich fühlte und dem Erzherzog in meiner Gegenwart sagte: ›das war eine Predigt! Kein unevangelisches Wort! Ich bin strenge, aber etc.‹ Abends sagte die höchste Frau beim Goutée in Gegenwart meiner Tochter Mina: ›Nein! Eine solche Predigt habe ich noch nicht gehört‹«. Vgl. BAUHOFER, Tagebuch (wie Anm. 11) fol 319.

der Schrift allerdings erweisen ließe.«[57] Einige Tage vorher hatte ihm Bauhofer über diese Sache geschrieben und ihn darauf aufmerksam gemacht,

> »wie oft der Erlöser und seine Apostel geradezu von seinem Tode als Versöhnungsopfer gesprochen hatten, wie das der Grund sei, auf dem die evangelische Kirche stehe und womit Luther den Papst zu Boden schlug, so dass die Wallfahrten, Messen, Fegfeuer, opera supererogatoria etc. wegfielen. Er solle nicht Angst haben, dass dann die so genannten Gebildeten aus der Kirche wegblieben. Es ist nicht unsere Aufgabe, die Früchte unserer Amtswirksamkeit im Voraus zu bestimmen, sondern Gottes Wort vollständig zu verkündigen – das Übrige sei rein des Herrn Sache! Hätte Moses gewartet und sehen wollen, sagt Luther, wie und wann der Herr die Israeliten durch ihn aus Ägypten führt, so wären sie noch heutzutage darinnen«.[58]

Zum Abschluss einer dieser Erbauungsstunden am 13. September 1847 legte Székács ein offenes Bekenntnis ab:

> »Liebe Brüder, ich gestehe euch, dass mir diese Lehre von ›der Sünde‹ und dass ich in Gottes Augen ein gar so verzweifelter Sünder wäre, gar nicht in den Kopf wollte, und auch jetzt noch, wenn ich so in die Welt gehe – und höre die Leute usw., kämpft es in mir dagegen; aber wenn ich so unter euch wie heute sitze, eure ausführlichen Erklärungen höre, und Gottes Wort darüber vernehme, so finde ich alles ganz recht. – Ich finde, dass wir solche Predigten oder Zusammenkünfte brauchen, denn ich predige immer nur andern, aber mir predigt niemand!«[59]

Bei aller Unterschiedlichkeit der Pfarrer in Ofen und Pest zeichnete sich doch im Umfeld der Erzherzogin Maria Dorothea ein gemeinsames Bemühen ab, die Anliegen der Erweckungsbewegung aufzunehmen und in der pfarramtlichen Praxis Schritt für Schritt zu verwirklichen. Das offene geschwisterliche Gespräch hatte neben den dienstlichen Absprachen immer auch eine in die Tiefe gehende seelsorgerliche Dimension.

VIII. Georg Bauhofer als Seelsorger der Palatinissa Maria Dorothea

Dies galt nun insbesondere für die Begegnungen zwischen der Palatinissa und Bauhofer, denn in den gemeinsamen Erbauungsstunden und bei den Audienzen wurden auch ganz persönliche Glaubensfragen angesprochen. Gerade in schweren Krisenzeiten suchte Maria Dorothea das Gespräch mit ihrem Seelsorger.[60] Beim Tod ihres

---

57 Ebenda fol 316.

58 Ebenda fol 316.

59 Ebenda fol 392.

60 Bei den seelsorgerlichen Gesprächen ging es – angesichts der hohen Säuglings- und Kindersterblichkeit, die auch die Familie Bauhofer mehrmals unmittelbar betraf – oft um die Fragen von Sterben und Tod. »Als ich« – schreibt Bauhofer am 3. Februar 1836 in sein Tagebuch (fol 22) – »meiner Louise Tod meldete, nahm die fromme Seele herzlichen Anteil, und unser Gespräch bekam eine noch höhere Weihe! Die Erzherzogin fürchtet den Tod nicht, sondern freuet sich vielmehr in Jesu und harrt mit Sehnsucht ihrer Auflösung! – Wie sonderbar mag

erst zwölfjährigen ältesten Sohnes Alexander Leopold am 13. November 1837 trug Bauhofer in sein Tagebuch ein:

»18. November erhielt ich von Pest ein Schreiben, worin mir die Nachricht mitgeteilt wurde, dass der junge hoffnungsvolle Prinz Alexander den 13ten dieses um 12 ½ Uhr mit Tode abgegangen ist; und dass unsere fromme gläubige Frau Erzherzogin Maria Dorothea, seine Mutter, ihn selbst abgewaschen, und das Sterbekleid angezogen habe. Tröste du o Heiland die betrübten Eltern, und heile die Wunden, die du geschlagen hast! Wie Schade ist es, nach menschlicher Meinung um diesen talentvollen, in blühender Gesundheit dagestandenen Prinzen! Aber du tust alles wohl, was du machest und bist heilig in allen deinen Wegen.«[61]

Bereits am folgenden Tag schrieb er der Erzherzogin einen Trostbrief:

»Ein wahrer Trauertag ist der verflossene Sonnabend für mich und uns alle gewesen. An diesem Tage vernahm ich, dass unser blühende und hoffnungsvolle Prinz Alexander nicht mehr ist, und dass folglich unser Erzherzogliches Kaiserhaus in ein Klagehaus verwandelt ward. Wiederholt las ich den Brief, und selbst dann konnte ich die Trauer-Nachricht kaum glauben. Wie ein Traum schien mir alles bei dieser Kunde. Aber in Jesu hoch verehrte Frau Erzherzogin, gleicht denn nicht auch Alles Sichtbare in diesem Leben einem Traume der verflossenen Nacht; einem Traume, in dem sich das Besitzen mit dem Verlieren, die Freude mit der Trauer in buntem Gemenge wechselnd streiten?! Ach ich finde kein trefflicheres Bild unseres Erdenlebens, als das, welches der fromme Apostel in den Worten entwirft 1. Korinther 7, 29–31. Aber darin liegt ja eben auch ein großer Trost für fromme Christenherzen! Der Trost, dass nicht nur unsere Freuden, sondern auch unsere Leiden vorübergehen und unsere Prüfungen im Lande der Unvollkommenheit aufhören werden. Mögen daher die Worte, womit der scheidende Erlöser seine Jünger einst aufrichtete, bei diesem schweren Verluste, in Ihro K.K. Hoheit und unsers Allerdurchlauchtigsten vielgeliebten Palatinus verwundete Elternherz, sowie in die Herzen der k. Geschwister des Heimgegangenen, himmlische Tröstungen flößen; die Worte, die wir im heiligen Evangelium Johannes 16, 7.21.22 lesen! Und ›Seine Seele war Gott wohlgefällig, darum eilte Er mit ihm hinweg aus diesem Leben‹. Doch Ihre K.K. Hoheit wissen und kennen ja ohnehin die reichen Tröstungen und Güter seines Hauses – warum sollte ich dieselben hier vortragen? Mit der Bezeugung meiner tiefsten und schmerzlichsten Teilnahme und im herzlichen Glauben und Gebete, dass Er die Wunden heilen werde und wolle, die Er geschlagen hat, beschließe ich daher diese wenige Zeilen, und verharre in tiefster Demut und Ehrerbietung, unter frommer Hinweisung auf die teuren Häupter, die der Barmherzige noch bisher Euer K.K. Hoheit und dem Lande gelassen und erhalten hat.«[62]

Geschah hier seelsorgerlicher Beistand nur brieflich, so war beim Tod ihres Gatten, Erzherzog Joseph, am 13. Januar 1847 eine unmittelbare Begleitung über Tage hinweg

---

dieses den Weltkindern scheinen? Eine Frau in den besten Jahren, in einer glücklichen Ehe, von gesunden hoffnungsvollen Kindern umgeben, hat sie als eine weise Jesus-Jüngerin mit dem Apostel immer ihre Augen auf das bessere Vaterland gerichtet und lebt, wie der Apostel spricht: ›Unser Wandel ist im Himmel!‹. Darüber hinaus wurde immer wieder von der Erzherzogin geklagt über die ›vielen Seelenleiden, die sie zu bestehen hatte und noch hat‹.« – »Ich tröstete die edle Frau und führte ihr an, wie es die eigentliche Aufgabe gläubiger Christen-Seelen sei, den Spruch Jesu zu befolgen: Wer mein Jünger sein will, der nehme sein Kreuz auf sich täglich und folge mir nach!« Vgl. Bauhofer Tagebuch (wie Anm. 11) fol 209 (27. 7. 1842).

61 Ebenda fol 70.

62 Ebenda fol 70 f.

möglich. Schon kurz nach Eintritt des Todes hatte der Arzt, Hofrat Ignác Stáhly, Bauhofer gegenüber geäußert: »Es ist gut, dass sie hier sind und sich zur Fürstin begeben; Sie bedarf des Trostes.«[63] Für den Nachmittag wurde ein Termin vereinbart:

> »Um 3 Uhr kam ich mit den lieben Brüdern aus Schottland zur Frau Erzherzogin! Sie lag im Bette, die Tränen strömten über ihr Angesicht, ihre Hände, die Sie uns reichte, zitterten. Sie bat uns um Verzeihung, dass Sie uns nicht stehend empfangen konnte, denn ›meine Kniee‹, rief Sie, ›ertragen mich nicht‹. Bisher war die Fürstin immer so gefasst, so mutig, und nun so erschüttert! Ihr Anblick presste uns allen dreien Tränen der Teilnahme aus. Abwechselnd trösteten wir die Fürstin, und in einer Stunde, während dem Sie uns die Leiden und das merkwürdige Ende des Erzherzogs erzählte, war Sie etwas beruhigter geworden! Mir schien die Fürstin erschöpft, und ich stand auf, um mit den Brüdern fort zugehen! Da rief Sie, ›Ach! Müssen Sie schon gehen‹. Darauf blieben die Schottischen Brüder und auch ich! Unsere Gespräche und Tröstungen währten noch eine halbe Stunde ehe wir mit Dank und Händedruck entlassen wurden.«[64]

Die folgenden drei Tage besuchte Bauhofer die Erzherzogin zum Teil mit seiner Gattin, zum Teil zusammen mit den schottischen Missionaren, um an sie und die Prinzessinnen einige Trostworte zu richten, etwas aus der Bibel zu lesen und sie so ein Stück weit zu stärken. Am 17. Januar hielt Bauhofer in Gegenwart der tief betrübten Erzherzogin Gottesdienst im königlichen Schloss, während in der königlichen Kirche Requiem war. Bei der Predigt über 2. Korinther 4, 8–10 hob Bauhofer allgemeine Trostgründe hervor: »Die Wahl des Textes war besonders glücklich. Die arme gute Fürstin war sehr und oft ergriffen, ohne dass ich, wie Sie bat, des seligen Erzherzogs erwähnt hätte.«[65]

IX. Das »Exil« der Erzherzogin im Wiener Augartenpalais

Der Erzherzog war gerade bestattet, da traf aus Wien die Nachricht ein, dass Maria Dorothea binnen zehn Tagen Ungarn verlassen müsse und in Wien im Augarten-Palais unter Aufsicht der kaiserlichen Familie zu leben habe, ein Gedanke, der sie und ihre »Brüder und Schwestern« in Ofen und Pest mit Schrecken und Trauer erfüllte. Am 24. Dezember hielt Bauhofer dem verstorbenen Erzherzog eine Trauer- und Gedächtnispredigt über Psalm 112, 6, in der er ihn würdigte nach seinem öffentlichen Amt und Wirken, nach seinem Familienleben und nach seinen letzten Tagen und Stunden. Schon am nächsten Tag, morgens um 8 Uhr, reiste die Fürstin ab, zum Schiff begleitet von mehr als 40 Gemeindegliedern.

> »So schied eine Fürstin, die Witwe Palatinus – wie es hieß – für immer aus einem Lande, im Stillen, nur von ein paar Wägen und Ihrer Dienerschaft begleitet, die 28 Jahre lang Ihr ganzes Einkommen darauf verwendete, die Nackten, Kranken und Elenden jeglicher Art und Konfession mit Verleugnung ihrer eigenen, einer Fürstin oft nötigen Bedürfnisse, zu

63 Ebenda fol 375.
64 Ebenda fol 375.
65 Ebenda fol 375.

unterstützen, zu segnen! Und was war der eigentliche Lohn! Von den christlichen Seelen Bewunderung und Dank gegen Gott; von der Welt Spott und Lästerung. Denn in gewissen Zirkeln konnte man es der Fürstin nicht verzeihen, dass Sie keine Theater noch Bälle besuchte oder veranstaltete, keine Whistpartien arrangierte und wie alle die saubern Dingerchen der Welt heißen! Sondern anstatt einen Thee dance – Betstunden veranstaltete, und mit gläubigen frommen Seelen, wenn sie gleich vom bürgerlichen Stande waren, öfters Umgang hatte! Dazu kam der Hass der Römlinge, denen es ein Gräuel und Schrecken war, dass die Fürstin mit den Kindern zuweilen die Bibel las, und bei jeder Religionsstunde zugegen war.«[66]

In dieser Schilderung wird noch einmal deutlich, in welcher Weise die Erzherzogin ihre Frömmigkeit bis hinein in ihren Lebensalltag praktizierte.

Ihr großes Anliegen, die Errichtung von Kirche, Pfarrhaus und Schule auf dem Ofener Burgberg, wurde in den nächsten Monaten bewerkstelligt. Die Grundsteinlegung erfolgte am 1. August 1847, die Einweihung am 26. September 1847. Auch wenn sie an beiden Terminen nicht in Ofen sein konnte, so nahm die Erzherzogin doch die Gelegenheit wahr, bei einem Besuch am 14. April 1847 die Planungen in Augenschein zu nehmen. Immer wieder war es ihr, wenn auch unter erschwerten Bedingungen, möglich, den Kontakt zu Bauhofer und den Freunden in Ofen und Pest aufrecht zu erhalten. Die Reisen mussten oft inkognito stattfinden, beim Briefwechsel war stets mit polizeilicher Überwachung zu rechnen. Wenn Bauhofer am 6. März 1847 im Blick auf einen von der Erzherzogin aus Wien empfangenen Brief seinem Tagebuch anvertraute:

»Arme Fürstin, o wie groß und schmerzlich sind die Prüfungen, die dir der Herr auferlegte. Diesen Brief der Frau Erzherzogin halte ich für ein unschätzbares Dokument, das ich nicht um Tausende weggeben möchte! Verzeihe, edle Fürstin, wenn ich in diesem einzigen Fall nicht gehorchen kann und den Brief nicht verbrenne«.[67]

dann hatte offenbar die Erzherzogin Bauhofer aufgefordert, aus Sicherheitsgründen alle ihre Briefe an ihn dem Feuer zu übergeben.

X. Der Freiheitskampf der Ungarn und seine Auswirkungen

Die Situation spitzte sich zu, als die militärischen Auseinandersetzungen der Revolutionsjahre das kirchliche und politische Leben in Atem hielten. Für Bauhofer selbst bestand ein spannungsvolles Miteinander von Parteinahme für den ungarischen Freiheitskampf und gleichzeitiger Loyalität gegenüber dem Habsburger Kaiserhaus, dem ja auch die Erzherzogin Maria Dorothea angehörte. Die mit der Erstürmung der Ofener Festung am 21. Mai 1849 durch die Honvéds einhergehenden Plünderungen machten auch vor dem Pfarrhaus nicht Halt. Bauhofers Rückkehr aus Szentendre, wo er sich aus Sicherheitsgründen aufhielt,[68] verhinderte Schlimmeres.

66 Ebenda fol 377.

67 Ebenda fol 382.

68 Es bestanden in dieser Zeit bei Bauhofer Überlegungen, nach Schottland oder – wie Gottlieb

Die folgenden Jahre nach der Niederschlagung des ungarischen Freiheitskampfes bedeuteten auch für die evangelische Kirche ein Leben unter erschwerten Bedingungen. Führende Geistliche wurden ihres Amtes enthoben und wie der Superintendent Matthias Haubner, für den sich Bauhofer auf Bitten von dessen Tochter einsetzte, in Kerkerhaft genommen. Die grundlegenden Fragen wie das Verhältnis von Kirche und Staat, wobei sich Bauhofer entschieden für eine Trennung aussprach, und die Rolle der Schulen, deren kirchliche Anbindung er energisch verteidigte, waren Themen, die innerkirchlich heiß diskutiert wurden. Die wirtschaftliche Lage der Kirchengemeinde stand nicht zum Besten. Ein Aufruf Bauhofers an die Gemeindeglieder der evangelischen Kirche in Ofen mit Blick auf die inhaltsschweren Jahre 1848, 49, 50 und 51 macht deutlich,

> »wie eben in Folge der traurigen Ereignisse der gedachten Jahre und der dadurch herbeigeführten Verwirrung die regelmäßigen Zuflüsse der Gemeinde ins Stocken geraten sind. Es hat sich nämlich ergeben, dass von den 200 Familien, die die Ofner Evangelische Gemeinde – mit Ausschluss der Alt-Ofens – zählt, nur 66 Familienhäupter etwas zahlen. Von diesen steuern mehrere sehr reichlich bei, während viele unverhältnismäßig wenig zahlen. 134 Familien tragen dagegen gar nichts bei! Andere Mitglieder, namentlich solche, die keine Kinder in die Gemeindeschule schicken, zahlen aus diesem Grunde zur Erhaltung der Schule nichts, als ob nicht alle Gemeindeglieder gleichmäßig verpflichtet wären, zur Erhaltung der Schule das Ihrige beizutragen. Es wurde im Konvente anerkannt, dass bei einer solchen Unordnung und Teilnahmslosigkeit gegenüber den heiligsten Interessen der Menschheit, in dem Falle, wenn die jährlichen bedeutenden Unterstützungen der höchsten Frau Erzherzogin aufhören würden, das Fortbestehen der Gemeinde selbst in Gefahr kommen müsste. Die Kirchenrechnung hat – trotz dieser Unterstützungen – im abgelaufenen Jahr 1851 ein Defizit von 224 Gulden Conventions Münze ausgewiesen. In Anbetracht dieser Übelstände hat der Konvent beschlossen, einen Aufruf an die Gemeindeglieder zu erlassen, worin dieselben, mit Hinweisung auf das Ungerechte einer ungleichförmigen Beteiligung an den Gemeindelasten, zu einer gleichförmigeren und eifrigeren Unterstützung aufgefordert werden sollen. Gleichwie kein Staat denkbar ist, wenn nicht alle Bürger desselben, ohne Unterschied des Standes und der Beschäftigung ihren Kräften gemäß zu den Bedürfnissen desselben beitragen, eben so wenig kann eine Gemeinschaft der Kirche bestehen, wenn nicht alle Glieder derselben zur Herbeischaffung der nötigen Mittel sich vereinigen; und gleichwie es Pflicht ist, den Staat nach Kräften zu unterstützen, eben so ist auch im geistigen Staate der Kirche Jedermann zur gewissenhaften Unterstützung derselben verpflichtet. Der Konvent gibt sich hiermit der angenehmen Hoffnung hin, dass unsere im Evangelio des HErrn vereinten Brüder diese Mahnung wohlwollend aufnehmen und freudig das Ihrige zur Erhaltung der Kirche und Schule beitragen werden«.[69]

August Wimmer bei seiner abenteuerlichen Flucht in die USA, dem auf Grund seiner politischen Haltung die Verhaftung und möglicherweise die Hinrichtung drohte – ebenfalls in die USA zu emigrieren.

69 EOL (wie Anm. 11) Bestand AGE III a 11; 1. Zur praktischen Umsetzung dieses Aufrufs wurde festgelegt: »Demgemäß folgt diesem brüderlichen Aufrufe ein Subskriptionsbogen, welcher zur Einzeichnung der in der Folge zu leistenden jährlichen Beiträge bestimmt ist. Der Konvent war weit davon entfernt, nach Art der Steuerbemessung gewisse Summen bestimmen zu wollen. Es wird vielmehr im vollen Vertrauen auf den evangelisch-christlichen Sinn der Gemeindeglieder, dem Ermessen eines Jeden anheim gestellt, was er zur Erhaltung der Kirche und Schule seinen Kräften nach beizutragen willens ist. Der Konvent rechnet aber

Wie sehr man auch weiterhin auf die finanzielle Unterstützung durch die Erzherzogin angewiesen war, wird in diesem Aufruf deutlich, ebenso die soziale Schichtung der Gemeinde mit ihren jeweiligen unterschiedlichen finanziellen Möglichkeiten.

XI. Georg Bauhofers »Ungarische Kirchengeschichte«

Noch vor ihrer »Verbannung« nach Wien hatte die Erzherzogin Maria Dorothea durch den Rakendorfer Pfarrer Johann Zapf, einem engen Freund Bauhofers, im Januar 1846 die Nachricht erhalten, dass er bei dem Strass-Sommereiner Schullehrer und Prediger Doleschall in Modern kirchengeschichtliche Manuskripte aufgefunden habe. Letzterer wollte dafür 200 Gulden C.M. Die Erzherzogin, die die Bedeutung dieser Manuskripte für die Geschichte der evangelischen Kirche in Ungarn erkannte, erklärte: »Ich muss sehen, dass ich das Geld auftreibe, denn das ist für unsere protestantische Kirche wichtig.«[70] Bauhofer wurde beauftragt, im Februar diese Schriftstücke, die bei Zapf aufbewahrt waren, der sie ordnen sollte, abzuholen, damit Maria Dorothea diese im Mai bei ihrer Reise nach Württemberg zur weiteren Verwendung mitnehmen könnte. Zur gleichen Zeit wurde bekannt, dass der Nachlass des gelehrten Oedenburger Superintendenten und Pfarrers Teofil Gamauf mit wertvollen kirchengeschichtlichen Handschriften von dessen Erben durch Hofrat Ludwig von Schedius in Pest angekauft worden war. So wurde mit diesem erfolgreich verhandelt, diesen Bestand für die Summe von 250 Gulden der Erzherzogin zukommen zu lassen. Die Überlegungen gingen nun dahin, »wie und durch wen eine Kirchengeschichte – mehr für das Volk als die Gelehrten berechnet –«[71] zu verfassen sei. In zwei Richtungen wurde nun weitergedacht: Durch den Württemberger Pfarrer Christian Gottlob Barth[72] sollte eine »kleine populaire für das Volk im Allgemeinen berechnete Kirchengeschichte besorgt werden«.[73] Für eine große, wissenschaftliche Darstellung wollte die Erzherzogin den Genfer Kirchenhistoriker Merle d'Aubigné,[74] den sie noch von der Réveil-Bewegung her kannte, gewinnen. Das erste Projekt kam überhaupt nicht zustande und im Blick auf eine umfassende Darstellung der protestantischen Kirchengeschichte Ungarns erklärte sich Merle d'Aubigné bereit, allenfalls ein einleitendes Vorwort zu schreiben. Nun übergab die Erzherzogin die Handschriften dem

mit Zuversicht auf die gewissenhafte und pünktliche Einzahlung der gezeichneten Summen, als auf eine heilige Pflichterfüllung.«

70 Bauhofer, Tagebuch (wie Anm. 11) fol 351 (25. 1. 1846). Zur Finanzierung dieser und weiterer Manuskripte verkaufte die Erzherzogin Schmuckstücke aus ihrem Privatbesitz.

71 Ebenda fol 354 (23. 2. 1846).

72 Werner Raupp, Barth Christian Gottlob. *Biographisch-Bibliographisches Kirchenlexikon* 18 (2001) 125–152. Barth hatte in Stuttgart 1835 eine »Christliche Kirchengeschichte für Schulen und Familien« herausgebracht. Von dieser erschien eine in Güns 1843 gedruckte Österreichische Ausgabe.

73 Bauhofer, Tagebuch (wie Anm. 11) fol 355 (20. 3. 1846).

74 Jochen Winkler, Der Kirchenhistoriker Jean-Henri Merle d'Aubigné (Zürich 1968).

Archiv der evangelischen Kirche und beauftragte Bauhofer mit deren Betreuung. Auf der Basis dieses umfangreichen Materials machte sich dieser an die Abfassung seiner »Geschichte der evangelischen Kirche in Ungarn vom Anfange der Reformation bis 1850 mit Rücksicht auf Siebenbürgen«.[75] Das Manuskript dieses Buches wurde auf abenteuerliche Weise durch die aus Ungarn am 6. September 1848 abreisenden schottischen Missionare mit ihren Familien außer Landes geschmuggelt,[76] durch die Erzherzogin in Wien an die englische Botschaft weitergeleitet und auf Ersuchen der Erzherzogin von Dr. James Craig ins Englische übersetzt, sodass das Werk 1854 in London und Boston erschien. Gleichzeitig wurde eine deutsche Ausgabe durch den Kaplan des preußischen Königs, Dr. Krummacher, in Berlin veröffentlicht. Beide Ausgaben mussten, um Georg Bauhofer in den Jahren nach dem niedergeschlagenen ungarischen Freiheitskampf nicht zu gefährden, ohne Angabe des Verfassers erscheinen.

Der Aufbau von Bauhofers Kirchengeschichte ist im Wesentlichen an den über Ungarn herrschenden Monarchen orientiert.[77] Neben der oft sehr detailliert geschilderten historischen Verlaufsgeschichte mit je nach Quellenlage unterschiedlicher regionaler Schwerpunktsetzung treten in besonderer Weise die staatskirchenrechtlichen Entscheidungen und Bestimmungen mit ihren Auswirkungen auf die ungarische protestantische Kirche in den Vordergrund. Daneben werden eingehend die Verfolgungs- und Unterdrückungsmaßnahmen von Seiten der römisch-katholischen Kirche, die sich dabei in hohem Maße der (katholischen) Staatsmacht bediente, zur Darstellung gebracht. Von besonderem Interesse dürften für unsere Darstellung die »zeitgeschichtlichen« Ausführungen sein, die Bauhofer selbst miterlebt hatte und an

---

75 Der Buchtitel gibt nicht präzise den Umfang der Darstellung wieder, die bereits mit der römischen Antike einsetzt und auf den ersten 34 Seiten die Zeit bis zu den »Ersten Spuren der Reformation in Ungarn« schildert. Auch am Ende reicht die Darstellung hinein bis in den Mai 1851.

76 Dabei dürfte es sich um den größten Teil von Bauhofers Manuskript handeln. Wann und auf welche Weise die letzten Abschnitte des Buches außer Landes gelangten, ist nicht bekannt.

77 Das Werk gliedert sich in 20 unterschiedlich umfangreiche Teile: S. 1: Das Königreich Ungarn. Bestandteile; Ureinwohner, erste Spuren des Christentums bis König Stephan dem Heiligen; S. 5: Übersicht der politischen und kirchlichen Lage Ungarns während des Regiments seiner Könige aus dem Stamme Arpads; S. 17: Zustände Ungarns unter den Regenten aus verschiedenen Häusern; S. 28: Verfall der christlichen Lehre und Sitten in Ungarn unter Geistlichkeit und Volk vor und zur Zeit der Reformation; S. 35: Erste Spuren der Reformation in Ungarn bis zur Schlacht von Mohacs 1526; S. 46: Schlacht bei Mohacs und deren unmittelbare Folgen für Ungarns Reformation; S. 71: Ferdinand I, Alleinregent vom Jahre 1540–1564; S. 126: Rudolph, von 1576–1608 in Ungarn, + 1612; S. 154: Vom Wiener Frieden bis zur Convention von Szathmas. Vom Jahre 1608–1711; S. 176: Ferdinand II, vom Jahre 1619–1637; S. 192: Ferdinand III, vom Jahre 1637–1657; S. 214: Leopold I, vom Jahre 1657–1705; S. 325: Joseph I, vom Jahre 1705–1711; S. 333: Vom Szathmarer Frieden bis zum Tode Leopold's II. Vom Jahre 1712–1792; S. 389: Maria Theresia, vom Jahre 1740–1780; S. 461: Von Joseph II bis Franz Joseph I, 1780–1849; S. 499: Schicksale der Protestanten unter Leopold II, vom Jahre 1790–1792; S. 513: Franz I, vom Jahre 1792–1835; S. 578: Schicksale der Protestanten unter Ferdinand V, vom Jahre 1835–1848; S. 616: Schluss; S. 621: Anhang mit 7 Beilagen (bis S. 658).

denen auch seine Einstellung und Sichtweise besonders deutlich wird. Als erfreuliches Ereignis für die »vaterländische Kirche« wird die im Jahre 1839 erfolgte Gründung der ungarischen Gemeinde Augsburgischer Konfession in Pest gesehen.

> »Um diese Zeit wurden auch mehrere schädliche Zerwürfnisse glücklich beigelegt, die in mehreren Gemeinden von verschiedener Nationalität ausgebrochen waren, nur mit der slawischen Gemeinde in Pest gelang keine Ausgleichung. Glücklich ward auch die Gefahr eines evangelischen Papstes beseitigt, der aus dem beantragten General-Superintendenten für die ungarische Kirche sich mit der Zeit hätte entwickeln können. Mit dem jetzt erwählten General-Inspektor, Grafen Karl Zay, tritt uns in der evangelischen Kirche Ungarns eine Zeit ungewöhnlicher Aufrüttelung entgegen, von der es noch immer unentschieden ist, ob wir sie unter die guten, ob unter die schlimmen zu zählen haben. Zwei Ideen waren es, die er in Übereinstimmung mit dem Gouverneur von Siebenbürgen, dem reformierten Grafen Joseph Teleky, in den Teich des kirchlichen Lebens mit Feuereifer hineinwarf und deren Fall überallhin in den bis an den Rand ringelnden Wellen sich kund gab. Es waren die Ideen der Nationalität und der Union zwischen den beiden Schwesterkirchen. [...] Die Idee der Nationalität nach dem bereits gegebenen Gesetze auszubilden, und in den Bereich der Union besonders alle evangelischen Bewohner Ungarns einzuziehen, um so ein durch Nationalität moralisch fester gegliedertes Vaterland, als eine Stütze des Thrones nach Außen, und eine inniger verbundene Kirche gegen die endlosen Angriffe der römisch-katholischen Kirche nach Innen zu bewerkstelligen, das und nichts Anderes war das Ziel, nach dem der Graf strebte.«[78]
>
> »Nicht viel besser erging es auch der andern vom General-Inspektor angeregten Idee der Union zwischen beiden Schwesterkirchen. Obschon im voraus erklärt wurde, dass die dogmatischen Unterschiede unerörtert bleiben sollten, und man die gänzliche Ausgleichung dieser dem dafür heranzuziehenden Geschlechte überlassen müsse, auch zu dem Ende im Erziehungswesen gegenseitig annähernde Schritte und den Vorschlag machte, eine Hochschule in Pest für beide Schwesterkirchen gemeinschaftlich zu begründen, so scheiterten doch alle Bemühungen einer innigeren Verbrüderung teils an dem Kaltsinn, womit die Idee der Union von der Kirche helvetischer Konfession und besonders der Superintendentur an der Theis aufgenommen wurde, teils an den materiell sehr ungleichen Interessen, teils an der nicht unbegründeten Furcht, den Priestern damit ein neues Mittel zur Verfolgung der Evangelischen in die Hände zu geben.«[79]

Im Blick auf diese beiden Punkte sollte bereits wenige Jahre später eine radikale Kritik an Bauhofers »Ungarischer Kirchengeschichte« einsetzen. Hatte Merle d'Aubigné in seiner Einleitung noch attestiert:

> »Das Werk, welches wir hier dem Publikum darbieten, ist also schon, der Neuheit wegen, seiner Aufmerksamkeit wert. Aber auch für die Sorgfalt, mit der es gearbeitet ist, verdient es alle Anerkennung. Der Verfasser ist ein Mann von wahrer Frömmigkeit und richtigem Urteil, voll christlicher Rechtlichkeit, Treue und Weisheit, dem volles Vertrauen geschenkt werden kann.«[80]

---

78 Johann Georg BAUHOFER, Geschichte der evangelischen Kirche in Ungarn: vom Anfange der Reformation bis 1850; mit Rücksicht auf Siebenbürgen (Berlin 1854) 586 f.

79 Ebenda 588.

80 Ebenda IV–V.

So erhob Johannes Borbis in seiner vom slowakischen, konfessionell lutherischen Standpunkt[81] aus geschriebenen und 1861 in Nördlingen veröffentlichten Darstellung »Die evangelisch-lutherische Kirche Ungarns in ihrer geschichtlichen Entwicklung« den Vorwurf, dass

> »in den meisten bisher erschienenen geschichtlichen Werken die lutherische Kirche von der reformierten wesentlich nicht unterschieden und das, schon seit lange her offenbare Vorherrschen von unlauteren, der Kirche zum Verderben gereichenden Elementen entweder gar nicht berührt, oder nicht klar genug auseinandergesetzt wird; sondern beide, die lutherische Kirche sowohl als auch die reformierte, unter dem gemeinsamen Namen ›Evangelische‹ oder ›Protestantische Kirche in Ungarn‹ behandelt werden. So z. B. die ausführlichere von einem unbekannten Verfasser herrührende ›Geschichte der evangelischen Kirche in Ungarn und Siebenbürgen‹, welche, von Merle d'Aubigné in Genf mit einem Vorwort versehen, in Berlin 1854 erschienen ist. Abgesehen davon, dass darin die Namen der vorkommenden Personen und Orte häufig fehlerhaft angegeben sind,[82] zeichnet

---

81 Die Kirchengeschichte von Borbis ist gewidmet »Dem theologischen Studentenverein sowie dem akademischen Hülfsverein der Gustav-Adolph-Stiftung zu Leipzig, meinen lieben Freunden und Commilitonen als Unterpfand bleibender treuer Gemeinschaft in Einem Glauben und Einer Liebe« (S. III). In seiner sechsseitigen Vorrede zu diesem Werk schreibt der konfessionelle Lutheraner Prof. Dr. theol. Chr. Ernst Luthardt u. a.: »Es war eine der heilsamsten Erkenntnisse und Handlungen Luther's, dass er den Bund der Ritter und ihre politischen Absichten mit dem Evangelium, das er vertrat, zurückwies. Kaum konnte eine Versuchung näher liegen und eine kirchliche Politik gerechtfertigter erscheinen. Und doch hätte damit das Evangelium aufgehört, die himmlische Friedensbotschaft zu sein; die evangelische Kirche wäre zu einer politischen Partei und ihr Glaube zum Satz eines politischen Programms geworden. Seit Langem ist die Vermischung des Kirchlichen und Politischen die Versuchung der Evangelischen in Ungarn. Wir müssen bekennen: diese Gefahr ist jetzt zur Tatsache, ihre Wirklichkeit das Unglück der Kirche geworden. Man ist im Begriffe, der Politik die Kirche zu opfern und ihr Erstgeburtsrecht um ein Linsengericht zu verkaufen. Nur mit großer Betrübnis kann ein Jeder, dem das wahre Wohl des evangelischen Volkes am Herzen liegt, nach Ungarn blicken und sehen, wie der Weinberg des HErrn zertreten und verwüstet, unter dem Namen kirchlicher Autonomie die Herrschaft der verderblichsten Anarchie aufgerichtet wird und an heiliger Stätte die Leidenschaft politischer Parteien ihr wüstes Wesen treibt. [...] Müssen wir's doch mit unsern Augen schauen, wie man die Kirche zur Magd erniedrigt, wie die, welche ihre Hüter und Pfleger sein sollten, zum großen Teil ihre Verstörer geworden sind, und an die Stelle der allein selig machenden Wahrheit, welche die Kirche bekennt und lehrt, das allein selig machende Magyarentum einer Partei gesetzt wird«. (S. IX–X). Im Blick auf die Union schreibt Luthardt: »Als einen solchen Missbrauch der kirchlichen Interessen muss ich auch den Plan der Union beider evangelischen Kirchen, der lutherischen und der reformierten bezeichnen, den man in Ungarn seit Kurzem erneuert hat. [...] Denn die Union, die man in Ungarn erstrebt, wird nicht um ihrer selbst willen beabsichtigt, sondern im politischen Interesse. [...] Wäre es das übermächtige Gefühl der Einigkeit des Glaubens im Wesentlichen, woraus das Verlangen nach Union hervorginge – ich würde hier davon schweigen. In Wahrheit ist es nicht die Energie des Glaubens, welche etwa den Herrn Jesum Christum so entschieden und ausschließlich in den Vordergrund stellt, dass darüber alles Andere als unwesentlich zurückträte, sondern es ist die Gleichgültigkeit des Unglaubens, welcher Religion und Kirche nur eine Stufe ist zur Herrschaft des Magyarentums. Eine solche Union ist ein Frevel wider das Heiligtum der Kirche, wider ihren Beruf auf Erden und ihr Haupt im Himmel.« (S. X–XI).

82 Dieser durchaus zutreffende Vorwurf ist aus der Veröffentlichungsgeschichte von Bauhofers

sich dieses Werk weder durch Plan und Ordnung der Darstellung, noch durch besondere Rücksichtnahme auf die lutherische Kirche aus. Es ist dieses Werk nach Kuzmány's Urteil (Kirchenrecht S. 63) ›in der älteren Geschichte vielfach noch mehr in der neuesten falsch und gehässig‹«.[83]

War Bauhofers – den Borbis offensichtlich nicht mehr als Verfasser identifizieren kann – Darstellung noch weitgehend vom ökumenischen Geist der Erweckungsbewegung bestimmt, so trat nun ein starkes konfessionelles Luthertum zumal in den slowakischen Teilen des Habsburgerreiches auf den Plan, das sich an den streng lutherischen theologischen Fakultäten in Leipzig, Erlangen und Greifswald orientierte.[84] Dass Bauhofers Werk von dem reformierten Kirchenhistoriker Merle d'Aubigné aus Genf mit einer Einleitung[85] versehen wurde, spricht für sich. Die ekklesiologischen Grundlagen, die in gleicher Weise für Reformierte wie Lutheraner gelten, beschreibt dieser mit folgenden Worten:

»Jede evangelische Kirche bedarf zweier wesentlichen Güter; das eine ist die Autorität, das andere die Freiheit. Diese beiden Prinzipien scheinen einen Widerspruch zu enthalten, dennoch stehen sie in innigstem Zusammenhange. Keine Freiheit ohne Autorität, und keine heilsame und feste Autorität ohne Freiheit. Es gibt eine Autorität, welche in der Kirche herrschen muss, das ist die Autorität des Wortes Gottes und folglich der Gehorsam des Glaubens (Römer 1,5), das Gefangennehmen aller Gedanken unter den Gehorsam Christi (2. Kor 10, 5). [...] Vielleicht haben sich die protestantischen Kirchen Ungarns zu sehr von dieser göttlichen Autorität entfernt, und sind nicht dem Winde des Rationalismus entgangen, welcher über ganz Europa in der zweiten Hälfte des achtzehnten Jahrhunderts geweht hat. Man hat Laien gesehen (wie wir es aus dieser Geschichte vernehmen), welche die Pastoren aufforderten, sich es genügen zu lassen, dem Volke die Pflichten des Bürgers und des Christen vorzutragen, die Lehren aber, einer (wie sie es nannten) groben Orthodoxie unbeachtet zu lassen, man hat Geistliche gesehen, blinde Führer, welche dem Zeitgeiste gehuldigt und sich in ihrer Torheit für Weise gehalten haben. Das ist der innere Schaden der ungarischen Kirche, größer und gefährlicher als die härteste Unterdrückung.«[86]

»Kirchengeschichte Ungarns« heraus zu erklären, wenn man bedenkt, dass es in dem Berliner Verlag von Wiegandt und Grieben nicht ganz leicht war, in einem handschriftlichen Manuskript ungarische Namen zu identifizieren und es darüber hinaus von den äußeren Umständen her keine Möglichkeiten gab, Korrektur zu lesen.

83 Johannes Borbis, Die evangelisch-lutherische Kirche Ungarns in ihrer geschichtlichen Entwicklung nebst einem Anhange über die Geschichte der protestant. Kirchen in den deutsch-slavischen Ländern und in Siebenbürgen, mit einer Vorrede von Dr. theol. Chr. Ernst Luthardt, ordentl. Professor der Theologie an der Universität Leipzig (Nördlingen 1861) 1 f.

84 Luthard spricht in diesem Zusammenhang auch die Rolle der deutschen Theologie und ihre Auswirkungen auf Ungarn an: »Dies Alles lässt uns in eine tiefe Unkirchlichkeit bei der Mehrzahl der politischen Stimmführer und – müssen wir mit Schmerz hinzusetzen – bei einer nicht geringen Zahl der Theologen und Geistlichen hineinblicken. Wie viel Deutschland und seine theologischen Fakultäten jene Unkirchlichkeit verschuldet haben, weiß ich nicht. Aber das weiß ich, dass die deutsche Theologie, wie sie jetzt ist, vielfach auch die Mittel der Heilung zu bieten vermöchte, wenn man sie in rechter Weise bei ihr suchen wollte.« (S. XI).

85 Merle d'Aubigné hatte im Juli 1853 erfahren, dass Bauhofer seine Darstellung abgeschlossen hatte, und kam nun der Bitte nach, in einer zwölfseitigen Einleitung in das Werk einzuführen.

86 Merle d'Aubigné, Einleitung, in: Geschichte der evangelischen Kirche in Ungarn (wie Anm. 78) VI–VII.

Angesichts der vielfältig erfahrenen Unterdrückung der protestantischen ungarischen Kirche fordert er nun von den Fürsten die Gewährung der Freiheit:

> »Wenn ihr dem Menschen die Freiheit, Gott nach seinem Gewissen anzubeten, nehmt, so greift ihr das an, was ihm das Heiligste, das Edelste ist, so macht ihr ihn unwillig, zornig, so wiegelt ihr ihn gegen die menschliche Macht auf, die den Gehorsam fordert, der allein Gott gebührt.«[87]

Und Merle d'Aubigné fährt fort, und damit kommt das Erbe des Pietismus zum Tragen:

> »Allein Autorität und Freiheit genügen nicht den Kirchen; sie bedürfen des Glaubens und des Lebens. [...] Die Autorität des Wortes Gottes im protestantischen System ist eine innere Macht, die auf das Herz, auf den Willen, auf den Geist wirkt, die sie durch den heiligen Geist umwandelt und den erneuerten Menschen dahin leitet mit Freuden, nicht mit Traurigkeit, mit Liebe, nicht mit Furcht, mit freier, innerlicher und mächtiger Überzeugung und nicht mit Knechtsinn zu gehorchen! Wenn die europäische Kirche die Stelle, die ihr unter den Kirchen der Reformation gebührt, wieder einnehmen soll, muss der Glaube der Kinder Gottes in ihr erstarken.«[88]

Der »gesamteuropäische« Aspekt ist nun etwas Besonderes, das Merle d'Aubigné im Blick auf den Leser von Bauhofers Kirchengeschichte einbringt:

> »Diese Schrift [...] deckt eine Seite in der Geschichte der Märtyrer auf, die bisher fast unbekannt geblieben war; zeigt den reformierten Christen des westlichen Europas eine leidende und unterdrückte Kirche; und lehrt uns ein Volk kennen, welches allerdings von uns entfernt ist, uns aber durch seinen Glauben nahe berührt, und allen, die in dessen Mitte gelebt haben, Gegenstand der lebhaftesten und größten Zuneigung geworden ist. [...] Die evangelischen Christen, die es lesen, müssen sich gedrungen fühlen, sich mehr um die leidenden Brüder des östlichen Europas zu bekümmern, für sie zu beten, sie in Schutz zu nehmen, zu wünschen, dass dem Bekümmerten und Bedürftigen Recht und Gerechtigkeit geschehe. [...] Wenn dieses Werk geeignet ist, uns evangelischen Christen des westlichen Europas Teilnahme für unsere östlichen Glaubensgenossen einzuflößen, so bietet es nicht weniger nützliche Lehren sowohl den ungarischen Protestanten als denjenigen, die Gewalt über sie haben.«[89]
>
> So »darf dieses Buch keine gewöhnliche Lektüre sein. Es handelt sich nicht nur um ein Buch, es handelt sich um eine Tat. Ein Zweig der großen evangelischen Familie ist von den anderen vergessen worden; diese lange Vernachlässigung muss wieder gut gemacht werden. Der Leser soll nicht, nachdem er dieses Buch gelesen, wie es gewöhnlich geschieht, sich damit begnügen, es seiner Bibliothek einzuverleiben; diese Blätter sind ein ernster Aufruf, der an alle evangelischen Christen ergeht. Was Gott von denen, die ihn lesen werden, fordert, ist, dass sie beten, glauben, hoffen, dass sie für das protestantische Ungarn in Glauben und Liebe handeln«.[90]

Als Hoffnungspotential für die Kirche Ungarns wird formuliert:

> »Diese Kirche ist glorreich gewesen in den alten Zeiten, sie muss in der jetzigen sich aufrichten. Vielleicht wird sie sich nur unter Entbehrungen in Tränen erheben [...]; aber

87 Ebenda IX–X.

88 Ebenda XI.

89 Ebenda VI.

90 Ebenda XIII.

wenn sie durch den Glauben das Leben hat, so genüge ihr das, ihr Lohn wird nicht ausbleiben.«[91]

Dass Bauhofer seine »Geschichte der evangelischen Kirche in Ungarn« mit einem Hilferuf beschließt, macht noch einmal deutlich, unter welchen Bedingungen dieses Werk entstand. Fragen der Revolution und der Glaubens- und Gewissensfreiheit, des Gehorsams und der Treue gegenüber dem Haus Habsburg klingen an, wenn er im Blick auf die offiziellen Verlautbarungen schreibt: »Gleichberechtigung der Konfessionen, vollkommene Glaubens- und Gewissensfreiheit, die Selbstständigkeit und Freiheit der Kirchen sei diesen innerhalb ihrer Grenzen verbürgt«, um dann zu klagen: »Arme, seit dreihundert Jahren zerfleischte und blutende evangelische Kirche Ungarns!« und die offenen Fragen zu stellen:

»Wird sich unter den hohen und ausgezeichneten Männern, die unseren jungen Monarchen umgeben, niemand finden, der Seine Majestät über die Stellung und die unveräußerlichen, in Gottes Wort, in Friedensschlüssen und geheiligten Gesetzen begründeten Rechte und Freiheiten der evangelischen Kirche Ungarns treuen Bericht geben mag? Sollten denn die alten bitteren Tage der Verfolgungssucht und des religiösen Fanatismus in der zweiten Hälfte des neunzehnten Jahrhunderts wiederkehren, jene Tage, die wir mit blutendem Herzen beschrieben haben, damit sie eben als Warnung für die Nachkommen dastehen? Sollte man gegen das moralische Gesetz Gottes hoffen Unrecht säen zu können, ohne Mühe dafür ernten zu müssen? Wird die tiefe Ruhe der evangelischen Länder in den letzten Jahren der blutigen Aufregung und Umwälzungen die schamlosen Verleumder nicht endlich verstummen machen und deren Verdächtigung bei den katholischen Höfen vereiteln, als ob die evangelische Religion und Kirche den Keim zu Revolutionen im Busen trage! Weiß man denn nicht, dass die Evangelischen wohl gegen den Papst und die Gewissenstyrannei, nie aber gegen ihre weltlichen Herrscher und Obrigkeiten protestieren, sondern in allen Dingen, die nicht Gottes sind, dem Kaiser geben, was des Kaisers ist. [...] Möge der Allmächtige die große schöne Monarchie des Hauses Habsburg-Lothringen vor den Übeln bewahren, welche die Jesuiten und deren Werkzeuge mit ausgesuchter Arglist und Beharrlichkeit vorzüglich auch über Ungarn gebracht haben. Möge Franz Joseph I wie sein glorreicher Ahn, Joseph II, erhaben über alle Parteien und Nationalitäten in der Regierung seiner Untertanen und der Verwaltung der Gerechtigkeit dastehen, damit Alle innerhalb der Schranken des Gesetzes wandeln, und die Geschichte von ihm mit ebenso großer Freude als Dankbarkeit Tatsachen sammle und aufstelle, aus denen hervorgeht: ›Dass Er als Kaiser und König von Gottes Gnaden in seinem großen schönen Reiche die göttliche Majestät nicht nur im Sinne der Macht, sondern auch in dem der Gerechtigkeit und Güte, in der den Sterblichen möglichsten Weise vertreten habe‹.«[92]

XII. Der Tod der Erzherzogin Maria Dorothea und Bauhofers letzte Lebensjahre

Die Zeit der »Verbannung« nach Wien bedeutete für die Erzherzogin Maria Dorothea nicht nur die Trennung von ihrem geliebten Ungarn, sondern auch, dass ihr weitgehend ihre eigenen Kinder entzogen wurden. Eine Reihe von Maßnahmen wurde

91 Ebenda XIII.

92 Bauhofer, Geschichte der evangelischen Kirche in Ungarn (wie Anm. 78) 619 f.

ergriffen – insbesondere durch Alexander Fürst von Hohenlohe, Bischof von Großwardein – um sie zum Übertritt in die katholische Kirche zu bewegen.[93] Doch sie blieb standhaft bei ihrem evangelischen Glauben. Während dieser Jahre unterhielt sie, wenn auch unter erschwerten Bedingungen, brieflichen Kontakt mit den »Brüdern und Schwestern« in Ungarn. Gerade nach der Niederschlagung des ungarischen Freiheitskampfes setzte sie sich immer wieder bei Kaiser Franz Joseph I. für einzelne verurteilte evangelische Geistliche ein oder versuchte bei gesetzgeberischen Maßnahmen, die für die ungarische Kirche schwer tragbar waren, bei ihm Änderungen zu erreichen. Besonders wichtig wurde in diesem Zusammenhang eine Adresse an die Erzherzogin vom 1. Juni 1850, die wohl von Bauhofer verfasst und von 80 weiteren Gliedern der evangelischen Kirche unterzeichnet worden war. Die Bittschrift, für die sich die Erzherzogin verwenden sollte, richtete sich gegen den von Baron von Haynau am 10. Februar 1850 publizierten Regierungserlass, der der ungarischen evangelischen Kirche eine tief in ihre bisherige Struktur eingreifende Kirchenverfassung oktroyieren sollte. »Es ist nicht schwer zu erkennen,« heißt es in diesem Schreiben,

> »wie durch ein solches System die Kirche mit der Schule in ihrem Administrative wichtigsten Culminationspunkte auf eine ganz außerkirchliche Basis gestellt, durch gänzlichen Umsturz ihrer Verfassung so in ihrem Leben bedroht ist, dass wir aufhören müssten, Protestanten zu sein, da doch – wie der große Reformator so wahr lehrt – das christliche Regiment nicht wider das weltliche, aber auch die weltliche Obrigkeit nicht wider Christum sein soll, da das weltliche Regiment in Christi Amt gar nicht gehört, sondern ein äußerlich Ding ist, wie alle andern Ämter und Stände«.[94]

Schon im April 1848 hatte sich die Erzherzogin dahingehend geäußert, »dass wir die Selbstständigkeit unserer Kirche ja nicht aufopfern sollen, und lieber vom Staate nichts annehmen möchten als unter einer so gefährlichen Bedingung«.[95]

Verschiedene Male konnte sie auch inkognito nach Ofen und Pest reisen und wohnte gelegentlich im Ofener Pfarrhaus, besuchte Gottesdienste und Erbauungsstunden und übernahm sogar das Taufpatenamt für zwei der Kinder[96] von Georg Bauhofer und seiner Frau Wilhelmine. Im Frühjahr 1855 reiste sie zum letzten Mal nach Ofen

---

93 Klemens Wenzel Fürst Metternich erklärte im Blick auf die Erzherzogin Maria Dorothea, er wolle nach ihrem Tod dafür sorgen, dass die Hausgesetze der Habsburger so geändert würden, dass ein Erzherzog niemals wieder eine Protestantin zur Ehefrau nehmen dürfe. Die Hoffnung der Evangelischen in Ungarn, dass sie nach dem Rücktritt Metternichs wieder zurückkehren könnte, erfüllte sich nicht.

94 Bauhofer, Geschichte der evangelischen Kirche in Ungarn (wie Anm. 78) 639 (Beilage 3). Zu diesen verschiedenen Fürsprachen der Erzherzogin, auch wenn sie oft nur geringen Erfolg hatten, vgl. Karl Schwarz, Maria Dorothea (wie Anm. 3) 66 f.

95 Bauhofer, Tagebuch (wie Anm. 11) fol 399. Und er fährt fort: »Wir sind wohl hierin Alle einig; aber was die armen Brüder und Gemeinden auf dem Lande dazu sagen werden, das ist eine andere Frage! Ich fürchte sehr, dass Esau sein Erstgeburtsrecht für ein Linsengericht hingeben werde.« – Es ging in diesem Zusammenhang darum, ob die Schulen alle in staatliche Hände zu übergeben seien.

96 Das Mädchen »Dorothea Maria Elisabeth« wurde am 22. Juli 1846, der Junge »Joseph« am 8. Februar 1848 getauft. Vgl. Bauhofer, Tagebuch (wie Anm. 11) fol 365 und fol 397.

zu ihrer Tochter Elisabeth, die ein Kind erwartete. Während dieses Aufenthalts erlitt sie eine Erkältung und daran anschließend einen schweren Schlaganfall. In den letzten Stunden standen ihr die ihr vertrauten Pfarrer, sie aus Gottes Wort tröstend, mit Gebet und Feier des Abendmahls zur Seite. Am 30. März verstarb sie im Alter von 57 Jahren. Bei ihrer Beisetzung am 4. April läuteten überall in Ungarn die Glocken der evangelischen Kirchen und eine in die Tausende zählende Menschenmenge begleitete den Sarg bis zur Gruft im Ofener Schloss. Georg Bauhofer hielt am Sarg der im Schloss aufgebahrten Verstorbenen die Trauerrede.[97] Er sprach zunächst die Trauernden aus den verschiedenen, mit der Erzherzogin verwandtschaftlich verbundenen, Herrscherhäusern an, wandte sich dann den Kindern zu, die in den leer gewordenen Räumen die teure Mutter suchten. Die Bediensteten waren mit ihrer Trauer um die »so milde, huldvolle Gebieterin« ebenso im Blick, wie die evangelische Gemeinde:

> »Schmerzlich vermissen werden dich, hohe Vollendete, noch besonders die Ofner evang. Gemeinde und auch wir, die du seit lange[m] deiner Huld gewürdigt hast, und die durch die heiligen Bande der Religion und Kirche dir näher stehend, in deinem frommen christlichen Sinn und Wirken, ein unverwerfliches Zeugnis haben, ›dass Jesu Christus, der eingeborne Sohn Gottes, dir die Macht gab, ein Kind Gottes zu werden, weil du an seinen Namen glaubtest‹.«[98]

Der zweite Teil der Trauerrede entfaltet dann den Trost unter Aufnahme der Bibelstellen Johannes 17, 24, 1. Petrus 1, 3–5 und 1. Korinther 15, 22:

> »Hiermit wissen wir, wo unsere Lieben sind, wo unser Vaterland und wo die Pilgerschaft, wo das Wesen und wo der Schatten ist, – wo sich das Sterbliche vom Unsterblichen scheidet. Mit dieser frommen Christenhoffnung scheiden denn auch wir von unsrer, in Jesu ruhenden, Frau Erzherzogin. Nicht sie ist es, die in diesem Sarge ruht, es ist nur die abgebrochene Hütte ihres unsterblichen Geistes; denn diesen können Sarg und Riegel nicht halten. Nicht die von uns so innig verehrte Frau Erzherzogin Maria Dorothea ist es, die wir begraben; es ist nur ihr Sterbekleid, das der allmächtige Gott ihr bei der Geburt angezogen und mit dem Tode ausgezogen hat. Das nur werden wir zur Gruft begleiten. [...] Darum so ziehe denn hin, unvergessliche Erzherzogin und Mutter in den stillen Hof der Ruhe, in die von Gott so unerwartet geöffnete Gruft, wo die Freuden, Sorgen und Angelegenheiten des Erdenlebens uns nicht weiter berühren; wo dein unvergesslicher Gatte, der selige Erzherzog und Palatin Joseph, mit dem du 28 Jahre in glücklicher Ehe verlebtest, seit acht Jahren, und dein geliebter Sohn Alexander seit sechzehn Jahren der Ewigkeit entgegen reifen.«[99]

---

97 Trauerrede und Gebet, am Sarge Ihrer, am 30-ten März 1855 verstorbenen k.k. Hoheit der Durchlauchtigsten Frau MARIA DOROTHEA, Erzherzogin von Oesterreich, verwittweten Palatinissa von Ungarn gehalten im k.k. Schlosse zu Ofen, am 4. April 1855 von GEORG BAUHOFER, evangelischem Prediger in Ofen. Preis: 10 Kr. Conventions-Münze. PEST, Druck von Johann Herz (Landstrasse Nro. 6).

98 Ebenda 2. Daran schließt sich an (2 f.) ein Hinweis auf die Liebestätigkeit der Erzherzogin: »Und was sollen wir endlich von den Armen und Elenden sagen, die du, in Gott ruhende Fürstin, seit vielen Jahren in Wien, in Pest, hier und an vielen anderen Orten des großen Kaiserreichs, ohne Unterschied der Religion, auf das Edelste unterstütztest? [...] Ach! diese Alle werden dich suchen und nicht finden.«

99 Ebenda 5 f.

Am 29. April hielt dann Georg Bauhofer in der Ofener Kirche die Predigt zur Todesfeier der Erzherzogin.[100] In dieser Gemeindepredigt tritt nun einerseits die evangelische Kirche[101] stärker in den Vordergrund, andererseits wird die Frömmigkeit der Verstorbenen umfassender unter Bezugnahme auf das Bibelwort »Viele Menschen werden fromm gerühmt, aber wer will finden Einen, der rechtschaffen fromm sei?« (Sprüche Salomos 20, 6) entfaltet. Ihre Tugenden, die Kraft ihres Glaubens, ihre vielfältig praktizierte Nächstenliebe werden mit vielen Beispielen in Erinnerung gerufen. Und er schließt die Predigt, nachdem er auch auf die Anfeindungen, die der »Frömmigkeit« entgegengebracht werden, eingegangen ist:

> »Die rechtschaffene Frömmigkeit begehrt ihn [den Lohn] nicht vor der Zeit; sie sucht ihn nicht auf der Erde; denn diese kann die Frömmigkeit nicht lohnen, sie sucht ihren Lohn im Himmel; sie sucht ihn nicht bei Menschen; sie sucht und hofft ihn nur von Gott. Ja, Gott allein! ist und bleibt ihr großer Lohn.«[102]

Die 50er Jahre des 19. Jahrhunderts waren bestimmt durch gegen die evangelische Kirche Ungarns gerichtete Maßnahmen der absolutistischen Regierung in Wien, besonders 1850[103] und 1859, und durch gelegentliche Entspannung ab Frühjahr 1854. Erst im Mai 1860 erfolgte ein Umschwung, der es dann der evangelischen Kirche ermöglichte, »auf Grund des Gesetzes von 1791 ihr Leben wieder selbst zu organisieren«.[104] Die Handlungsmöglichkeiten für den Gemeindepfarrer Georg Bauhofer im Blick auf Kirche, Schulen und diakonische Arbeit waren eingeschränkt, zumal nun auch die finanzielle Unterstützung durch die Erzherzogin Maria Dorothea wegfiel. Ebenso war die volksmissionarische Arbeit mit der Verteilung von christlichem Schrifttum durch die Flucht Gottlieb August Wimmers in die USA und später nach Bremen nahezu vollständig zum Erliegen gekommen. Hatte sich Bauhofer 1848 mit der Herausgabe einer eigenen Zeitung »Der evangelische Christ« publizistisch betätigt – mit

100 Predigt, zur Todesfeier der weiland Durchlauchtigsten Frau Maria Dorothea, k.k. Erzherzogin von Oesterreich, verwitweten Palatinissa von Ungarn, gebornen kön. Prinzessin von Würtemberg, gehalten am 29. April 1855. Von Georg Bauhofer, evang. Prediger in Ofen. Pest, 1855. Verlag von Gustav Heckenast.

101 Ebenda 5 f.: »Unter diese, denen der Tod unserer unvergesslichen Frau Erzherzogin zum Schaden gereicht und von denen er bitter empfunden wird, gehört die evangelische Kirche Ungarns beider Konfessionen, und besonders die evangelischen Gemeinden in Pest und Ofen. Diese feiern das Todenfest einer Mutter. – Denn als solche hat die edle Fürstin an der Kirche und an den Schulanstalten in Pest und namentlich in Ofen sich erwiesen.«

102 Ebenda 23.

103 Durch den Erlass vom Februar 1850 wurde die synodal-presbyteriale Kirchenordnung und damit auch die Freiheit der Kirche zerstört und grundlegende Elemente wie das Amt des General- und Distriktinspektors abgeschafft, die rechtmäßigen Bischöfe durch »vertrauenswürdige« Administratoren ersetzt, die freie Pfarrerwahl verboten und alle kirchlichen Besprechungen unter Aufsicht eines königlichen Kommissars gestellt. Vgl. dazu: Tibor Fabiny, Geschichte der Evangelischen Kirche in Ungarn (Budapest 1995) 27–31 und Schwarz, Maria Dorothea (wie Anm. 3) 67 f.

104 Tibor Fabiny, Geschichte der Evangelischen Kirche in Ungarn (wie Anm. 103) 31.

erbaulichen, kirchenhistorischen aber auch aktuellen kirchenpolitischen Beiträgen – und hatte er bereits vorher schon die von dem Württemberger Pfarrer Christian Burk herausgegebene Zeitschrift »Der Christen-Bote« mit »Nachrichten aus Ungarn« versorgt, so ist zu bemerken, dass erstere bereits nach wenigen Monaten ihr Erscheinen mangels Nachfrage einstellen musste und zwischen 1852 und 1857 keine Mitteilungen aus Ungarn mehr im »Christen-Boten« zu finden sind. In dieser Zeit erschien nun anonym seine »Geschichte der evangelischen Kirche in Ungarn«, und er arbeitete weiter an einem ergänzenden Nachtrag zu seiner Kirchengeschichte, die Jahre 1849 bis 1860 umfassend.[105] Er veröffentlichte noch eine Reihe kleinerer Schriften, unter anderem katechetische Literatur wie den »Leitfaden zum Konfirmanden-Unterricht« von 1856 und die kirchenpolitische Schrift »Ansichten und Zeugnisse [...] über die alte Verfassung und Verwaltung der protestantischen Kirche in Ungarn«, erschienen 1860 in Pest.[106] Neben der Gemeindearbeit galt bis in die letzten Monate hinein sein besonderer Einsatz dem von ihm gegründeten Unterstützungsverein für die Waisenanstalt in Pest.

Zunehmend trat nun auch die Familie durch Besuche und Briefe in den Vordergrund, insbesondere als die älteste Tochter Wilhelmine (Wilma, Mina) den Pfarrer und späteren Bischof István Csékus[107] heiratete. In einem Brief an seine Tochter vom 12. November 1855 schrieb Bauhofer, der den Weg des jungen Pfarrerehepaares mit großer Anteilnahme verfolgte:

> »Dass du liebe Mina in Gömör recht glücklich und zufrieden leben wirst, hoffen wir zuversichtlich. In der Tat habt ihr ja jetzt Alles, was bescheidene Menschen in unsern Verhältnissen zum reellen Lebensglück rechnen können. [...] Einen guten Gatten, gesunde blühende Kinder, eine euch liebende Gemeinde und ein ehrbares Auskommen wird dir nebst des Herrn Gnade Alles sein, was du bedarfst.«

---

105 Unter dem Titel »A magyar protestantizmus az absolutizmus idején« findet sich in der Bibliothek der Evangelischen Theologischen Universität Budapest unter der Signatur A 3043 eine maschinschriftliche Übertragung des in deutscher Sprache abgefassten Manuskripts Bauhofers, die Károly Karner aus Sopron im Jahre 1929 anfertigte. Das Original scheint verloren gegangen zu sein ebenso wie die Fortsetzung seines Tagebuchs über den 21. Mai 1849 hinaus.

106 Eine Aufstellung seiner Publikationen findet sich bei Fabiny, Kincs a cserépedényben (wie Anm. 11) 95 f.

107 Zu einer – wohl ersten – Begegnung zwischen Bauhofer und Csékus war es am 24. Mai 1847 gekommen. Er berichtet darüber in seinem Tagebuch fol 387: »Als am 2ten Pfingstfeste predigte Vormittag ungarisch Herr Candidat Csékus. Eine sehr gute Arbeit und guter Vortrag. Das wird einer unserer besten Kanzelredner werden. Über die Verdienste, die wir uns durch gute Werke sammeln, und worüber er im 3ten Teile sprach, hielt ich mit ihm eine gründliche Unterredung, und machte ihn auf das wohlbegründete Dogma unserer christlichen evangelischen Kirche aufmerksam, gegenüber der Katholischen. Er schien die immense Wichtigkeit dieser Lehre zu fassen; sie als den Herzschlag alles geistlichen Lebens zu erkennen, dass wir nur durch Christi Verdienst ohne unsere Werke vor Gott gerecht und selig werden können. Ich gab ihm zum Lesen mit: ›Examen Concilii Tridentini von Chemniczius, namentlich den Artickel: De bonis operibus‹.«

Doch bald stellten sich bei Bauhofer gesundheitliche Probleme ein, die ihn schon seit der Zeit in Somerein stark belasteten. »Meine Gesundheit ging die letzten Wochen wieder im Krebsgang. […] Meine Reisehoffnungen und Aussichten zu euch verdunkeln sich liebe Mina immer mehr«, schrieb Bauhofer am 10. Juli 1857. Im Jahr 1864 verschlechterte sich sein Gesundheitszustand immer mehr. Emilie Bauhofer berichtete darüber Mitte Juli ihrer Schwester Mina: »Ich kam regelmäßig dreimal wöchentlich, ihn zu besuchen. […] Er war trotz seiner Leiden, wenn jemand zu ihm kam, gleich viel heiterer und sagte oft, ›Kinder kommt nur recht bald wieder; das ist jetzt meine einzige Freude, wenn ihr hier seid‹.« Seine Kräfte nahmen immer mehr ab und am 14. Juli, kurz vor Mitternacht, schied Georg Bauhofer im Alter von 57 Jahren[108] aus dem Leben. Wenige Tage vor seinem Hinscheiden sagte er noch zu einem ihn besuchenden Freund:

> »Mein leidender Zustand hat mich manches Jahr lang zu dem Gedanken an das Ende hingedrängt, nun aber ist es ganz nahe. Jetzt fühle ich aber auch, welche Seligkeit ich in der Gemeinschaft mit dem habe, der für unsre Sünden gestorben ist, und dass ich sagen kann: Jesus ist mein Heiland!«[109]

In der Traueranzeige sind neben seiner Frau Wilhelmine noch die acht Kinder: Wilma, verheiratete Csékus (mit ihren Kindern István, György, Vilma, Béla, Emília, Gyula, Miklós, Erzsébet), Karl (und dessen Frau Henriette mit den Kindern Vilma, Paulina und Emília), István, Mária, György, László, Emília, verheiratete Roth, und Dorottya angeführt.[110] Der Trauergottesdienst, den Jósef Székács und Michael Lang, die beiden langjährigen Kollegen und Weggefährten, hielten, fand am 17. Juli um 5 Uhr in der Ofener Kirche auf der Burg am St. Georgsplatz 215 statt; der Sarg wurde anschließend auf dem Christinenstädter Friedhof beigesetzt.

Was Székács dem »erweckten« Prediger Georg Bauhofer bei seiner Einführung als ersten Pfarrer der Ofener Gemeinde mit auf den Weg gegeben hatte, kann als Herausforderung und Wegweisung für seine ganze theologische Existenz im kirchlichen, politischen und gesellschaftlichen Umbruch einer bewegten Zeit gelten:

> »Willst Du nun segensreich an dieser Gemeinde wirken und den Samen des Ewigen ausstreuen, so ist Deine unerlässliche Pflicht, Christo anzugehören, Christum zu predigen, in Bild und Schall, in Wort und Tat, im Trösten und Ermahnen, im Lehren und Strafen Christum zu bekennen; hauptsächlich aber in der Liebe zu Ihm alle Mitglieder Deiner Gemeinde zu übertreffen.«[111]

---

108 Im gleichen Alter wie die Erzherzogin Maria Dorothea!

109 *Der Glaubensbote*. Blätter für Kirche, Schule und Haus, Jg. 1, Nr. 15. Pest (1. August 1864).

110 Fabiny, Kincs a cserépedényben (wie Anm. 11) 89 f.

111 Johann Georg Bauhofer, Antrittspredigt; daran anschließend (S. 16) Székács mit Bezug auf Johannes 21, 15-17.

Die ungarische reformierte Kirche im Spiegel des Ungarischen Kirchlichen Nachrichtendienstes und das »Ungarnbild« des Ökumenischen Rates der Kirchen[1]

Von Réka Juhász

I. Einführung

»Es war eine potemkinsche Welt« – beginnt die ungarische Theologin und Kirchenhistorikerin Sarolta Fodorné Nagy ihr Buch über die jüngste Geschichte der Reformierten Kirche Ungarns (RKU), und ermöglicht Einblicke in die kirchliche Wirklichkeit der 1950er Jahre, die seit dem Ende der 1990er Jahre durch die zugänglichen kirchlichen und politischen Archivdokumente zu gewinnen sind.[2]

Belastet von Kollaboration, Unterdrückung und Widerstand versucht die RKU, sich mit ihrer jüngsten Geschichte zu konfrontieren. Eine objektive Beurteilung des kirchlichen Lebens sowie des Lebens und Wirkens wichtiger Akteure dieser Epoche (wie z.B. die Beurteilung der kirchenpolitischen Rolle des Bischof László Ravasz) scheint trotz des zeitlichen Abstandes immer noch schwierig zu sein. Obwohl seit den 1990er Jahren in diesem Bereich schon einiges getan wurde, steht die Aufarbeitung der Geschichte der vergangenen 100 Jahre noch am Anfang. Zwei Dissertationen,[3] sechs Dokumentations-Ausgaben[4] und zahlreiche Artikel sind Zeugen der intensiven

1 Der Artikel basiert auf dem Vortrag vom 3. Mai 2013 in Frankfurt am Main, gehalten im Rahmen des Workshops »Kirchen und Christentum im Kalten Krieg«.

2 Sarolta Fodorné Nagy, Történelmi lecke. A Magyar Köztársaság és a Magyarországi Református Egyház között 1948-ban létrejött »egyezmény« megkötésének körülményei és hatása különös tekintettel a nevelésre (Budapest 2006).

3 (1) Jan Coljin, »Wer mag wider uns sein?« Bruchstellen in der Kirchen- und Theologiegeschichte der reformierten Kirche Ungarns nach dem II. Weltkrieg (Kampen/Debrecen 1992); (2) István Szabó, Egyházvezetés és teológia a Magyar Református Egyházban 1948 és 1989 között (Debrecen 1995).

4 (1) Sándor Ladányi (Hg.), Adalékok a Magyar Református Egyházban történtekhez 1956–57-ben (Budapest 2006); (2) Réka Kiss (Hg.), Kelt mint fent. Iratok a református Megújulási Mozgalom történetéből (1956–1957) (Budapest 2007); (3) Sándor Ladányi (Hg.), [Sic!]. Válogatott kövek a református egyház és az állam kapcsolatának medréből (Budapest 2006); (4) Erzsébet Horváth (Hg.), Megújulás, visszarendeződés. Dokumentumok a Magyarországi Református Egyház Zsinati Levéltárában az 1956–1957-es esztendők történetének kutatásához (Budapest 2007); (5) Erzsébet Horváth (Hg.), Megújulás, visszarendeződés. Dokumentumok a Magyarországi Református Egyház Zsinati Levéltárában az 1957–1958-es esztendők történetének kutatásához (Budapest 2008); (6) Zoltán Balog, Mitarbeiter des Zeitgeistes? Die Auseinandersetzung über die Zeitgemäßheit als Kriterium kirchlichen Handelns und die Kriterien theologischer Entscheidungen in der Reformierten Kirche Ungarns 1967–1992. Eine Dokumentation (Frankfurt/M. 1997).

Auseinandersetzung der RKU mit ihrer jüngsten Geschichte. Die Arbeit wird jedoch durch viele fehlende Dokumente (besonders aus den 1950er Jahren) und durch sich in Schweigen hüllende Zeitzeugen oder durch aktuelle politische Betroffenheit erschwert.

Der vorliegende Artikel möchte durch die internationale Kontextualisierung einen weiteren Beitrag zu dieser Aufarbeitung der jüngsten Geschichte ungarischer Reformierter leisten.

II. Historischer Kontext

Die historischen und kirchlichen Ereignisse in Ungarn zwischen 1945 und 1956 können anhand dreier großer Wendepunkte dargestellt werden.

II.1 Die kommunistische Machtübernahme 1947

Das Jahr 1947 signalisiert den ersten Wendepunkt dieser Epoche: Bei den demokratischen Wahlen gelang es der Kommunistischen Partei (durch Manipulation der Wahlen), die Mehrheit der Stimmen und auf diese Weise die Oberhand im politischen Leben Ungarns zu gewinnen. Der Sieg des kommunistisch-sozialistischen Lagers steuerte (mit gut überlegter Taktik) das politische, wirtschaftliche, kulturelle und nicht zuletzt das kirchliche Leben aus dem Rahmen der (westlichen) Demokratievorstellungen in den »Fluss des Sozialismus«.

Der politische und kirchliche Widerstand besonders seitens der ungarischen katholischen Kirche war auch im Westen innerhalb von kurzer Zeit bekannt und infolgedessen wurden Verfolgung und Unterdrückung ungarischer Christinnen und Christen im sozialistisch-kommunistischen Staat befürchtet.

In den folgenden Jahren verstummte die inländische Kritik und die Vorhersagen schienen nicht unbedingt bestätigt zu sein: Die offiziellen Berichte aus Ungarn zeigten ein blühendes kirchliches Leben mitten in einem kommunistischen Staatssystem. In den protestantischen Kirchen wurde über jenen »schmalen Weg« der Kirche gesprochen, der die theologische und kirchenpolitische Orientierung ungarischer Protestanten in einem kommunistisch-sozialistischen Staat für das nächste halbe Jahrhundert kennzeichnete. Unter dieser kirchenpolitischen Orientierung sind eine Reihe, den Lebensraum der Kirche beschränkende, Beschlüsse entstanden; unter anderem das 1948 zwischen Staat und Kirche geschlossene Abkommen und die Aufstellung des Staatlichen Amtes für kirchliche Angelegenheiten im Jahr 1951. Der Staat garantierte in dem Abkommen Religionsfreiheit und die Kirche zeigte in ihrer Politik »des schmalen Weges« sowie mit ihrer »Theologie der dienenden Kirche« Loyalität.

II.2 Der Kurswechsel 1953

Der zweite Wendepunkt ist eng mit den internationalen Ereignissen verbunden: Stalins Tod 1953 und der damit verbundene »Kurswechsel« des Sowjetstaates bewirkten auch in Ungarn Veränderungen. Im politischen Leben versuchte der gemäßigte Flügel der Ungarischen Kommunistischen Partei unter der Leitung von Imre Nagy einen »Kurswechsel« durchzuziehen und die Verbindungen zu Sowjet-Russland aufzulockern. Der Reformgeist erreichte um 1955/1956 auch die protestantischen Kirchen: Seitens der Kirchenleitung wurden Reformen – aufgrund der immer lauter werdenden innerkirchlichen Kritik – angekündigt. Doch die Umsetzung nahm mit dem politischen Aufstand am 23. Oktober einen anderen Lauf.

Den Höhepunkt erreichten die parallel verlaufenen Reformbewegungen im Zeitraum von 23. Oktober bis 4. November. Nach dem »Sieg der Revolution«[5] übernahmen der Reformpolitiker Imre Nagy und seine Anhänger die Leitung im politischen Leben. In der RKU konnten sich ebenso die »Reformkräfte« durchsetzen (bekannt wurde die Bewegung als »Erneuerungsbewegung«) und erhielten von einer Mehrheit (70 %) der Kirchengemeinden sowie seitens des Weltkirchenrates Unterstützung.

II.3 Die Wiederherstellung im November 1956

Die Niederschlagung des Aufstandes 1956 signalisiert den nächsten Wendepunkt im politischen und kirchlichen Leben Ungarns. Nach dem Scheitern des Reformversuches begann eine erneuerte Befestigung des totalitären Staates und die Wiederherstellung der Kommunistischen Diktatur. Es begann eine Ära der Verfolgung der Oppositionellen und »Konterrevolutionäre« sowie die Wiederherstellung der »politischen Ordnung« vor 1953.

Den Kirchen gegenüber wurden jedoch mildere Strafmaßnahmen eingesetzt. Die Arbeit der »Erneuerungsbewegung« wurde hauptsächlich durch administrative Maßnahmen verunmöglicht und die Exponenten zur Rechenschaft gezogen.[6]

III. »Selbstportrait« der Reformierten Kirche Ungarns

Mit Hoffnung und Kritik zugleich betrachtete der Westen die Reformierte Kirche Ungarns, wie sie auf ihrem »schmalen Weg« balancierend versuchte, im kommunistischen Staat eine freie Kirche zu bleiben. In dieser Zeit (1948) sorgte besonders die positive Stellungnahme Karl Barth's zur Kirchenpolitik der ungarischen Reformierten für großes Aufsehen im Westen. Barth befürwortete in mehreren Schreiben den »schmalen Weg« der reformierten Kirchenleitung, welcher als eine – für die Kirche – Freiheit und Zukunft versprechende Alternative erschien.[7]

---

5 In Ungarn wird seit der Wende (1989) der 23. Oktober als Tag der »Revolution von 56« und als Nationalfeiertag gefeiert.

6 Sándor Ladányi, Vázlatos történelmi áttekintés a Magyarországi Református Egyház közelebbi múltjának alakulásáról, in: A Magyarországi Református Egyház története 1918–1990 (Sárospatak 1999) 101–139.

7 Zitat von Barth: Die »reformierte Kirche ist entschlossen, einen Weg zu gehen, der dem Weg des neuen ungarischen Staates, so weit es sein darf parallel verläuft. Sie ist [sich] aber ebenso (und noch mehr) klar darüber, dass dieser Weg nur ihr eigener, d.h. ihr durch das Wort

Wie die Reformierte Kirche in Ungarn sich selbst sah, welche Auswege und Möglichkeiten sie in einem kommunistischen Staat gefunden hatte, darüber wurde in ihrem ans Ausland gerichteten Presseorgan »Ungarischer Kirchlicher Nachrichtendienst« (UKND) ausführlich berichtet.[8] Einer der wichtigsten Adressaten des UKND war der Ökumenische Rat der Kirchen, welcher sich intensiv mit dem Leben der hinter dem »Eisernen Vorhang« agierenden Schwesterkirchen beschäftigte. In den Artikeln des UKND wurde trotz der herrschenden kommunistischen Diktatur besonders in den Jahren 1948–1953 über blühendes Kirchenleben, erneuerte Mission und tiefgehende theologische Arbeit berichtet.

III.1 Staat und Kirche

Der erste an die ausländische Öffentlichkeit gerichtete umfangreiche Bericht über die Stellungnahme der Reformierten Kirche Ungarns (RKU) zum kommunistischen Staat erschien im Sommer 1948 mit dem Titel: »Das ungarische Christentum im neuen ungarischen Staat«.[9] Adressat des Rundbriefes war die Leitung des Weltkirchenrates, worauf eine dem Titel hinzugefügte Fußnote hinweist: »Eine vertrauliche Orientierung für die Leitung des Weltkirchenrates«. In diesem Schreiben informierte der Verfasser, Bischof Albert Bereczky, die internationale kirchliche Öffentlichkeit über die Stellungnahme der RKU zu den wichtigsten Fragen der kirchlichen Real-Politik. Aus dem Bericht konnte, als Tenor, auf eine lebendige, sich zur Unabhängigkeit (vom Staat) entschlossene Kirche geschlussfolgert werden, welche offen ist, durch Buße zu ihren Sünden steht und im Wechsel der Staatsordnungen keine Gefahr, sondern eine von Gott gegebene neue Möglichkeit für die Kirche sieht:

> Wir müssen »die neue Staatsordung des Lebens des ungarischen Volkes annehmen, die Republik in ihrer Gesetzgebung und Regierung als von Gott bestimmte Obrigkeit ausdrücklich anerkennen und es untersuchen: Gibt es eine Möglichkeit und zwar welche zum friedlichen Übereinkommen mit der Kirche im neuen ungarischen Staat? [...] Die Kirche darf keine in religiöse Maske verkleidete politische Stellung einnehmen, wie diejenige der nicht nach der Bibel denkenden katholischen Kirche. Der Weg der Kirche in solch einer riesigen revolutionären Umwandlung ist gefährlich schmal [...]«.[10]

Die meistgestellte Frage zu den Kirchen im Osten war, ob sie in einem sozialistisch-kommunistischen Staat »Kirche« bleiben können. Bereczky gibt folgende Antwort mit einer eigenartigen missionarischen Weite:

> »Wozu wir werden müssen, das hängt weder vom Westen noch vom Osten, sondern einzig und allein von unserem Herrn ab. Und dass wir uns zur Zeit in keiner von diesen beiden Möglichkeiten befinden, davon wollen wir jetzt ein Zeugniss ablegen.«[11]

Gottes vorgeschriebener Weg sein können wird [...]«. Vgl. Diether Koch (Hg.), Karl Barth Gesamtausgabe. Offene Briefe 1945–1968 (Zürich 1984) 139–147.

8 Die Zeitschrift wurde 1949 gegründet und erschien in englischer, deutscher, französischer und russischer Sprache.

9 Albert Bereczky, Das ungarische Christentum im neuen ungarischen Staat (Budapest 1948).

10 Ebenda 29.

11 Ebenda 40.

»Die Kirche kann dem marxistischen Menschen genau nur in dem Sinne zum Diener werden, wie [...] in I Kor. 9:19 ff. als Grundgesetz jeder missionarischen Arbeit vorgeschrieben steht.«[12]

Wir müssen »es als eine von Gott gegebene Gelegenheit erblicken, dass das gewaltige russische Reich und die geheimnisvoll tiefe russische Seele jetzt zuerst in eine lebensnahe Berührung mit dem evangelischen Christentum gekommen ist. Wir wissen ganz klar um die oekumenische Verantwortung dessen, was darin einbegriffen ist.«[13]

In einem weiteren Artikel aus dem Jahr 1952 beschreibt János Péter, der Bischof von Debrecen, die nötige Umwandlung der Kirche:

»Das Symptom der mit dem Systemwechsel zusammengehenden kirchlichen Umwandlung kann für die ungarische reformierte Kirche folgendermaßen zum Ausdruck gebracht werden: die Kirche ist in einem Übergang von dem Zustand einer im System des Hineingeborenwerdens lebenden Kirche in den Zustand einer in persönlicher Stellungnahme lebenden Kirche; und in einem anderen Zusammenhang: die Kirche ist in einem Übergang aus dem Zustand einer vom Staat subventionierten gemeinrechtlichen Kirche in den Zustand einer selbsterhaltenden Kirche. Der Nachdruck liegt in beiden Bezeichnungen auf dem Übergang. [...] Sie [die Kirche] versteht also das Vorhaben Gottes auf sich selbst bezogen nicht aus den Ereignissen, sondern sie deutet die Ereignisse aus dem Wort; [...] Die doppelte Aufgabe der im Übergang lebenden Kirchen wird am klarsten in der Sendung des Jeremias formuliert: der Abbruch und der Aufbau. Wir werden so zu Mitarbeitern Gottes, dass wir beim Wechsel der gesellschaftlichen Ordnung am Abbruch des gerichteten Schlechten und am Aufbau des von Gott gewirkten gesellschaftlichen Guten teilnehmen.«[14]

Die gute Zusammenarbeit zwischen Kirche und Staat wurde von mehreren nach Ungarn reisenden ausländischen Gästen bestätigt. Dr. Paul Gennrich, Generalsekretär des Gustav-Adolf-Werkes, schrieb in seinem Abschlussbericht über seine Ungarnreise im Jahr 1954 die folgenden Zeilen:

»Alles, was ich hier gesehen und gehört habe, hat mich tief beeindruckt. Ich bekam den Eindruck eines sehr lebendigen kirchlichen Lebens und das kann in vieler Beziehung auch für uns beispielgebend sein. [...] Es war für mich ein ganz außerordentliches Erlebnis, dass ich Ihnen, Herr Präsident [János Horváth, Präsident des Staatlichen Amtes für Kirchlichen Angelegenheiten – R. J.] und Ihren Mitarbeitern auf eine so menschlich natürliche Art begegnen konnte und dass sie mir ein so unmittelbares, aufgeschlossenes Gespräch ermöglicht haben. Ich fand, dass die Zusammenarbeit zwischen Kirche und Staat in Ungarn beispielhaft ist und ich glaube, dass ich darüber auch zuhause zu berichten haben werde. [...].«[15]

»Gewiss gibt es Verschiedenheiten und wohl auch Gegensätze in der Beurteilung der Lage sowie der Auffassung über die Stellung der Kirche der politischen Entwicklung des Landes gegenüber, aber ich hatte den Eindruck, dass man sich mit großem Ernst und

12 Ebenda 42.

13 Ebenda 47.

14 János Péter, Der Wortverkündiger der Kirche in der Zeit des Sozialistischen Aufbaus. *Ungarischer Kirchlicher Nachrichtendienst* 5 (1952) 1–6.

15 Ungarnbesuch vom Generalsekretär des deutschen Gustav Adolf Werkes. *UKND* 9/10 (1954) 3–5.

Verantwortungsbewusstsein bemüht die Freiheit der Kirche zur Verkündigung des Evangeliums zu wahren, die auch durch Vereinbarung mit dem Staat gesetzlich geregelt ist.«[16]

III.2 Distanz von der »klerikalen Reaktion«

Die Stellungnahme der protestantischen Kirchen zum neuen Staatssystem wurde durch die bewusste Distanzierung vom katholischen Widerstand des Kardinals Mindszenty verstärkt. Die Kirchenleitung der RKU (Bischof Bereczky und Bischof Péter) warnte vor jeder Art der Sympathie mit der »klerikalen Reaktion«. Über diese Stellungnahme brachte der UKND im Jahre 1950 einen Artikel von Bischof Bereczky. In seinem Artikel wandte sich der Bischof gegen den »politischen Katholizismus« und sein »nach Macht und Herrschaft strebendes System« und forderte seine Kirche »zur Unterscheidung zwischen katholischen Gläubigen und weltpolitischen Kampf treibendem Katholizismus auf«.[17]

III.3 Im Dienst des Sozialismus und des Friedens in Wort und Tat

Mit dem Personalwechsel in der obersten Kirchenleitung der ungarischen protestantischen Kirchen bekamen die Kirchen ein neues Profil, in dem die Bejahung des Sozialismus und des kommunistisch-sozialistischen Staatsystems nicht nur Tatsache, sondern Programm wurde. Der »Geist des Dienstes« avancierte zur Grundlage für kirchliches und christliches Handeln im weltlichen Bereich der Kirche. In diesem Sinne sprach Bischof Bereczky über die »dienende Liebe«, wie der UKND darüber im Folgenden berichtete:

> »Das Neue ist also für die Kirche jene grosse Erkenntnis, dass sie zum Dienst berufen ist. Sie muss ihrem Herrn auf diesem seligen Pfad nachfolgen. Der Dienst kann nie begeistertes und überströmendes Reden, er kann nie eine Theorie sein, sondern er muss sich stets in der Tat erweisen. [...] Nun, aber wo dienen wir? Das Gebiet des Dienstes unserer Kirche ist hier in der ungarischen Volksrepublik. Das Gebiet des Dienstes der Tschechischen Brüderkirche, oder der slowakischen reformierten Kirche ist dort, in der Tschechoslowakischen Republik. Diese beiden Völker erleben jetzt eine innere Umwandlung von gewaltigem Ausmass und während der Liquidation der alten Welt und inmitten des Aufbaues des Neuen, kamen sie einander stets näher. Nach unserem Glauben liquidieren wir nicht die Vergangenheit, sondern wir haben es verstanden, dass sie von Gott liquidiert wurde. Und wir danken Ihm, dass Er sie barmherzig, dem Volk und der Kirche Gutes schenkend liquidiert hat.
>
> Die sozialistische Gesellschaft und ihre wirtschaftliche Ordnung gibt dem Volk die Erneuerung, das friedliche Zusammenleben, ja sogar eine stets freundschaftlichere und brüderlichere Gesellschaft. Der Geist des Dienstes, die Gelegenheit der guten Arbeit kann der Kirche niemals von einem Anderen gegeben werden, als nur von dem Herrn der Kirche. [...] Ja, die Kirche dient in erster Linie dort im Kreise jenes Volkes in welchem sie von Gott untergebracht wurde, sie kann aber nur dann gut dienen, wenn sie sich nicht nur in

16 Abschiedserklärung von Dr. Paul Gennrich für den Ungarischen Kirchlichen Nachrichtendienst. *UKND* 9/10 (1954) 5–6.

17 Albert Bereczky, »Szívünk szerint vállaljuk az új magyar életet« – Bereczky Albert cikke a klerikális reakció elleni küzdelemröl. Zitat aus der ungarischen Vorlage des *UKND* (1950) 41.

Worten, sondern auch in der Tat die Vergangenheit richtenden Entscheidungen Gottes gerade so bejaht, wie den Aufbau des Besseren und Menschlicheren.«[18]

In den Artikeln des UKND wurde die Stellungnahme zum Sozialismus und zur Sowjetunion als besonderes Anliegen der reformierten Kirchenleitung beschrieben. In seinem Artikel aus dem Jahre 1952 gab Bischof Péter dazu die folgende Erklärung ab:

»Unsere Völker stehen angesichts der ihre Kräfte in der Frage von Krieg und Frieden messenden internationalen Kraftverhältnisse und Bestrebungen an der Seite der Sowjetunion, weil sie den Weg der Entwirrung mit den allerumfassendsten, allermenschlichsten, allerrealsten Vorschlägen sucht und den Friedenswillen der Völker ernst nimmt. Von unserer Seite ist dies nicht nur eine Stellungnahme in Worten, sondern ein Objekt unserer Entscheidung, unserer Gebete und unseres Dienstes. Diese Friedensbewegung wurde nicht aus irgendeiner missverstandenen Neutralität, oder aus Pazifismus zu unserer Sache, sondern aus jener Erkenntnis, dass die Feinde des Friedens von dem Ausführen ihrer Vorhaben nur von der Kraft über die Sache des Friedens aufgeklärten Massen zurückgehalten werden.«[19]

Die ungarische protestantische Kirchenleitung wandte sich in mehreren Schreiben an die kirchliche Öffentlichkeit des Westens, um auf die Erhaltung des Friedens und auf die Gefahren des »Rüstungswettbewerbs« aufmerksam zu machen:

»Unsere Busse [sic!] und unsere Dankbarkeit drängt uns in der Verantwortung unserer gemeinsamen Schau und unseres gemeinsamen Dienstes zu euch zu reden. [...] Der ungerechte und unbarmherzige Krieg in Vietnam und Korea entlarvt ganz offensichtlich die, die ihre Privilegien auch um einen so schrecklichen Preis schützen möchten. Wir flehen euch mit der Demut des Bruders, aber auch mit seiner Verantwortung an, wendet euch mit wachsamer Aufmerksamkeit jenen Brandherden des neuen Krieges zu: merkt, dass die Gefahr des neuen Krieges der Menschheit nicht von der Seite des Sozialismus droht, sondern, ganz im Gegenteil von der Seite der Unterdrücker der Kolonialvölker. Die Gefahr des neuen Krieges droht also nicht von der Seite der Friedenswerke schaffenden Sowjetunion, nicht von der Seite des in der Organisation der Vereinigten Nationen noch immer nicht vertretenen neuen Chinesischen Staates, nicht von den aufblühenden Volksdemokratien, nicht von der Deutschen Demokratischen Republik, sondern, ganz im Gegenteil, von der Seite jener, die dem unglücklichen Volk Westdeutschlands die Waffe wieder in die Hand drücken wollen und die sich vor einer friedlichen Lösung der streitigen Fragen der Weltpolitik steif verschließen. [...]

Wir flehen euch an, fordert das Verbot der barbarischen Atomwaffe und stempelt jene Regierung, welche als erste zu ihr greift, zum Kriegsverbrecher! Kämpft gegen den Rüstungswettbewerb! Gesellt euch zu jenem mächtigen Lager, welches sich den Stockholmer Friedensappell angeeignet hat. Kaempft für den Frieden gemeinsam mit allen Menschen, die den Frieden der Menschheit, aus welcher Überzeugung immer, auch beschützen wollen!«[20]

Das Presseorgan der ungarischen protestantischen Kirchen ließ neben den einheimischen Stimmen auch Stimmen aus dem Ausland zu Wort kommen. Das UKND veröffentlichte 1952 einen Brief von David Edwards, Pfarrer der Church of England,

---

18 Ders., Inhalt der demütig dienenden Liebe. *UKND* 6 (1952) 6.

19 János Péter, Der Wortverkündiger der Kirche (wie Anm. 14).

20 »Brüderliche Botschaft der protestantischen Kirchen Ungarns an die Glaubensbrüder im Ausland und an den Weltkirchenrat«. *UKND* (1950) 19–20.

der sein Interesse und seine Freude über den ungarischen Standpunkt im Folgenden zusammenfasste:

»Ich selbst wurde selbstverständlich in ›katholischen und westlichen‹ Traditionen erzogen, und ich weiß was an ihnen gut und wertvoll ist. Aber das Lesen des UKN's hat mir zur Einsicht verholfen, dass diese Traditionen zwangsweise einseitig sind und durch andere und abweichende Anschauungen ausgeglichen werden müssen. Die größte Gefahr für den Weltkirchenrat scheint mir gerade darin zu bestehen, worauf sie hinweisen, sie ist die Versuchung der theologischen und sozialen Ökumenizität dadurch untreu zu werden, dass er in internationalen und denominationalen Diskussionen Stellung nimmt.« [21]

Eine ähnlich positive Beurteilung der ungarischen Friedensarbeit erklang auch von Seiten Dominique Michelis, Sekretär des CCIA, nach seinem Ungarnbesuch 1952.

»Ich bin davon überzeugt, dass die Kirchen zum Tragen einer großen Verantwortung in der Frage der internationalen Spannungen verpflichtet sind. Von dieser Verantwortung aber kann man nur dann richtig reden, wenn man es nicht vergisst, dass es in der Geschichte Zeiten gibt, wo auch Propheten sagen: ›Friede, Friede! Doch wo ist Friede?‹ (Jeremia 8,11) Eben deshalb genügt es nicht, wenn die Kirchen von einem gerechten wirklichen Frieden reden, sondern sie haben auch tatsächlich um einen gerechten und wirklichen Frieden zu ringen. Nach meinem kurzen Aufenthalt in Ungarn habe ich den Eindruck, dass jener Eifer mit welchem die protestantischen Kirchen Ungarns den Weg dieses Friedens zu finden trachten, einer echten kirchlichen Verantwortung entspricht. Unter dieser theologischen Bedingung bin ich der Hoffnung, dass das bessere gegenseitige Verständnis der Kirchen zu einer friedlichen Lösung der internationalen Fragen beitragen wird.« [22]

IV. Das Ungarnbild des Ökumenischen Rates der Kirchen anhand ausgewählter Berichte aus dem ÖRK-Archiv

Die Kontakte der RKU zu der ökumenischen Bewegung gehen in die 1930er Jahre zurück. Die ersten Korrespondenzen zwischen Visser't Hooft und Bischof Ravasz stammen aus den Jahren 1938–1939. Das erste ökumenische Komitee in Ungarn wurde jedoch erst während des Krieges am 25. Juni 1943 gegründet. Gründungsmitglieder waren neben der reformierten und der Evangelisch-lutherischen Kirche die Unitarier, die Baptisten, die Methodisten, die Heilsarmee und zwei weitere Jugendvereine.

Nach dem Zweiten Weltkrieg rückte die seelische und finanzielle Unterstützung ungarischer Protestanten in den Mittelpunkt der auf Ungarn bezogenen internationalen Beziehungen des Weltkirchenrates. Die Unterstützung erfolgte durch das Ungarische Ökumenische Komitee des Weltkirchenrates unter der Leitung von László Pap, Theologieprofessor und späterer Dekan der Reformierten Theologischen Fakultät in Budapest. Pap war bis 1956 eine bedeutungsvolle Kontaktperson zwischen Ungarn und Genf.[23]

---

21 »Aus dem Briefkasten des UKND«. *UKND* 19 (1952) 13 f.

22 Ebenda.

23 Die Autobiographie von László Pap zählt heute neben der Autobiographie von Ravasz und Ordass zu den wichtigsten Quellen und Dokumentationssammlungen zu den Jahren 1945–

Dem 1948 gegründeten Ökumenischen Rat der Kirchen schlossen sich drei ungarische Kirchen an: die Baptisten, die Reformierte Kirche und die Evangelisch-lutherische Kirche.

»Das Jahr der Wende« – so nannte László Pap das Jahr 1948 in seiner Autobiographie.[24]

Obwohl Visser't Hooft in Amsterdam einer Gruppe von jungen Pfarrern die Unterstützung der linken Politik in Ungarn empfohlen hatte, kristallisierte sich während der folgenden Jahre immer deutlicher heraus, dass die Unterstützung der Linken mit der Unterstützung der kommunistischen Kräfte gleichbedeutend war. [25]

Das erste offensichtliche Warnzeichen der Radikalisierung der kirchenpolitischen Lage in Ungarn war die Verhaftung des evangelisch-lutherischen Bischofs Lajos Ordass wegen illegaler Devisenverfahren 1948. Die Vermittlungsversuche des Weltkirchenrates mit dem ungarischen Staat scheiterten daran, dass die ungarische Regierung an der Beschuldigung Ordass' festhielt und jede Anklage einer Beschränkung der Religionsfreiheit ablehnte. Der Fall von Ordass bewirkte einen tiefen Zwiespalt in der reformierten Kirchenleitung: Bischof Albert Bereczky und Kurator-Kandidat János Kardos, der zugleich als Anwalt von Bischof Ordass tätig war, vertraten im Fall von Ordass unterschiedliche Meinungen. In weiterer Folge wurde Kardos zum Rücktritt von seinem Kurator-Amt gezwungen.

Über die Antagonismen der ungarischen Kirchenpolitik wurde der Weltkirchenrat in vertraulichen Ungarn-Berichten nicht nur seitens seiner Vertreter, sondern auch von ungarischer Seite informiert. Die auf Ungarn bezogenen Archivmaterialien des Weltkirchenrates beinhalten ca. 20 Berichte aus dem Zeitraum 1948–1957. Diese Berichte bieten neben persönlichen Eindrücken und Erfahrungen aus Ungarn auch Kritik und wichtige Hintergrundinformationen zu schwerwiegenden kirchenpolitischen Entscheidungen der ungarischen Kirchenpolitik.

Unter dem Titel »Kurz gefasste Kritik Bischof Bereczkys: ›Die ungarische Christenheit im neuen ungarischem Staate‹« befindet sich ein kritisches Schreiben im Archiv des Weltkirchenrates. Die Verfasserin (eine gewisse Frau Radvansky) informiert über die ungarischen kirchenpolitischen Zustände im Folgenden:

> »Im Abschnitt ›Kann die Kirche in einem sozialist-kommunistischen Staate wirklich Kirche bleiben?‹ Bischof Bereczky sagt auf Seite 20: ›Dass wir zur Zeit weder gleichgeschaltet, noch verfolgt sind, davon wollen wir jetzt Zeugnis geben.‹ Unsere Antwort lautet: die reformierte Kirche Ungarns wird nicht verfolgt, aber sie wird systematisch gleichgeschaltet

1963. Seine Memoiren liefern viele Hintergrundinformationen über die Kontakte zum Weltkirchenrat sowie über Verhandlungen und Gespräche zwischen ausländischen Gästen und Vertretern der ungarischen Regierung, bei denen Pap als Dolmetscher anwesend war. Die Autobiographie erschien 1992 unter Mitwirkung von Gyula Bárczay. Vgl. Gyula BÁRCZAY (Hg.), Pap László. Tíz év és ami utána következett (Bern 1997) 54.

24 Ebenda 54.

25 András Reuss, Átéltük. Adalékok az ökumenikus mozgalom és a magyarországi egyházak kapcsolatának történetéből. URL: http://teol.lutheran.hu/tanszek/rendszeres/munkatarsak/ra/1998_ateltuk_adalekok.pdf. [Abfragedatum: 10. 4. 2013].

und leidet moralisch schwer wegen der heuchlerischen halbwahren und unwahren Ausserungen [sic!] eben des Herrn Bischof Bereczky. [...] Die Vereinbarung mit dem Staate bedeutet eine ungewisse Gnadenfrist, weil eben unter dem Deckmantel der Vereinbarung wird die Kirche systematisch gleichgeschaltet. Die späteren Ereignisse haben schlagkräftig bewiesen, dass Bischofs Bereczkys Behauptungen über die Fragen de[r] Kristlichen Einheit /Seite 26–27/ vollständig falsch sind.«[26]

Zum politischen Hintergrund des Ordass-Prozesses sowie zu den Kurator-Wahlen in der Reformierten Kirche liefert J. Hutchison Cockburn einige Informationen in seinem Ungarnbericht von April 1948:

»[...] the political police had called to their office the Curator General oft the Reformed Church [János Kardos – R. J.], a layman who had been Minister of Justice in Hungary. He was told that he must resign and he was threatened with penalties if he did not resign. So he is out oft he way. It is also to be noted that this is the man who, many years ago, sentenced Rakosi, the communist leader, to ten years imprisonment for plotting against the State, and it is openly said that the next victim will be Bishop Ravasz, who is only 65, having been born in September 1882, and still being of a vigorous mind.«[27]

Charakteristisch war für die Kirchenpolitik der kommunistischen Partei, die Religionsfreiheit in offiziellen Deklarationen zu versichern und gleichzeitig inoffiziell die Kirche unter politischen Druck zu setzen.

Als Beispiel dazu dient die Verordnung des Ministerrats über den Text der Eidesleistung der Pfarrer vom 14. Oktober 1949. Ein Teil des Eid-Textes befindet sich in der Beilage des Ungarnberichtes von Friedrich Spiegel-Schmidt in deutscher Übersetzung:

Ich schwöre »dass ich der ungarischen Volksrepublik, deren Volk und Verfassung treu sein werde, die Verfassung und die verfassungsmäßigen Verordnungen halte, das staatliche Amtsgeheimnis bewahre, in meinem Amtsbereich den Interessen des Volkes diene und in allem danach trachte, mit meiner Wirksamkeit die Kräftigung und Entfaltung der ungarischen Volksrepublik zu fördern«.[28]

Der Bericht von Friedrich Spiegel-Schmidt aus 1951 lässt ferner hinter die Kulissen der Schulpolitik des kommunistischen Staates in Bezug auf die Verstaatlichung kirchlicher Schulen blicken:

»Noch Ende 1948 forderte der Kultusminister die Einführung neuer Religionsbücher von den Kirchen, da die alten der wirtschaftlichen, sozialen und politischen Richtung der Volksdemokratie nicht entsprechen. [...] Beide Kirchen brachten das Unglaubliche fertig, durch Beurlaubung geeigneter Pfarrer die neuen Bücher bis Sept. 1949 zur Genehmigung vorzulegen, und da auch diese schon Ende Sept. erfolgte, erschienen die Bücher bereits

---

26 Radvanszky, »Kurz gefasste Kritik Bischof Bereczky-s: ›Die ungarische Christenheit im neuen ungarische[n] Staate‹«, Archiv des Weltkirchenrates in Genf. General Secretariat. Box 301.4391.1 /1937–1957, Hungary.

27 Dr. Cockburn's visit to Hungary – 7th/13th April 1948, Archiv des Weltkirchenrates in Genf. General Secretariat. Box 301.4391.1 /1937–1957, Hungary.

28 Friedrich Spiegel-Schmidt, Die protestantischen Kirchen in Ungarn. 1939–1950, Archiv des Weltkirchenrates in Genf. General Secretariat. Box 301.4391.1 /1937–1957, Hungary, 63.

ab Okt. und ermöglichten von da an den ungestörten Fortgang dew [sic!] Religionsunterrichts. [...] Die Lehrer, auch die von der Kirche übernommenen, wurden durchwegs genötigt, in die kommunistische Partei einzutreten. Zunächst lässt man sie unterschreiben, dass die freiwillig den Religionsunterricht niederlegen. Dann wird ihnen nahegelegt, dass es doch als Parteimitglieder ihre Pflicht ersten Ranges ist, ihre Kinder vom Religionsunterricht abzumelden. [...] Da der Staat sich an sein Abkommen halten, aber auch sein Ziel erreichen will, ist es nötig, dass die Lehrer ihre kirchlichen Ämter freiwillig niederlegen. So werden sie bei jeder Inspektion gefragt, ob sie immer noch Kantoren sind.«[29]

»In allen kirchenpolitischen Stürmen« blieb ein Bereich des kirchlichen Lebens mehr oder weniger verschont: die Evangelisationsarbeit. Dazu ein weiteres Zitat aus dem Erfahrungsbericht von Spiegel-Schmidt:

»Die Evangelisationsarbeit selbst schritt mitten in allen kirchenpolitischen Stürmen unentwegt voran, das einzig Beständige in diesen wechselvollen Jahren der Kirche. Hemmungen ihrer Arbeit erlebte sie selten, so, als ihr im großen Evangelisationsfeldzug in Budapest 1948 der ›Tattersall‹ versagt wurde und sie so keine Massenversammlung außerhalb der Kirchen halten konnte. Sie blieb bei ihrer individualistischen Gemeinschaftslinie, die ihr Leben und Bestand sichert und ihr die Möglichkeit zur stillen Arbeit biblischer Vertiefung gibt. Sie hat allerdings über die Kirchenchristen hinaus, die sie ›zum lebendigem Glauben/ [sic!] führt, den Weg zur entkirchlichten Masse noch kaum gefunden. Doch muss hier berücksichtigt werden, dass der Großteil des ungarischen Volkes erst im Stadium schläfriger Kirchlichkeit, nicht aber offener Unkirchlichkeit steht. [...] Man weiss hier, dass die Kirche gegen die sie angreifende totale Macht nur eine Waffe hat: die Kraft des Glaubens. Auf diesen Glauben stellt man die materielle Sicherheit der Kirche aus diesem Glauben sucht man hier in allen Fragen des Lebens seinen Weg. Dieser entschlossene Glaubensmut ist das Große, Neue, das die ungarische Kirche zum Thema ›Kirche im totalen Staat‹ beizutragen hat.«[30]

V. Zusammenfassung

Aus den zahlreichen Archivdokumenten lässt sich feststellen, dass das »Ungarnbild« des Weltkirchenrates keineswegs einseitig war. Schwäche und Stärke, Versäumnis und Erfolg des vom ungarischen Protestantismus betretenen »schmalen Weges« waren in Genf bekannt und wurden nicht ohne Worte bzw. Kritik gelassen. Bis Ende 1956 wurde vom Weltkirchenrat viel für die Unterstützung anderer kirchlicher »Kräfte« innerhalb der protestantischen Kirchen (für Lajos Ordass sowie für die reformierten »Erneuerungsbewegung«) getan. Nach 1957 ergab sich jedoch ein gewisser »Bruch« im Kontakt zwischen den protestantischen Kirchenleitungen und dem Weltkirchenrat und der »Eiserne Vorhang« (Richtung Ungarn) schien dichter und undurchsichtiger zu sein als je zuvor.

Der Ökumenischen Bewegung könnte vorgeworfen werden, dass sie sich – aus heutiger Perspektive betrachtet – auf dem ost-europäischen Parkett sehr vorsichtig bewegt hat. Auf der anderen Seite könnte den damaligen Vertretern der ungarischen

29 Ebenda 26 f.

30 Ebenda 36.

Kirchen ihre weitgehende Loyalität und Konformität ebenso vorgeworfen werden. Doch das Wort Gottes – oft trotz der einzelnen Gesandten, jedoch nicht ganz ohne sie – konnte weiterhin erklingen und wirken. Dadurch werden nicht die einzelnen Diener bestätigt, sondern die Herrlichkeit Gottes verkündet.[31]

31 András Reuss, Átéltük. Adalékok az ökumenikus mozgalom és a magyarországi egyházak kapcsolatának történetéhez [Erlebt. Zuschlag zur Geschichte der Beziehung zwischen der ökumenischen Bewegung und der ungarischen Kirchen.]. *Credo* 3–4 (1998) 35–42. Vgl. auch URL: http://teol.lutheran.hu/tanszek/rendszeres/munkatarsak/ra/1998_ateltuk_adalekok.pdf. [Abfragedatum: 10. 4. 2013].

Die evangelische Kirche H.B. in Österreich im 20. Jahrhundert: Kennzeichen einer Diasporakirche

Von Gergely Csukás

I. Einleitung

Ziel des folgenden Aufsatzes[1] ist es, Kennzeichen und Charakteristika der Reformierten Kirche in Österreich im 20. Jahrhundert darzustellen. Dabei soll es sich hier nicht um eine Art Ereignisgeschichte handeln, bei der Jahreszahlen aneinandergereiht und bestimmte Ereignisse kommentiert werden, sondern um ein Herausarbeiten von spezifischen Charakteristika dieser Diasporakirche. Es handelt sich daher mehr um eine synchrone Herangehensweise bei der zeitgeschichtlichen Darstellung der Reformierten Kirche. Dieses Vorgehen ist aus mehreren Gründen nicht einfach. Erstens ist bei zeitgeschichtlichen Arbeiten methodisch äußerste Vorsicht zu gebrauchen, da man geneigt ist, Urteile, die von noch lebenden Protagonisten stammen, kritiklos zu übernehmen. Zudem sind historische Konturen noch nicht scharf genug umrissen, sodass es unter Umständen schwierig ist, den Wald vor lauter Bäumen zu erkennen. Man weiß noch nicht, was wirklich relevant und interessant ist, um eine gültige Wesensbeschreibung erarbeiten zu können. Zweitens ist auf den Mangel an bisherigen Arbeiten und an richtungsweisenden Aufsätzen für eine Gesamtdarstellung der Geschichte der evangelische Kirche H.B. im 20. Jahrhundert (gerade auch im Hinblick auf ihr spezifisches Profil im Verhältnis zu ihrer Schwesterkirche, der evangelischen Kirche A.B.) hinzuweisen. Größtenteils fehlt auch das Bewusstsein für eine gezielte Betrachtung dieser Kirche, oft wird sie bei Darstellungen zur Geschichte der evangelischen Kirche stillschweigend mitgedacht, oder noch schlimmer, vergessen. Zwar wurden immer wieder einzelne Bereiche zur Geschichte der Reformierten Kirche erforscht, die insbesondere in dem von Peter Karner herausgegebenen Sammelband zu finden sind,[2] doch ist darin der Fokus auf Wien auffällig. Oft geraten die reformierten Gemeinden aus Vorarlberg, Linz und Oberwart bei einer (historischen) Beschreibung der Reformierten Kirche etwas in den Hintergrund. Meist gilt die Gleichung »Reformierte Kirche = Reformierte Stadtkirche«, wobei vielleicht noch die Gemeinden Wien-West und Wien-Süd mitbeschrieben werden. Die Literatur zur Reformierten Kirche ist zudem weit verstreut. Eine geordnete und detaillierte Zusammenschau der Reformierten Kirche im 20. Jahrhundert wäre sicherlich eine lohnende Aufgabe, wozu insbesondere die Synodalprotokolle der Synode H.B. und der Generalsynode

1 Dieser Aufsatz geht auf einen Vortrag zurück, den ich beim Symposion der Gesellschaft für die Geschichte des Protestantismus in Österreich am 24. Mai 2013 mit dem Titel »Die Entwicklung der Reformierten Kirche seit 1918« hielt. An einigen Punkten habe ich den Vortrag modifiziert.

2 Peter Karner (Hg.), Die evangelische Gemeinde H.B. in Wien. Jubiläumsfestschrift (Forschungen und Beiträge zur Wiener Stadtgeschichte 16, Wien 1986).

A.u.H.B. durchforstet werden könnten. Das »Reformierte Kirchenblatt« kann anhand der behandelten Themen über das spezifische Profil der Reformierten Kirche ebenso Aufschluss geben, wobei ein Vergleich zur »Saat« auf Seiten der Lutherischen Kirche durchaus lohnend sein könnte. Eine diskursanalytische Betrachtung der Synodalprotokolle wäre beispielsweise durchaus reizvoll. Wie argumentierten reformierte Vertreter und Vertreterinnen in der Synode im Vergleich mit den lutherischen? Wo ziehen sie die argumentativen Grenzlinien? Diese zusätzlichen Quellen wären, unter Einbeziehung der vorhandenen Sekundärliteratur, ein lohnendes Unterfangen. Auch andere interessante Fragen könnten noch verhandelt werden. In diesem Aufsatz ist es nicht möglich, ein derart hoch gegriffenes Unterfangen zu realisieren. Vielmehr sollen erste Anstöße für weitere Fragen geliefert werden. Drittens ist eine Art hagiographische Heldengeschichte möglichst zu vermeiden, eine häufige Versuchung von Diasporakirchen. Mir scheint, dass die Reformierte Kirche aufgrund ihrer doppelten Diasporadimension (einmal evangelisch in einem mehrheitlich katholischen Land zu sein und innerhalb der Evangelischen noch einmal eine ca. 10%-ige Minderheit zu sein) des Öfteren geneigt ist, in dieses Fahrwasser zu geraten.

Mit den erfolgten Feststellungen im Rücken versuche ich nun im Folgenden drei spezielle Charakteristika der evangelischen Kirche H.B. herauszuarbeiten, die mir für diese Kirche wesentlich erscheinen (ohne hier freilich eine abschließende und letztgültige Wesenserfassung beanspruchen zu können und zu wollen).[3]

1. Die »internationale« Dimension der Reformierten Kirche
2. Das spezielle Profil der einzelnen Gemeinden der Reformierten Kirche in Österreich
3. Die Theologische Prägung der Reformierten Kirche

II. Die »internationale« Dimension der Reformierten Kirche

Der Zusammenbruch der k.u.k. Monarchie war nicht nur politisch, gesellschaftlich, wirtschaftlich und kulturell schwer zu verkraften, sondern hatte auch für die Kirchen, und hier insbesondere für die evangelischen, vor allem für die Reformierte Kirche, schwerwiegende Folgen. Nach der bekannten Übersichtskarte von Georg Loesche hatte die evangelische Kirche H.B. im Jahr 1908 in Österreich 3 Superintendenzen (A.B: 7), 7 Seniorate (A.B: 13), 98 Pfarrgemeinden (A.B: 186), 20 Filialgemeinden (A.B: 84), 74 Predigtstationen (A.B: 239) und 50 Schulen (A.B: 133). Zur Wiener Superintendentur gehörten die Gemeinden Bregenz (mit der Predigtstation Dornbirn), Feldkirch, Cilli, Laibach und Triest sowie Wien selbst (damals noch mit den beiden Predigtstationen Wien-Favoriten und Wien-Ottakring). Nach dem Krieg fielen die reformierten Zentren Österreichs, hier insbesondere Zentralböhmen um die Städte Podiebrad, Chrudim und Neustadtl, Mähren um die Stadt Brünn und Wallachisch

3 Es sei an dieser Stelle noch einmal auf das Fragmentarische dieses Aufsatzes verwiesen. Mein Ziel ist es hier nicht, eine erschöpfende und umfassende Arbeit zu diesem Thema zu liefern.

Meseritsch, dann auch noch einzelne Ortschaften in Galizien und Bukowina, an die Nachfolgestaaten. Reformierte Gemeinden gab es also verstreut über die ganze Monarchie, mit Ausnahme vom heutigen Österreich, wo eben nur Wien, Bregenz und Feldkirch zur Kirche H.B. gehörten, wobei gerade Bregenz und Feldkirch A.u.H.B.-Gemeinden waren.[4] Der Zusammenbruch der Monarchie war für die Reformierte Kirche also deutlich schwieriger zu verkraften als für die Lutherische Kirche, sodass es nicht Wunder nimmt, dass der damalige Landessuperintendent Otto Schaak laut darüber nachdachte, die Reformierte Kirche in der evangelischen Kirche A.B. aufgehen zu lassen. Dass es nicht so gekommen ist, kann man aus heutiger Sicht durchaus den von Wien weit entfernt liegenden Gemeinden Bregenz und Feldkirch verdanken. Die Vorarlberger hatten bei der Oberösterreichischen Superintendentur A.B. zwar bereits den Antrag zur Aufnahme eingereicht, bei der 16. Wiener Superintendentialversammlung H.B. 1925 wurde dieser Antrag allerdings, wie es heißt, »von einem Ausbruch herzlichster Freude der Versammlung begleitet«, wieder zurückgenommen, sodass der Bestand der Reformierten Kirche in Österreich gesichert werden konnte. Pfarrer Helmut Pommer, der sich an dieser Initiative maßgeblich beteiligte – obwohl selber lutherisch – nannte auch Gründe für diesen Vorstoß: Aus »historischen Gründen« wollten die Gemeinden bei der Reformierten Kirche bleiben.[5] So hatte die Reformierte Kirche nach dem Ersten Weltkrieg – nach dem Anschluss des Burgenlands an Österreich – insgesamt vier Gemeinden: Wien, Bregenz, Feldkirch und Oberwart.

Was haben nun diese vier Gemeinden mit »Internationalität« zu tun? Der Nährboden der Reformierten Kirche lässt sich gegenüber der evangelischen Kirche A.B. durchaus differenziert betrachten. Dies lässt sich insbesondere in der Nachkriegszeit, während des Ständestaates und des Nationalsozialismus beobachten. Die evangelische Kirche A.B. hatte eine starke Tendenz zum »Mutterland der Reformation«, also zum Deutschen Reich. Das äußerte sich etwa im Anschluss der evangelischen Kirche an den Deutschen Evangelischen Kirchenbund 1926 und in der Gründung des Evangelischen Vereines der Gustav-Adolf-Stiftung in Österreich, einem betont lutherisch orientierten Verein. Möglich war eine getrennte Vorgehensweise der beiden Kirchen durch den ersten deutsch-österreichischen Kirchentag nach dem Weltkrieg in Wien im Oktober 1919, bei dem zwar ein gemeinsamer Repräsentant die Kirchen nach außen vertrat, in den inneren Angelegenheiten jedoch die Integrität und Unabhängigkeit der beiden Kirchen gewahrt wurde. Darin kommt sowohl der Wunsch nach einer Zusammenarbeit der beiden Kirchen als auch der Wunsch nach einer gesonderten

4 Georg Loesche, Geschichte des Protestantismus im vormaligen und im neuen Österreich (Wien 1930) 673 (Übersichtskarte der Evangelischen Kirche Augsb. u. Helv. Bekenntnisses in Österreich).

5 Karl Schwarz/Wolfgang Olschbaur, Chronik der Pfarrgemeinde A. u. H.B. in Bregenz, in: Evangelisch in Vorarlberg. Festschrift zum Gemeindejubiläum, hg. von Dens. (Bregenz 1987) 59–104, hier 81; Erwin Liebert, Geschichte und Gegenwart des Protestantismus in Vorarlberg. *JGPrÖ* 96 (1980) 379–392, hier 387–390.

kirchlichen Identität zum Ausdruck.[6] Diese doppelte Struktur hat bis in die heutige Zeit hinein Geltung. Eine starke Anlehnung an Deutschland lässt sich für die Reformierte Kirche nicht in dem Maße wie bei den Evangelischen A.B. feststellen, wobei auch hier selbstverständlich Einflüsse nicht fern blieben. Aus der Geschichte der Reformierten Kirche in Österreich lassen sich aber auch andere Tendenzen herauslesen: Die Kontakte mit den (ehemals österreichischen) Gemeinden in Böhmen, Mähren, Galizien und Bukowina mussten eine stärkere Orientierung nach Norden und Nordosten zu den slawischen Völkern nach sich ziehen. Beispielsweise ist hier etwa einer der bedeutendsten Theologen der Geschichte der Evangelisch-Theologischen Fakultät Wiens zu nennen, nämlich Josef Bohatec, der den Lehrstuhl für Reformierte Dogmatik von 1913–1951 innehatte. Er stammte aus Mähren und studierte in Wien und Prag Theologie, Philosophie, klassische und germanische Philosophie und Jurisprudenz. Nach dem Krieg lehnte er den Ruf nach Prag ab und verblieb weiterhin in Wien, wo die Evangelisch-Theologische Fakultät 1922 als gleichberechtigte Fakultät in den Verband der Universität Wien aufgenommen wurde, womit implizit der Fortbestand der Reformierten Kirche und des Reformierten Lehrstuhls auch von staatlicher Seite bestätigt wurde. Bohatec wirkte sowohl als Presbyter in der Reformierten Stadtkirche mit als auch als Mitglied der Generalsynode.[7] Aber es seien auch unbekanntere Persönlichkeiten erwähnt: Felix Psensky etwa stammte aus einer alten Familie der Böhmischen Brüder, wurde in Wien geboren, besuchte aber in Bielitz (Polen) die Lehrerbildungsanstalt und tat sich in Wien besonders mit seiner Schultätigkeit hervor.[8] Adolf Wenzl, in der heutigen Slowakei geboren, besuchte die Schule in Bratislava und wirkte dann seit 1947 als Pfarrer in der Gemeinde Wien-Süd.[9] Alexander Abrahamowicz, der seit 1957 Pfarrer in der Stadtgemeinde war und die kirchliche Landschaft in den 1960/70er Jahren entscheidend prägte, hatte ebenfalls einen interessanten Hintergrund: Der Vater stammte aus einer armenischen Familie aus der Bukowina und die Mutter aus Mähren.[10] Bei näherer Durchsicht der Gemeindeglieder würde man wahrscheinlich auf ähnliche Fälle treffen, bei denen Reformierte böhmische, mährische oder galizische Wurzeln aufzuweisen hätten (nachzuweisen bei den Arbeiterbezirksgemeinden Wien-West und Wien-Süd). Gottesdienste in tschechischer Sprache fanden in regelmäßigen Abständen in Wien statt, was auf die bleibende Prägung der Gemeinden durch die böhmischen und mährischen Reformierten hinweist.[11] Doch nicht nur aus den Landesteilen der österreichischen Reichshälfte der Monarchie ist der »internationale« Einfluss zu spüren. Ebenso gewichtig war jener aus Ungarn, ei-

---

6 LOESCHE, Geschichte des Protestantismus (wie Anm. 4) 698 und 703; Gustav REINGRABNER, Protestanten in Österreich. Geschichte und Dokumentation (Wien–Graz 1981) 253–255.

7 Peter KARNER, Der reformierte Lehrstuhl der evangelisch-theologischen Fakultät, in: Evangelische Gemeinde H.B. (wie Anm. 2) 177–187, hier 183 f.

8 Peter KARNER, Reformierte Pfarrer und Lehrer, in: Evangelische Gemeinde H.B. (wie Anm. 2) 124–155, hier 144.

9 Ebenda 148.

10 Ebenda 150 f.

11 Peter KARNER, Gottesdienste, in: Evangelische Gemeinde H.B. (wie Anm. 2) 156–172, hier 160 f.

nem traditionell sehr stark reformiert geprägten Land in Europa. Oberwart ist eine autochthone ungarisch-reformierte Gemeinde, genau genommen die älteste durchgehend protestantische Gemeinde im heutigen Österreich. Auch nach dem Wechsel des Burgenlandes zu Österreich hatte die Reformierte Gemeinde in Oberwart nur ungarischsprachige Pfarrer, was angesichts der zweisprachigen Gemeinde auch nicht verwundern soll. Bis heute bewahrt die Gemeinde eine starke traditionell ungarisch-reformierte Prägung.[12]

II.1 Die »Theologische Konferenz Oberwart«

Ausdruck der »Internationalität« der Reformierten Kirche in Österreich sind die Oberwart-Konferenzen, die seit 1961 in Zweijahresabständen v.a. in Oberwart, teilweise in der Schweiz, aber auch im ehemaligen Jugoslawien oder etwa in Halle/Saale durchgeführt wurden.[13] Reformierte Persönlichkeiten aus den Kirchen und Universitäten verschiedener Länder kamen dabei an einem Ort zusammen. Auf nationale, ethnische und konfessionelle Vielfalt wurde dabei besonderer Wert gelegt, wobei das Burgenland als ein multiethnisches und multikonfessionelles Land Vorbildcharakter genoss und als Zeichen für den Geist der Konferenz gesehen wurde. Persönlichkeiten und Delegationen kamen dabei aus ganz unterschiedlichen Ländern wie der Schweiz, dem ehemaligen Jugoslawien, Ungarn, Rumänien, der ehemaligen Tschechoslowakei, Polen, der damaligen DDR und BRD, Dänemark, Holland, Großbritannien, Frankreich, Italien, bei manchen Konferenzen sogar aus den USA und aus Japan. Bewusst sollten Teilnehmer und Teilnehmerinnen aus den Ländern Ost- und Westeuropas zusammenkommen, um hier für Verständigung zwischen den verfeindeten Gesellschaftssystemen zu sorgen und um ein sichtbares Zeichen für Frieden und Zusammenarbeit zu setzen. Vorträge, Predigten, Andachten, Feiern, Ausstellungen, etc., zu denen beispielsweise auch der Landeshauptmann geladen war,[14] wurden nicht nur von den Konferenzteilnehmern, sondern auch von der Gemeinde Oberwart mitgetragen. Durch die Oberwart-Konferenzen wurde die spezifische Rolle der evangelischen Kirche H.B. in Österreich, die sie in der Diaspora spielte, besonders gewürdigt. Vernetzung mit den Reformierten weltweit bei gleichzeitiger Übernahme von Verantwortung für sozialpolitische Themen kennzeichneten die 1960–80er Jahre der Kirche H.B.

---

12 Vgl. zur Geschichte Oberwarts die Homepage der Gemeinde. URL: http://www.ref-kirche-oberwart.com/geschichte/?L=2%3Ftx_pgpicasaweb_pi1[feed]%3D%26%26%26%26%26%26%26http%3A%24%24picasaweb.google.com%24data%24feed%24api%24user%24101874089801475821866%24albumid%245783625754702194737%3Ftx_pgpicasaweb_pi1[albumid]%3D%26%26%26%26%26%26%265781220673400061281 [Abfragedatum: 24. 5. 2013].

13 Der Ursprung dieser Konferenzen lag in der Zusammenarbeit von reformierten Theologen aus dem Kanton Bern und reformierten Pfarrern aus Österreich.

14 Imre GYENGE, Die internationale Theologische Konferenz Oberwart – Konferenz Reformierter Theologen aus Europa, in: Predigt des Friedens. Texte der Oberwart-Konferenz 1977 (Die Aktuelle Reihe 7, hg. von Peter KARNER – Wien 1977) II–IV.

II.2 Der Ungarische Seelsorgedienst

Ein wichtiger Aspekt der Reformierten Kirche ist der Ungarische Seelsorgedienst, der nach dem Ungarnaufstand 1956 seine Dienste aufnahm. Doch auch schon vor 1956 gab es Kontakte zwischen Österreich und Ungarn (im 19. Jahrhundert gab es zwei reformierte Professoren an der Theologischen Lehranstalt). Es sei an dieser Stelle an Zsigmond Varga erinnert, der 1944 von der Gestapo wegen NS-kritischer Predigten verhaftet und 1945 im KZ Mauthausen/Gusen ermordet wurde. Er versorgte die ungarischsprachigen Mitglieder der reformierten Stadtgemeinde.[15] 1956 flüchteten ca. 200.000 Ungarn nach Österreich, von denen sich etwa 70.000 dauerhaft niederließen, was für den jungen österreichischen Staat eine nicht geringe Belastungsprobe war. Insofern war er auf die Unterstützung der Kirchen angewiesen und hier lieferte insbesondere die Reformierte Kirche wichtige Impulse. Ungarische Reformierte Pfarrer wie Mihály Sóos und Károly Véghy versorgten die ungarischen Flüchtlinge mit organisatorischer und seelsorgerlicher Hilfe. Eine eigenständige ungarische Gemeinde wie etwa in Linz wurde nicht gegründet, allerdings wurde in Linz und in Wien ein eigenständiges »Werk«, der »Ungarische Seelsorgedienst der Evangelisch-Reformierten Kirche H.B. in Österreich« (USD), ins Leben gerufen, der bis heute existiert. Die rechtliche Stellung ist in der Kirche H.B. allerdings nicht klar geregelt und weiterhin umstritten. Doch nicht nur Flüchtlinge aus dem Jahr 1956 prägten und prägen die reformierten Gemeinden, sondern auch solche aus späteren Zeiten, vornehmlich ungarischsprachige aus der heutigen Slowakei, Ukraine, Rumänien und Serbien. Auch in Wien-Süd befinden sich zahlreiche ungarischsprachige Gemeindemitglieder. Kennzeichnend für den USD sind seine traditionelle Ausrichtung und die Betonung des Ungarisch-Reformiertentums, das sich vom österreichischen Reformiertentum doch deutlich unterscheidet. Die Geschichte des USD und seine Rolle in der Reformierten Kirche gehören sicherlich aufgearbeitet. Der Schwerpunkt des USD liegt auf den Gottesdiensten in der ungarischen Muttersprache. So heißt es: Seine Aufgabe ist es, denen das Evangelium zu verkünden, »deren Muttersprache ungarisch ist und die sich – aus welchen Gründen auch immer – vorübergehend oder endgültig in Österreich aufhalten, schlecht deutsch sprechen oder einfach den GD in ihrer Muttersprache hören wollen«.[16]

In die Stadt Wien kamen aber auch Nachfahren von Hugenotten. Zwei der, neben Bohatec, bedeutendsten reformierten Persönlichkeiten der Zwischenkriegszeit hatten hugenottische Wurzeln. Dr. Hans Jaquemars familiäre Wurzeln lagen in Sedan (F) und Erlangen. Sein Enkel war, nebenbei bemerkt, ebenso in der Reformierten Kirche tätig (Pfarrer in Bregenz von 1961–1981).[17] Ebenso hatte Gustav Zwernemann

15 Albert Stein, Zsigmond Varga, ein Wiener Theologiestudent als Opfer des Faschismus und Zeuge des Evangeliums. *JGPrÖ* 97 (1981) 124–132.

16 Karner, Gottesdienste (wie Anm. 11) 162–164. Vgl. zur knappen Darstellung der Geschichte des USD folgende Websites: URL: http://www.linz-hb.at/index.php?site=geschichte; http://www.linz-hb.at/ungarn/1.pdf;http://www.linz-hb.at/ungarn/2.pdf[Abfragedatum:24.5.2013].

17 Karner, Reformierte Pfarrer und Lehrer (wie Anm. 8) 138–141; Schwarz/Olschbaur, Chronik der Pfarrgemeinde Bregenz (wie Anm. 5) 96 f. und 100.

hessisch-hugenottische Wurzeln. Zwernemann war in den kritischen Jahren des Ständestaates und des Nationalsozialismus Superintendent der Kirche H.B. Die Geschicke der Reformierten Kirche in Österreich lagen somit maßgeblich in seiner Hand. Gelegentlich wurden in der Nachkriegszeit noch französischsprachige Gottesdienste gefeiert.[18] Ein weiterer Einfluss lässt sich aus der Schweiz feststellen. Die Gemeinden in Vorarlberg wurden bereits erwähnt. Im 19. Jahrhundert haben Fabrikanten und Kaufleute aus der Schweiz das evangelische Leben in Vorarlberg maßgeblich beeinflusst. Ebenso waren bei den Gründungsmitgliedern schottische Industrielle beteiligt (John Douglass). Die Verbundenheit der Gemeinden in Vorarlberg mit der Schweiz war den Menschen durchaus bewusst. Pfarrer Pommer stellte bei der erwähnten Superintendentialversammlung 1925 fest:

> »Wir sind auf das innigste mit den protestantischen Glaubensbrüdern der benachbarten reformierten Schweiz verbunden, die stets in allen Lagen, in guten wie in bösen Tagen, uns brüderlich beigestanden sind und uns gestützt und aufgerichtet haben.«[19]

Freilich war in Vorarlberg gerade der lutherische Einfluss auch nicht zu unterschätzen, doch es spricht für die Vorarlberger Mentalität, die Nähe zur Schweiz zu betonen, von wo auch der Großteil der Hilfsleistungen für die in Zerstreuung befindlichen Gemeinden kam:

> »Es ist die Verbindung mit den Schweizern nicht nur ein Zweckverband gewesen, sondern der Schweizerische Protestantismus hat von jeher den Vorarlberger Gemeinden das Gepräge aufgedrückt, auch unsere Gemeinden innerlich befruchtet und bestimmt und ihre Gottesdienstordnung weitgehend beeinflußt.«[20]

Aber auch in Wien haben Schweizer Reformierte gewirkt, allen voran Kurt Lüthi, der vor seiner Berufung nach Wien 1964 auf den reformierten Lehrstuhl der Systematischen Theologie in der Berner Kantonalkirche als Pfarrer und an der Universität Bern als Professor wirkte.[21] Kontakte in die Niederlande und in die USA lassen sich auch feststellen. Letztere insbesondere durch das Engagement mancher Pfarrer im Reformierten Weltbund sowie durch die Einwerbung von Hilfsgeldern nach dem Krieg für die zahlreichen Flüchtlinge.[22] Englischsprachige Gottesdienste finden ebenso in der Reformierten Stadtkirche statt, die insbesondere für die Angestellten aus internationalen Organisationen offen ist (Vienna Community Church).[23]

---

18 Karner, Reformierte Pfarrer und Lehrer (wie Anm. 8) 142 f.; Karner, Gottesdienste (wie Anm. 11) 160.

19 Liebert, Vorarlberg (wie Anm. 5) 389. Vgl. auch Schwarz/Olschbaur, Chronik der Pfarrgemeinde Bregenz (wie Anm. 5) 81.

20 Liebert, Vorarlberg (wie Anm. 5) 389.

21 Karner, Der reformierte Lehrstuhl (wie Anm. 7) 185 f. Vgl. auch Karner, Gottesdienste (wie Anm. 11) 166.

22 Beispielsweise Gustav Zwernemann. Vgl. Karner, Reformierte Pfarrer und Lehrer (wie Anm. 8) 142.

23 Karner, Gottesdienste (wie Anm. 11) 164–166.

Als Fazit lässt sich feststellen, dass die Reformierte Kirche trotz ihrer Kleinheit starke internationale Wurzeln und Kontakte aufweisen konnte, die von Böhmen, Mähren, Galizien, Bukowina, Ungarn bis zu den Schweizern, Holländern, Amerikanern sowie den Nachfahren französischer Hugenotten reichten, Deutschland natürlich nicht zu vergessen. Ich muss gestehen, dass ein Vergleich mit der evangelischen Kirche A.B. dieses Bild vielleicht relativieren könnte, aber trotzdem bleibt diese Tatsache bemerkenswert und prägend für die Zeit. Tendenzen einer sich problematisch an Deutschland orientierenden evangelischen Kirche A.B. sind in dieser Form für die Reformierte Kirche nicht derart kennzeichnend gewesen. So wird beispielsweise berichtet, dass Zwernemann, trotz seiner NS-Parteimitgliedschaft, Juden in seiner Kirche aufgenommen und getauft hat, obwohl gerade das, beispielsweise von studentischer Seite her, scheel angeschaut wurde.[24] Enthusiastische Lobreden auf Hitler, wie wir sie beispielsweise vom lutherischen Oberkirchenrat Robert Kauer und dem späteren Bischof Hans Eder kennen, sind mir von offizieller reformierter Seite nicht in der Form bekannt.[25]

III. Das spezielle Profil der einzelnen Gemeinden der Reformierten Kirche in Österreich

Da die Reformierte Kirche nur aus neun Gemeinden österreichweit besteht, lässt sich eine kurze Charakterisierung der einzelnen Standorte durchaus bewerkstelligen.[26] Die Gemeinden liegen für eine geschlossene Zusammenarbeit etwas ungünstig voneinander entfernt. Auch von ihrer Geschichte und von ihrem Profil her könnten sie nicht unterschiedlicher sein. Die Gemeinden erhalten durch das presbyterial-synodale Prinzip, darin ein spezifisch reformiertes Erbe bewahrend, eine recht hohe Unabhängigkeit und Eigenverantwortung, was sich aber auch zu Lasten einer übergemeindlichen Zusammenarbeit auswirken kann. Nichtsdestotrotz ist es erstaunlich, dass gerade wegen der Inhomogenität der Reformierten Kirche und wegen der etwas ungünstigen geographischen Zerstreuung der Gemeinden in Österreich die Zusammenarbeit und die Einheit der Kirche gewahrt werden konnten.

---

24 Karner, Reformierte Pfarrer und Lehrer (wie Anm. 8) 142; Peter Karner, Kirche zwischen Kruckenkreuz und Hakenkreuz, in: Evangelische Gemeinde H.B. (wie Anm. 2) 199–211, hier 202.

25 Maximilian Liebmann, Von der Dominanz der katholischen Kirche zu freien Kirchen im freien Staat – vom Wiener Kongreß 1815 bis zur Gegenwart, in: Geschichte des Christentums in Österreich. Von der Spätantike bis zur Gegenwart, hg. von Rudolf Leeb/Dems./Georg Scheibelreiter/Peter G. Tropper (Österreichische Geschichte, hg. von Herwig Wolfram, Wien 2003) 361–456, hier 435–439.

26 Zum Folgenden siehe Ulrich Körtner, Die Calvin Rezeption in Österreich, in: Johannes Calvin – Vom Katholikenschreck zum Mann der Ökumene. Ein Lesebuch zum 500. Geburtstag des Reformators, hg. von Thomas Hennefeld/Peter Karner (Wien 2009) 115–129, hier 118 f.

III.1 Wiener Stadtkirche

Die Vorrangstellung unter den Gemeinden nimmt zweifelsohne die Reformierte Stadtkirche in der Dorotheergasse ein. Die Mitglieder der Gemeinde haben überwiegend einen großbürgerlichen Hintergrund. Dabei ist eine Kontinuität seit dem 18. und 19. Jahrhundert festzumachen. Zu nennen sind hier etwa Großkapitalisten wie die Wittgensteins, Bankiers wie Emil von Mecenseffy (der Vater der bekannten Kirchenhistorikerin Grete Mecenseffy), Beamte, aber auch Wissenschaftler wie Konrad Lorenz, Künstler wie der Architekt Josef Hoffmann, der auch Presbyter war, Musiker wie Alban Berg, dessen Frau Mitglied der Gemeinde H.B. war und Schriftsteller(innen) wie Hermine Cloeter, die sich in der Gemeinde engagiert hat. Die Kuratoren und Presbyter waren Persönlichkeiten aus dem öffentlichen Leben. Bei alledem ist natürlich zu beachten, dass nicht alle bekannten Persönlichkeiten auch bewusste, engagierte Mitglieder der Gemeinde waren, die Gefahr einer Vereinnahmung ist hier gegeben. Aber nichtsdestotrotz zeigt die Mitgliedschaft höher stehender Personen den Charakter dieser Gemeinde. Die Reformierte Kirche ist maßgeblich von der Stadtkirche in der Dorotheergasse geprägt. Die Landessuperintendenten der Reformierten Kirche waren überwiegend zugleich auch Pfarrer der Reformierten Stadtkirche, mit Ausnahme von Volkmar Rogler (Wien-Süd) und Imre Gyenge (Oberwart).[27]

III.2 Wien-Süd und Wien-West

Die beiden Predigtstationen in den Wiener Arbeiterbezirken Favoriten und Ottakring wurden an der Wende vom 19. zum 20. Jahrhundert gegründet (Süd: 1894 durch Hans Haberl und West: 1901). Von Anfang an waren das diakonische und pädagogische Element für diese beiden Gemeinden bedeutsam.

Wien-Süd: Hans Haberl hatte als Diakon in selbstlosem Einsatz für die zugewanderten Reformierten sozial-karitative Angebote gemacht: Ein »Frauen Näh- und Hilfsverein« sowie Kindergärten wurden von ihm eingerichtet. Die Diakonie als Teil der Gemeindearbeit prägt die Gemeinde bis heute.

1924 wurden die beiden Gemeinden selbständig. Die Mitglieder kamen überwiegend aus dem Arbeitermilieu, hauptsächlich waren sie Zugewanderte aus Böhmen und Mähren. Nach der Februarrevolution gab es eine große Übertrittsbewegung, allerdings standen die Übertrittswilligen bei der Gemeinde Wien-Süd vor verschlossenen Türen, da die Pfarrstelle gerade vakant war (Egli als Pfarradministrator). Ebenso gab es eine größere Übertrittswelle nach dem »Anschluss« 1938.

Diakonische Arbeit, Bildungsarbeit, Freizeitarbeit, Einrichtung von Kindergärten und vereinsähnlichen Strukturen waren und sind für die beiden Gemeinden prägend und unterstreichen damit auch das Selbstverständnis, für die Gesellschaft da zu sein.

---

27 Peter Karner, Mitglieder der reformierten Gemeinde, in: Evangelische Gemeinde H.B. (wie Anm. 2) 82–104. Vgl. dazu die Liste der Landessuperintendenten, ebenda 240.

Die Zwinglikirche ist von zwei der prestigeträchtigsten Architekten der Zwischenkriegszeit, nämlich von Theiss & Jaksch, in den 30er Jahren entworfen worden.[28]

III.3 Oberwart

Wie schon erwähnt, ist die reformierte Gemeinde in Oberwart die älteste durchgehend protestantische Kirche in Österreich. Die Grenzwächter an der Festung Oberwart erhielten Privilegien, die die Freiheit zum reformierten Bekenntnis miteinschlossen. Zehn Jahre vor dem Toleranzpatent wurde die heutige Kirche errichtet und ist somit ebenso die älteste durchgehend genützte evangelische Kirche in Österreich. Ursprünglich war die Gemeinde rein ungarischsprachig, nach 1921 bis heute wird sie zweisprachig betrieben. Ausnahmslos wirkten im 20. Jahrhundert ungarische Pfarrer. Die ungarische Tradition wird in der Gemeinde hochgehalten. Eine ungarisch-reformierte Schule hatte bis zu ihrer Verstaatlichung 1938 einen außerordentlich guten Ruf, ebenso ist die Kulturarbeit integraler Teil der Gemeinde. Hier ist an die Pflege der ungarischen Kultur zu denken: Ein Leseverein, eine ungarische Bibliothek und eine ungarische Volkstanz- und Schauspielgruppe verdeutlichen den kulturellen Anspruch. Der langjährige Pfarrer der Gemeinde, Imre Gyenge (1953–1991), bekleidete als einer der wenigen Nicht-Wiener Pfarrer das Amt des Landessuperintendenten von 1968–1986.[29]

III.4 Linz-Leonding

Linz-Leonding wurde nach 1945 gegründet und bestand aus Flüchtlingen aus deutschsprachigen Ortschaften der Batschka (heutiges Serbien). Ca. 3.000 Flüchtlinge wanderten aus Furcht vor den herannahenden Sowjettruppen von dort nach Österreich aus, 2.000 davon gingen weiter nach Deutschland, Australien, Schweden, Kanada und in die USA. Ca. 1.000 Personen verblieben in Linz und wurden in eigens errichteten Siedlungshäusern untergebracht. Pfarrer Heinrich Bolz und Prediger Heinrich Benz, beide selbst aus der Batschka stammend, versorgten die Gemeinde seelsorgerlich in ihren Nöten: mit Religionsunterricht, Konfirmandenunterricht, Gottesdiensten sowie mit der Errichtung eines Altenwohnheimes und eines Kindergartens. Dabei erhielten sie Unterstützung vom HEKS, dem Hilfswerk der Evangelischen Kirchen der Schweiz. 1953 konnte der erste Gottesdienst in der neuen Kirche gefeiert werden.[30]

---

28 Vgl. zu den beiden Gemeinden: Peter Karner, Die Evangelische Pfarrgemeinde H.B. Wien-Süd, in: Evangelische Gemeinde H.B. (wie Anm. 2) 188–193; Balázs Németh, Die Evangelische Pfarrgemeinde H.B. Wien-West, in: Evangelische Gemeinde H.B. (wie Anm. 2) 194–198. Zur Zwinglikirche: URL: http://www.zwinglikirche.at/?..._die_Zwinglikirche [Abfragedatum: 24. 5. 2013]. Zur vielfältigen Diakoniearbeit in Wien-Süd vgl. die Broschüre: 111 Jahre Predigtstation, 81 Jahre Pfarrgemeinde, 50 Jahre Erlöserkirche. 242 Jahre Evangelisch-Reformierte Pfarrgemeinde H.B. Wien-Süd. Versuch einer historischen Betrachtung aus dem Nachlass von Josef E. Mlady (1938–2005) (Wien 2005) passim.

29 Zur Geschichte der Gemeinde Oberwart siehe Homepage der Gemeinde (wie Anm. 12).

30 Zur Geschichte der Gemeinde Linz-Leonding siehe die Website: URL: http://www.linz-hb.at/

III.5 Die Vorarlberger Gemeinden

Auf den prägenden Einfluss von Schweizer Fabrikanten auf die Gemeinden in Vorarlberg ist schon hingewiesen worden. Textilfabrikanten, Industrielle, Kaufleute, aber auch Künstler prägten das Bild der Reformierten. Chronologisch gesehen wurden die Gemeinden wie folgt gegründet: Bregenz 1861, Feldkirch 1907, Dornbirn 1951, Bludenz 1977. Ein gewisser Wille zur Selbständigkeit ist den Vorarlbergern dabei nicht abzusprechen. Erstens innerhalb Vorarlbergs: Die Gemeinden Feldkirch, Dornbirn und Bludenz waren Predigtstationen, die sich zu einer eigenständigen Kirchengemeinde formiert haben. Beachtenswert ist dabei der moderne Kirchenbau in Dornbirn durch Bartning 1931. Auch der Pfarrsaal und die Pfarrgemeindewohnung wurden von innovativen Architekten entworfen (Architektengruppe C-4, Hans Purin).[31] Zweitens äußert sich eine gewisse Eigenständigkeit der Vorarlberger darin, dass sie den Verbleib in der Reformierten Kirche stets betonten und verteidigten. Neben den historischen Gründen dürfte für die Vorarlberger auch der Umstand dazu kommen, dass die Kirchenleitung in Wien weit entfernt ist und sie daher die inneren Angelegenheiten noch freier handhaben können als die presbyterial-synodale Ordnung es ihnen ohnehin ermöglichen würde. Bezeichnend dabei ist etwa der »Dornbirn-Streit« zwischen den evangelischen Kirchen A.B. und H.B. in den Jahren 1955/56. Obwohl in der Gemeinde überwiegend Lutheraner waren, entschieden sich die Dornbirner für die Kirche H.B., was von lutherischer Seite (rechtmäßig) beanstandet wurde. Aufgrund des Widerstandes der Dornbirner und der Vorarlberger Gemeinden scheiterte jedoch der Widerstand der Lutheraner.[32] Trotz der Zugehörigkeit der Vorarlberger Gemeinden zur Reformierten Kirche und trotz der Prägung aus der Schweiz ist die Durchmischung der beiden Konfessionen charakteristisch. Auch heute noch sind die Vorarlberger Gemeinden intellektuell und großbürgerlich geprägt. Die evangelischen Familien sind zumeist in hohen Positionen in der Politik, Wirtschaft und Kultur tätig.

Die Vielfalt der reformierten Gemeinden in Österreich ist für so eine kleine Kirche erstaunlich. Vom Großbürgertum und Adel zu den Arbeitern in Wien, von der traditionell ungarisch-reformiert geprägten Gemeinde in Oberwart zur Flüchtlingsgemeinde in Linz und zu den schweizerisch beeinflussten großbürgerlichen

---

index.php?site=geschichte [Abfragedatum: 24. 5. 2013]. Zur kirchlichen Lage angesichts der Flüchtlingssituation vgl. auch Rudolf LEEB, Die Heimatvertriebenen und Flüchtlinge nach 1945 und die evangelische Kirche in Österreich, in: Migration und Konfession. Konfessionelle Identitäten in der Flüchtlingsbewegung nach 1945, hg. von Uwe RIESKE (Die Lutherische Kirche – Geschichte und Gestalten 27, Gütersloh 2010) 167–201.

31 Gerhard WIESNER/Wolfram Chr. NEUMANN/Klaus ADAM, Zur Geschichte der Bregenzer Tochtergründungen, in: Evangelisch in Vorarlberg. Festschrift zum Gemeindejubiläum, hg. von Wolfgang OLSCHBAUR (Bregenz 1987) 105–114. Zum Pfarramt und Pfarrhaus in Bregenz siehe SCHWARZ/OLSCHBAUR, Chronik der Pfarrgemeinde Bregenz (wie Anm. 5) 97–101 (mit Bildern).

32 Vgl. zum »Dornbirn-Streit« SCHWARZ/OLSCHBAUR, Chronik der Pfarrgemeinde Bregenz (wie Anm. 5) 95 f.

und intellektuellen Gemeinden in Vorarlberg – diese Bandbreite zeichnet die Reformierte Kirche aus, sodass von Homogenität eigentlich nicht gesprochen werden kann.

IV. Die theologische Prägung der Reformierten Kirche

Auch hier sollen nur wenige Linien nachgezeichnet werden. Für die Zwischenkriegszeit lassen sich anhand einzelner Persönlichkeiten Schwerpunkte festlegen: Diakonische Arbeit in der Inneren Mission, in der Evangelischen Allianz bzw. im CVJM. Zudem lässt sich eine Nähe zur Sozialdemokratie feststellen.

Der bereits erwähnte Pfarrer Dr. Hans Jaquemar wurde 1912 Generalsekretär des »Evangelischen Zentralvereins für Innere Mission«. Seine reformierten Kontakte in der Schweiz halfen ihm bei der Einrichtung eines Dauererholungsheimes für Kinder, die dieses nach dem Weltkrieg auch gebraucht haben. Ein gewisser Emil Walch aus Chardonnes sur Vevey, der ehemals Direktor der Schweizerischen Kreditanstalt in Zürich gewesen war, spendete großzügig Gelder für dieses Projekt. Dabei erwarb Jaquemar 1920 das Kurhotel in Bad Salzerbad. Bei der Februarrevolution 1934 nahm er bereitwillig 300 katholische bzw. konfessionslose Kinder auf. Jaquemar organisierte auch Übertrittskurse für Konversionswillige in den 1930er Jahren und engagierte sich für die Arbeiterschaft. Im Reformierten Kirchenblatt sind immer wieder Berichte über die Tätigkeiten der Inneren Mission zu lesen, sodass ein breites Interesse in der Reformierten Kirche für die Diakonie vorauszusetzen ist.[33]

Dr. Johannes Haberl engagierte sich in der Juden- und in der Weltmission und war eine tragende Gestalt des CVJM.[34] Mit Vorträgen und mit lebhaften Diskussionsbeiträgen engagierte er sich in der Evangelischen Allianz, zusammen mit Hans Jaquemar, wie dies aus den Sitzungsprotokollen der Evangelischen Allianz hervorgeht. Auffällig ist, dass diese reformierten Persönlichkeiten vor allem in Wien und in Halle studiert haben (Jaquemar, Haberl, Zwernemann). Auch die reformierte Schriftstellerin Hermine Cloeter war in der Evangelischen Allianz aktiv, hatte allerdings kein gutes Ohr für die dortigen Vorträge und Aktivitäten, ausgenommen für jene des Baptistenpredigers Arthur Köster.[35] Felix Psensky war als Religionslehrer in Wien

---

33 Karner, Reformierte Pfarrer und Lehrer (wie Anm. 8) 138–141. Hans Jaquemar hat eine eigene Geschichte über die »Innere Mission« in Österreich geschrieben. Vgl. Hans Jaquemar, Innere Mission. Das Werden und Wirken der organisierten christlichen Liebestätigkeit in der Evangelischen Kirche Österreichs (Wien 1951).

34 Karner, Reformierte Pfarrer und Lehrer (wie Anm. 8) 141.

35 Ebenda 138 und 141 f.; Franz Graf-Stuhlhofer (Hg.), Evangelische Allianz in Wien von der Ersten Republik bis zur NS-Zeit (1920–45). Edition der Sitzungsprotokolle und Programme (Studien zur Geschichte christlicher Bewegungen reformatorischer Tradition in Österreich 2, Bonn 2010). Zur Geschichte der Evangelischen Allianz vgl. Frank Hinkelmann, Geschichte der Evangelischen Allianz in Österreich von ihren Anfängen im 19. Jahrhundert bis in die

bekannt, da er religionspädagogische Werke und Bücher herausgegeben hatte.[36] Der schon erwähnte Superintendent Gustav Zwernemann engagierte sich im Reformierten Weltbund. So ist er an dessen wichtigen Konferenzen beteiligt gewesen. Nach dem Krieg betreute er Hilfsgelder aus Amerika.[37] Im Ständestaat stieg die Zahl der Mitglieder der Reformierten Kirche sprunghaft an. Zahlreiche Konversionswillige wünschten den Übertritt zur Reformierten Kirche, um sich den autoritären Zugriffen des Ständestaates und damit auch der katholischen Kirche zu entziehen. Allein im Jahr 1934 traten ca. 25.000 Personen zu den evangelischen Kirchen über; wie viele dabei spezifisch zur Reformierten Kirche übergetreten sind, ist noch nicht bekannt. Die in die Illegalität getriebene Arbeiterzeitung, die ihren Publikationsort nach Brünn verlagert hatte, empfahl der Arbeiterschaft in Österreich den Übertritt zur Reformierten (und altkatholischen) Kirche, nicht aber zur evangelischen Kirche A.B.: Sie stand im Ruf, eine Kirche von Nationalsozialisten zu sein. Inwieweit diese von der Sozialdemokratie her geprägte Arbeiterschaft die Reformierte Kirche beeinflusst hat, wäre sicherlich eine lohnende und spannende Forschungsaufgabe.[38] Im 1924 von Johann Karl Egli gegründeten Reformierten Kirchenblatt gab es beispielsweise 1934 durchaus Kritik am Sozialismus, ein grundsätzliches Misstrauen scheint bei der Pfarrerschaft also vorhanden gewesen zu sein. Doch nichtsdestotrotz blieben natürlich die Avancen der katholischen Kirche zur Zeit des Ständestaates nicht verborgen. Ein Trauergottesdienst nach der Ermordung von Engelbert Dollfuß 1934 wurde selbstverständlich gefeiert, doch die Erinnerungsgottesdienste zu seinem Todestag wurden nicht enthusiastisch, sondern nur pflichtmäßig gefeiert.[39]

Fakt ist, dass insbesondere die Gemeinden Wien-Süd und Wien-West stark von der Arbeiterschaft her geprägt sind. Naheliegend also, dass gerade in diesen Gemeinden diakonische Arbeit als äußerst wichtig empfunden wurde. Missionarische und diakonische Impulse wurden also vor allem während der Zwischenkriegszeit gesetzt, mit einem starken Bezug zur Arbeiterschaft. Die großbürgerliche Kontinuität der Wiener Stadtgemeinde und der Vorarlberger Gemeinden ist dabei ebenso zu berücksichtigen. Vereinzelt gab es auch Pfarrer, die modernere theologische Strömungen rezipiert haben; so war beispielsweise Dr. Richard Thomas, Pfarrer in Wien-West, einer der ersten Pfarrer in Österreich, die sich mit der Theologie Karl Barths vertraut gemacht haben.[40]

Gegenwart (Studien zur Geschichte christlicher Bewegungen reformatorischer Tradition in Österreich 2, Bonn ²2012).

36 Karner, Reformierte Pfarrer und Lehrer (wie Anm. 8) 144.

37 Ebenda 142.

38 Reingrabner, Protestanten in Österreich (wie Anm. 6) 266 f.; Peter Karner, Übertritte zu den Reformierten, in: Evangelische Gemeinde H.B. (wie Anm. 2) 173–176, hier 174; Gespräch mit Peter Karner am 16. Mai 2013.

39 Karner, Zwischen Kruckenkreuz und Hakenkreuz (wie Anm. 24) 200 f., insbesondere 200, Anm. 8.

40 Karner, Reformierte Pfarrer und Lehrer (wie Anm. 8) 145 f.; Németh, Wien-West (wie Anm. 28) 195 f.

Die Nachkriegszeit ist von einem stärkeren Souveränitätswillen der Kirche geprägt. Das konfessionelle Bewusstsein ist nach den Schrecken des Zweiten Weltkrieges gewachsen und der Unterschied der beiden Bekenntnisse wurde nun stärker betont. Die von der Generalsynode 1931 verabschiedete, jedoch von der Regierung nicht bewilligte, Kirchenverfassung wurde nun, 1949, bestätigt. Die evangelische Kirche in Österreich besteht aus zwei Kirchen, aus der Lutherischen und der Reformierten Kirche. Die Selbständigkeit der Reformierten Kirche wurde gewahrt, wobei es an vielen Punkten auch eine Zusammenarbeit mit der Lutherischen Kirche gegeben hat, insbesondere was das Kirchenrecht und die gemeinsame Finanzierung von kirchlichen Werken betrifft.[41] Nach den Erfahrungen aus dem Zweiten Weltkrieg wollte man bewusst eine unpolitische Kirche bleiben. Der Wiederaufbau des Landes und der Kirchen sowie die Betreuung und Versorgung der zahlreichen Flüchtlinge (vgl. USD, Linz) banden die Kräfte der Pfarrerschaft. Bis 1965 ist ein Wachstum in den Kirchen festzustellen – aufgrund der nun veränderten gesellschaftlichen Bedingungen im Zuge der 68er-Bewegung änderte die Kirche jedoch ihre Strategie.[42] Die Reformierte Kirche entschied sich größtenteils für eine Öffnung: gegenüber einer stärkeren Zusammenarbeit mit der A.B.-Kirche (Leuenberger Konkordie, deren Geltung für Österreich maßgeblich von reformierter Seite her gefördert wurde), gegenüber der Ökumene mit der katholischen Kirche, gegenüber den vielfältigen zivilgesellschaftlichen Initiativen und Protestbewegungen. Dabei fällt der kämpferische Stil des Großteils der Reformierten Kirche auf. Insbesondere in Konfrontation mit dem lutherischen Bischof Oskar Sakrausky (1968–1983) wurde dabei heftig um brisante Themen gestritten, die die unterschiedliche Ausrichtung der beiden Kirchenleitungen deutlich zum Ausdruck brachten. Vorreiter in diesen Kämpfen waren insbesondere der Professor am reformierten Lehrstuhl der Fakultät, Kurt Lüthi, und Balázs Németh, Pfarrer in Wien-West. Beide waren Mitglieder der so genannten »Salzburger Gruppe«, die sich für eine stärkere Öffnung der Kirchen für gesellschaftliche Prozesse einsetzte. In den 1970/80er Jahren dominierten dabei Themen wie die Fristenlösung, die Frauenordination, das Antirassismusprogramm des ÖRK 1969, die Friedensbewegung in den 80er Jahren sowie interne Angelegenheiten um die Liberalisierung der Eheregelungen in der Kirche. In diesen Debatten trat die Reformierte Kirche nahezu als eine Einheit auf. Interne Uneinigkeit hätte der Reformierten Kirche damals wahrscheinlich nicht die nötige Initiativkraft beschert. Andererseits betonte die Reformierte Kirche stets, sich nicht in die internen Angelegenheiten der Gemeinden einmischen zu wollen. Die liberale Seite der Reformierte Kirche äußerte sich auch im Vorstoß der Segnung von gleichgeschlechtlichen Paaren in den 1990er Jahren, der für viel Kontroverse sorgte und sorgt. Ebenfalls lassen sich beispielsweise aus den Oberwartkonferenzen die sozialpolitischen Themen ablesen, mit denen sich die Kirche gerne auseinandergesetzt hat.[43]

---

41 Reingrabner, Protestanten in Österreich (wie Anm. 6) 275–284, hier insbesondere 278.

42 Ebenda 293–295.

43 Gespräch mit Peter Karner am 26. Mai 2013. Zur Oberwart-Konferenz vgl. Gyenge, Ober-

V. Zusammenfassung

Vieles ließe sich noch über die Reformierte Kirche sagen. Beispielsweise über das Besondere der liturgischen Gestaltung der Gottesdienste, über die presbyterial-synodale Kirchenverfassung, über die Strukturen der Reformierten Kirche und über die Bekenntnisse. Selbstverständlich machen diese auch den Unterschied der Reformierten Kirche zur evangelischen Kirche A.B. aus. Doch ich wollte von diesen Hard Facts ein wenig absehen und die Aufmerksamkeit zu weicheren Faktoren der Reformierten Kirche und der Gemeinden lenken. Auffällig ist, dass die Reformierte Kirche trotz ihrer Regionalität und der Kleinstrukturiertheit eine gewisse »universale« Ausrichtung und Haltung bewahrt hat.

wart (wie Anm. 14) sowie als Beispiel für die 9. Oberwartkonferenz im Jahr 1977 Josef Dirnbeck, Den Frieden verkündigen. Bericht von der 9. Theologischen Konferenz in Oberwart. Kirchenzeitung der Diözese Eisenstadt, Nr. 29 (24. 7. 1977), in: Predigt des Friedens (wie Anm. 14) 176–181.

Magister Ehrenfried Murschel – Trauungspfarrer von Johannes Kepler

Von Regine Jungwirth

I. Vorwort

Eferding feierte 2013 die 400. Wiederkehr der Hochzeit von Johannes Kepler mit der Eferdingerin Susanne Reutinger. Die evangelische Pfarrgemeinde Eferding veranstaltete aus diesem Anlass eine Ausstellung zu Keplers Trauungspfarrer Mag. Ehrenfried Murschel. Auf 15 Schautafeln wurden dabei sowohl das Leben dieses Mannes als auch sein familiäres und berufliches Umfeld vorgestellt. Murschel war der Vorletzte der neun[1] protestantischen Pfarrer, die zwischen 1560 und 1624 in Eferding wirkten. Von Erasmus d. Ä. v. Starhemberg wurde er 1601 in diese Stadt berufen. Hier prägte er während seiner 16 Jahre dauernden Amtszeit das Kirchen-, Schul- und Kulturwesen. Ehrenfried Murschels Tätigkeit blieb aber nicht nur auf seine Lebenszeit beschränkt. Erkennbar ist die Nachhaltigkeit seiner Glaubensvermittlung wohl auch im Geschehen des Geheimprotestantismus, der schließlich zur Bildung der evangelischen Pfarrgemeinde Eferding führte. Eine spezielle Verbindung der Eferdinger Gemeinde zu Ehrenfried Murschel besteht überdies darin, dass sich die Fragmente seines Grabmals seit 2005 in deren Kirche befinden. Nachfolgende Ausführungen entstanden auf Basis der in der genannten Ausstellung präsentierten Texte.

II. Ehrenfried Murschel

Wie viele seiner Kollegen stammte auch Murschel aus dem Württembergischen. Seine Vaterstadt war das am Rand der Schwäbischen Alb liegende und schon seit 1255 mit dem Stadtrecht versehene Balingen.[2] Hier wurde er um das Jahr 1569 in eine

1 Die bislang publizierten Pfarrerlisten nennen für diesen Zeitabschnitt sieben protestantische Stadtpfarrer. Schon Doblinger schrieb diesbezüglich: »möglich, daß uns jemand 1561–1572 entging.« Vgl. Max Doblinger, Der Protestantismus in Eferding und Umgebung bis zum Toleranzpatent. *JGPrÖ* 72 (1956) 31–68, hier 61. Die Durchsicht einer bisher in dieser Hinsicht nicht ausgewerteten Quelle ergab nun zwei weitere protestantische Geistliche in diesem Amt. Es sind dies »Herr Puechner« um das Jahr 1566 und »Herr Wolfgangus Mayr« um das Jahr 1568. Vgl. OÖLA, HA Starhemberg (Div. Herrschaften) SCH 126 (Protokollbuch Stadt Eferding 1618–1624). Nach Doblinger war »Wolfgang Mair« ab 1569 Pfarrer der Pfarre Hartkirchen. Vgl. dazu Max Doblinger, Der Protestantismus in Aschach an der Donau und Umgebung. *JGPrÖ* 76 (1960) 3–35, hier 5.

2 »PATRIA QUAE? BALINGA.« Epitaph Ehrenfried Murschel, Evang. Kirche Eferding. Mit dem Diakon M. Johann Bruder war schon 1583 ein gebürtiger Balinger als Geistlicher nach Eferding berufen worden. Vgl. Martin Kühne, Die Häuser Schaunberg und Starhemberg im Zeitalter der Reformation und Gegenreformation (Hamburg 1880) 38.

geachtete und gutsituierte Familie geboren.[3] Sein Vater Caspar Murschel (1515–1594) bekleidete mehr als zwei Jahrzehnte das Amt des Kämmerers beziehungsweise »Bürgermeisters« der Stadt. Als für juristische Belange der Landstände zuständiger »Konsul« trat er 1581 auch auf dem Landtag in Stuttgart auf.

Ehrenfried war das elfte Kind des Caspar Murschel und stammte aus dessen zweiter Ehe mit Anna. Von den insgesamt 17 Geschwistern erreichten zehn das Erwachsenenalter. Seinem Rang entsprechend wurde Murschels Vater in der Stadtkirche von Balingen bestattet.[4] Sein von dem Künstler Simon Schweizer geschaffenes Epitaph[5] zeigt das einzige bekannte Bildnis seines Sohnes Ehrenfried.

Murschel durchlief den Bildungsweg eines evangelischen Geistlichen, wie er in Württemberg seit 1559 durch die in diesem Jahr erlassene Kirchenordnung genau festgelegt war. Der Besuch von Grundschule und Lateinschule bildete dabei das nötige Fundament. Die Vorbereitung auf das eigentliche Theologiestudium erfolgte dann in den reformierten Klosterschulen – den herzoglichen Seminaren. Diese waren in dafür umgewandelten ehemaligen Männerklöstern untergebracht. Murschel selbst genoss seine Grundausbildung vermutlich noch in Balingen. Seine Heimatstadt besaß eine renommierte und zu den ältesten Bildungsstätten Württembergs zählende Lateinschule.[6] Seine weitere Schullaufbahn führte ihn dann an die evangelische Klosterschule in Hirsau.[7] Ein Jahr nach seiner 1585 erfolgten Inskription an der Universität Tübingen, der »Theologenschmiede« des Landes, erwarb er mit siebzehn Jahren seinen ersten akademischen Grad – das Baccalaureat.[8] Am 5. Februar 1589 schloss Murschel das Grundstudium an der Artistenfakultät mit dem Magistertitel ab.[9] Hierauf folgte das Studium der Theologie.

Als Murschels erste Wirkungsstätten lassen sich die württembergischen Klosterschulen in Alpirsbach, Unterbrändi und Murrhardt belegen. An diesen Anstalten arbeitete er in den Jahren 1591–1593 als so genannter Präzeptor.[10] Als solcher war er für die Unterweisung der zukünftigen Theologen in Glaubenslehre und Sprachen verantwortlich. Im beruflichen Werdegang damaliger Geistlicher war diese Tätigkeit,

3 Der bekannte Straßburger Theologe Israel Murschel (1596–1657) entstammte übrigens ebenfalls dieser Familie und war Ehrenfried Murschels Neffe. Schriftliche Mitteilung von Herrn Dr. Hans Schimpf-Reinhardt, Stadtarchiv Balingen.

4 Lisbeth Zahawi, Die Balinger Familie Murschel im 16. Jahrhundert. *Südwestdeutsche Blätter für Familien- und Wappenkunde* 23 (2001/2003) 221–226.

5 Eugen Groner, Das Caspar-Murschel-Epitaph in der Balinger Stadtkirche. *Heimatkundliche Blätter Balingen* 41 (1994) 949–950.

6 Wilhelm Foth, »Es hat die Statt Balingen eine feine Schul«. Von der Lateinschule zum Gymnasium (Veröffentlichungen des Stadtarchivs Balingen 6, Balingen 2005).

7 Zahawi, Die Balinger Familie Murschel (wie Anm. 4).

8 Ebenda.

9 Johann N. Stoll, Sammlung aller Magister-Promotionen, welche zu Tübingen von Anno 1477–1755 geschehen, darinne nebst dem Vor- und Zu-Namen das Vaterland, die Ämter, und andere dergleichen Umstände der vorkommenden Personen aus vielen bewährten Urkunden zuverläßig angemerkt werden (Amsterdam 1972) 76.

10 Zahawi, Die Balinger Familie Murschel (wie Anm. 4).

für die nur die tüchtigsten Kräfte herangezogen wurden, noch vor dem eigentlichen Predigtamt durchaus gebräuchlich.

Das Amt eines Geistlichen bekleidete Ehrenfried Murschel dann erstmals ab 1594 als Diakon in Heidenheim an der Brenz. Nach drei Jahren als dortiger Hilfspfarrer erlangte er aber schon Anfang 1597 seine erste Pfarrstelle in Haiterbach.[11] Ein rascher Aufstieg, bedenkt man, dass so mancher Geistlicher sein ganzes Leben nicht über den Rang eines Diakons hinauskam.

Auch im Privatleben Murschels kam es in den ersten Berufsjahren zu größeren Veränderungen. Schon in Alpirsbach dürfte er sich mit Katharina,[12] geb. Seher,[13] verehelicht haben. In Heidenheim und Haiterbach folgten dann die Geburten von vier Kindern,[14] von denen das erste aber schon früh verstarb.[15]

Schwere Sorgen bereitete Ehrenfried Murschel ein Geschehnis, das während seiner Haiterbacher Jahre über die Familie hereinbrach. Anna Murschel, zweite Ehefrau und mittlerweile Witwe des Stadtkämmerers Caspar Murschel sowie leibliche Mutter von Ehrenfried, wurde im August 1598 wegen Hexereiverdacht verhaftet und des Schadenszaubers angeklagt. Die Frau dürfte schon seit Längerem als Hexe verdächtigt worden sein. Als die Bevölkerung nach einem schweren Unwetter im Raum Balingen die dafür Schuldigen suchte und darauffolgend auch zwei Frauen auf den Scheiterhaufen brachte, verdichteten sich diese Unterstellungen erneut. Ungeachtet des guten Zeugnisses, das ihr der Ortsgeistliche ausstellte, beantragte der Vogt ein Folterurteil. Die zwei Tage währende Tortur mit Aufziehen und Strecken verursachte an der damals schon 65-jährigen Frau bleibende körperliche Schäden. Trotz Androhung einer Wiederholung der Folter beteuerte Anna Murschel weiterhin ihre Unschuld. Nach 596 Tagen in Untersuchungshaft wurde sie freigesprochen. Entscheidend für diesen Ausgang war vor allem die rechtmäßige Durchführung des Gerichtsverfahrens. Wichtig für das physische und psychische Durchhalten der Betroffenen erwies sich jedoch auch die Unterstützung durch die Familie, die der als Hexe angeklagten Mutter sämtliche finanzielle und juristische Mittel während des Prozesses zur Verfügung stellte. Hier waren es gerade Sohn Ehrenfried Murschel und Schwiegersohn Christoph Gaukler, übrigens ebenfalls Pfarrer, die sich durch ihr besonderes Engagement auszeichneten.[16]

---

11 »M. Ehrenfried Murschel, ein geborner Wuertenberger, war A. 1594 in seinem Vaterlande Diaconus zu Heydenheim, von dannen er A. 1597 zum Pastorat nach Haiterbach beruffen.« Vgl. Bernhard Raupach, Zwiefache Zugabe zu dem Evangelischen Oesterreich (Hamburg 1744) 66.

12 Zahawi, Die Balinger Familie Murschel (wie Anm. 4).

13 »CONIUX. HAEC QUAE? CATHARINA SEHERA.« Epitaph Ehrenfried Murschel, Evang. Kirche Eferding.

14 Zahawi, Die Balinger Familie Murschel (wie Anm. 4).

15 Dies lässt sich daraus erschließen, dass einem 1595 geborenen Ehrenfried 1597 wiederum ein Ehrenfried folgte.

16 Anita Raith, Der Hexenprozess gegen Anna Murschel, 1598–1600, in: 750 Jahre Stadt Balingen (Veröffentlichungen des Stadtarchivs Balingen 7, Balingen 2005) 363–371.

Nach einigen Monaten als Pfarrer von Hoheneck[17] begann 1601 Murschels Amtszeit in Eferding. Da hier durch den Tod von Nikolaus Haselmayr die Pfarrstelle neu zu besetzen war, wandte man sich in dieser Angelegenheit – wie schon zuvor bei Haselmayr[18] – an das Konsistorium in Stuttgart. Die Wahl der Kirchenleitung fiel auf Ehrenfried Murschel. Laut Raupach war er dazu »vor andern« als »tüchtig erkannt« worden.[19] Murschel nahm die Berufung an, verließ seine Heimat[20] und erreichte Eferding zwischen dem 5.[21] und 22. Juni [22] des betreffenden Jahres.

Patronatsherr der Pfarre Eferding und Murschels Vorgesetzter war Erasmus d. Ä. v. Starhemberg (1575–1648). Auch er hatte in Tübingen studiert und zeitlebens an dieser Beziehung zu Württemberg festgehalten.[23] Seine Pfarre bezeichnete Erasmus als »die beste im ganzen Lande«.[24] Neben der dafür günstigen religionspolitischen Situation, in der sich Eferding auf Grund der Religionskonzession im Gegensatz zu anderen oberösterreichischen Städten befand, und dem gedeihlichen Wirken seiner Geistlichen[25] hatte Erasmus selbst maßgeblich Anteil am Zustand des evangelischen

---

17 »A. 1600 aber bey der Gemeine zu Hohen-Eck zum Pfarrer bestellet ward.« Vgl. Raupach, Zwiefache Zugabe (wie Anm. 11). Murschels Handschrift lässt sich bei den Eintragungen in das Haiterbacher Taufbuch noch bis Ende September des Jahres 1600 feststellen. Pfarrarchiv Haiterbach, Taufbuch 1566–1679.

18 Doblinger, Der Protestantismus in Eferding (wie Anm. 1) 36.

19 Raupach, Zwiefache Zugabe (wie Anm. 11) 66.

20 Der von Friedrich von Württemberg für Murschels Reise nach Eferding ausgestellte Geleitbrief trägt den 9. Mai 1601 als Ausstellungsdatum. Vgl. OÖLA, Archiv Starhemberg (Div. Herrschaften) SCH 27/I/7, Geleitbrief für Ehrenfried Murschel.

21 Wäre Murschel an dem betreffenden Tag schon in Eferding gewesen, hätte vermutlich er und nicht der Diakon Martin Neumeister die Trauerrede für Elisabeth v. Starhemberg gehalten. »Martinus Neumeister [...] hat seines Namens Gedächtnis erhalten durch ›Eine Leichpredigt bey der Begräbnis Frauen Elisabeth geb. Gräfin zu Ortenburg, Hn. Hans Ulrich Herrn von Stahrenberg auf Enseck Frau Gemahlin, den 5. Juni 1601 in der Pfarrkirchen zu Eferding über I. Cor. III.II. gehalten.‹« Vgl. Raupach, Zwiefache Zugabe (wie Anm. 11) 131.

22 An diesem Tag taufte Murschel den am Vortag geborenen ersten Sohn von Erasmus v. Starhemberg, Heinrich Gundacker. Diese den Ausführungen Kühnes [Kühne, Die Häuser (wie Anm. 2) 57] und damit auch Doblingers [Doblinger, Der Protestantismus in Eferding (wie Anm. 1) 38] widersprechende Feststellung basiert auf dem im Kath. Pfarrarchiv Eferding vorgefundenen Auszug der Einträge des Erasmus v. Starhemberg in die Familienbibel. Dem Ersteller dieses Auszugs müssen die mittlerweile – auch schon bei der Publikation seitens Kühne im Jahr 1880 [Kühne, Die Häuser (wie Anm. 2) 85–91] – verschollenen Seiten dieser Einträge, welche die Zeit zwischen dem 21. Juni 1601 und dem 23. April 1606 betreffen, noch zur Verfügung gestanden sein. Vgl. Kath. Pfarrarchiv Eferding, SCH 1, Fasz. 1, Pfarrgeschichtliche Notizen.

23 Georg Heilingsetzer, Ständischer Widerstand und Unterwerfung. Erasmus von Starhemberg und seine Rechtfertigungsschrift (1621). *Mitteilungen des Oberösterreichischen Landesarchivs* 14 (1984) 269–289, hier 271.

24 Doblinger, Der Protestantismus in Eferding (wie Anm. 1) 38.

25 Insbesondere war mit der Bestellung durchwegs württembergischer Pfarrer ab 1583 auch wieder Ruhe in die, in einen innerprotestantischen Streit hineingezogene, Gemeinde eingekehrt. Die »Universität Tübingen« wurde »damals allgemein als der Garant der Rechtgläubigkeit im

Kirchenwesens in Eferding. Sein religiöser Einsatz zeigte sich unter anderem auch in jenen Bestimmungen seines 1597 erlassenen Stadtrechts, die den christlichen Lebenswandel der Stadtbewohner gewährleisten sollten.[26]

Als verheirateter evangelischer Pfarrer brachte Murschel auch seine Familie mit nach Eferding. Diese bestand damals neben seiner Ehefrau aus einem Sohn und zwei Töchtern. Von den in Murschels Württemberger Jahren geborenen und am Leben gebliebenen Kindern Ehrenfried, Anna Barbara und Anna Maria verstarb zu einem späteren, jedoch unbekannten Zeitpunkt die ältere der beiden Schwestern. Zu den bei der Übersiedlung nach Eferding vier-, zwei- und einjährigen Kindern muss sich hierorts noch ein Bruder namens Caspar gesellt haben. In einem Schreiben des Jahres 1618 werden als Murschels Nachkommen nämlich die Söhne Gernfriedt [sic!] und Caspar sowie die Tochter Anna Maria angeführt.[27]

Ihre Unterkunft bezog die Familie im Pfarrhof der Stadtpfarrkirche. Schon Murschels Vorgängern war hier »die Wohnung neben dem Predigt-Stuhl, wie sichs gebührt«,[28] zur Verfügung gestellt worden. Durch einen Ausbau und die Nutzung eines Teils des Nachbarhauses war das eigentliche Pfarrhaus bereits in den Jahrzehnten vor Murschels Einzug vergrößert worden. Immer noch trennte jedoch ein schmaler Hof jene beiden Häuser, die man später zu einem Pfarrhofgebäude vereinte.[29] Als Garten fand Murschel ein ihm wenig zusagendes, sumpfiges und nur mit überalterten Bäumen bepflanztes Grundstück vor. Da dieses – in seinem Wortlaut[30] – »einem Pfarrer mehr Unkosten und Ungelegenheit als Nutzen und Gelegenheit«[31] einbrachte, verkaufte er es. Ersatz schuf er mit der Anlage eines neuen Gartens »nächst an dem Pfarrhof«.[32]

1612 wurde auch ein Kaufmann namens Hanß Caspar Murschel Bürger von Eferding.[33] Vieles spricht dafür, in ihm einen Verwandten, möglicherweise einen Neffen

Luthertum im Sinne der Konkordienformel angesehen«. Vgl. Rundgang durch die Ausstellung, in: Renaissance und Reformation. Katalog zur Oberösterreichischen Landesausstellung 2010, hg. von Karl Vocelka/Rudolf Leeb/Andrea Scheichl (Linz 2010) 381–649, hier 588.

26 Otto Wutzel (Hg.), Die Rechtsquellen der Stadt Eferding (Fontes rerum Austriacarum, Abt. 3, Fontes Iuris 2, Graz–Köln 1954) 51–64. Original: Stadtarchiv Eferding, Urkunde 26 A, Privilegien Stadt Eferding, 30. November 1597.

27 OÖLA Linz, HA Starhemberg (Div. Herrschaften) SCH 126, Protokollbuch Stadt Eferding 1618–1624, Schuldbrief 18. April 1618.

28 Kühne, Die Häuser (wie Anm. 2) 37.

29 Eisabeth Wahl, Baugeschichte/Der Pfarrhof, in: Eferding. Stadt an der Nibelungenstraße, hg. von Stadtgemeinde Eferding (Ried 2002) 126–127.

30 Dieser Kaufbrief ist das einzige von Murschel verfasste Schriftstück, das sich – in einer Abschrift – im Archiv der Kath. Pfarre Eferding erhalten hat.

31 Kath. Pfarrarchiv Eferding, SCH 1, Fasz. 1, Pfarrgeschichtliche Notizen, Kaufbrief 24. August 1609 (Abschrift).

32 Die Anlage dieses heute immer noch als Pfarrgarten genützten, im ehemaligen Friedhofsbereich liegenden Areals wurde durch die damals schon einige Jahre zurückliegende Gründung eines neuen Friedhofs in der Vorstadt möglich.

33 Stadtarchiv Eferding, K 85, Stadtkammer-Rechnung 1612, Empfang der Bürgergulden.

des Pfarrherrn anzunehmen. Mit der 1613 erfolgten Verehelichung,[34] dem Besitz eines Hauses am Stadtplatz[35] sowie den Funktionen als Ratsmitglied und Verwalter des Sankt Michaelsstifts[36] lässt sich jedenfalls eine gelungene Eingliederung dieses Mannes in die Eferdinger Bürgerschaft beobachten.

Einem Schreiben an Murschel kann man entnehmen, dass dieser seine wirtschaftliche Absicherung hier in Eferding mehr als ausreichend fand.[37] Ebenso durfte er bei der Bewältigung der pfarrlichen Aufgaben auf die Unterstützung seines Patronatsherrn bauen. Wie schon einige seiner Vorfahren sorgte auch Erasmus v. Starhemberg für die Anstellung von zwei Hilfsgeistlichen. Von diesen war der aus dem Michaelsstift[38] bezahlte »Archidiakon« neben Murschel für Eferding, der das Heilig-Geist-Stift bewohnende zweite Diakon[39] für die Filiale Scharten zuständig. Mit Namen sind aus der Amtszeit Murschels folgende Diakone bekannt: Eberhard Caesar,[40] Jacob Heinrici,[41] Mathias Khoch,[42] Mathias Maginder,[43] Martin Neumeister[44] und Heinrich Schnell.[45]

34 OÖLA, HA Starhemberg (Div. Herrschaften) SCH 126, Protokollbuch Stadt Eferding 1618–1624, Testament 18. Juli 1618.

35 OÖLA Linz, HA Starhemberg (Div. Herrschaften) SCH 126, Protokollbuch Stadt Eferding 1618–1624.

36 »[...] weillent Hanß Caspar Murschel gewester Rathsburger vnd Stifftverwalder alhie in Eferding [...].« Vgl. Stadtarchiv Eferding, Michaelistift-Rechnung 1623.

37 »[...] bey der Gemeind [...], bey welcher ihr euch bis daher, res domesticas betreffend, nit uebel befunden, sondern euer gehabten Laborum eben wol und reichlich genossen habt.« Vgl. Des Fürstl. Consistorii zu Stuttgard Schreiben an M. Ehrenfried Murschel, in: Supplementum Presbyterologiae Austriacae, hg. von Bernhard Raupach (Hamburg 1741) 168.

38 »Item Herrn Hainrich Schnell das Quartall Michaeli sambt dem vorhergeheten Quartall den driten Thaill lauth Schein 33f 2ß 20d.« Vgl. Stadtarchiv Eferding, Michaelistift-Rechnung 1614.

39 »Ain Behausung zu des Heilligen Geists Stüfft gehörig, ligt am Egg zu negst der Hinder vnd Kürchgassen [...] darinen der Zeit die Herberg dem Subdiacono so zu dem Filial in der Schartten besoldt wirdt [...].« Vgl. OÖLA, HA Starhemberg (Div. Herrschaften) SCH 93/II/3, Herrschaft Eferding 1590–1698, Eferding Stadt betreffend.

40 »Auß Beuelch aines Ersamben Statt Raths Eberhardten Ceser, Gesellpriester alhir, auf sein Hochzeit [...].« Vgl. Stadtarchiv Eferding, Andreasstift-Rechnung 1614.

41 »[...] in der Pfarrkhirchen alhie durch Herrn M. Jacobum Heinricum Diaconum seniorem alhie [...].« Vgl. OÖLA Linz, HA Starhemberg (Div. Herrschaften) SCH 126, Protokollbuch Stadt Eferding 1618–1624 (dort weitere Nennungen). Jacob Heinrici war schon einmal Diakon unter Ehrenfried Murschel gewesen – während dessen Amtszeit in Haiterbach ab Jänner 1600. Am 3. Juli 1600 fungierte er sogar als einer der Taufpaten von Anna Maria Murschel. Vgl. Pfarrarchiv Haiterbach, Taufbuch 1566–1679.

42 »[...] vor 15 Jahren [...] durch Herrn M. Mathiam Khoch Diaconum alhie [...].« Vgl. OÖLA Linz, HA Starhemberg (Div. Herrschaften) SCH 126, Protokollbuch Stadt Eferding 1618–1624.

43 Ebenda.

44 Ebenda. Zum Leben dieses aus Thüringen stammenden Geistlichen, der in Eferding von 1596 bis 1606 das Amt des ersten Diakons innehatte: »Christliche Leich Predigt [...] bey der Begräbniß des weyland Ehrwürdigen vnd Wolgelehrten Herrn Martini Newmeisteri [...]. Gehalten in der Pfarr Kirchen Durch M. Ehrnfrid Murschel, [...].« (Regensburg). Vgl. Herzog August Bibliothek Wolfenbüttel, Sign. 16985.

45 »[...] vor Zehen Jahren [...] durch Hr. Heinrichen Schnell Gesellpriester alhir [...].« Vgl. OÖLA

Die für Pfarrer und Diakon regelmäßigen gottesdienstlichen Verpflichtungen bestanden aus den täglichen Gebetsandachten[46] sowie den sonn- und feiertäglichen »Früh- und Mittagspredigten«.[47] Als Gottesdienstordnung diente die schon 1574 in Eferding eingeführte Nürnberger Agende des Veit Dietrich.[48] Erst im Jahr 1617 kam es zur Herausgabe einer eigenen, nach württembergischem Vorbild erstellten Kirchenordnung des Landes ob der Enns. Murschel konnte diese Agende noch in seinem letzten Amtsjahr in Gebrauch nehmen.[49] Anfallende Kirchendienste wie Taufen, Trauungen und Begräbnisse wurden ebenfalls entweder vom Diakon oder vom Pfarrer selbst gehalten. Gut dokumentiert findet sich Murschels dahingehendes Wirken in den Protokollen der Stadt Eferding[50] und in der Familienbibel seines Patronatsherrn.[51] Erasmus' eigenhändigen Eintragungen zufolge taufte Pfarrer Murschel sieben seiner Kinder – darunter auch seinen ersten Sohn. Als besonders anschauliche Beispiele seiner Predigertätigkeit können Murschels noch erhaltene »Leichenpredigten« gelten.[52] Sie zeigen ihn als Mann von profunder Bibelfestigkeit und bemerkenswerter humanistischer Bildung.[53] Welche Wertschätzung er dabei auch gerade seitens der starhembergischen Familie genoss, beweist der Wunsch von Erasmus' Schwägerin Juliana, Murschel beim Begräbnis ihres verstorbenen Mannes Reichard in Hellmonsödt predigen zu lassen. Starhemberg gab Juliana in dieser Angelegenheit folgendermaßen Bescheid:

> »Mein hirig Pfarrer hatt auf der Frau Schwester begern vnd mein ansprach die leichpredigt zuverrichten vber sich genomben, wiemal er negsten davon komben, aber er hatt entlich darein bewilligt. Waß er für ein Text nemben wirdt ist hirbei, nemblich das heilig Simeonisliedt, ›Herr nun laß du deinen diener im frieden‹. Gefaltt mier gar wol vnnd ist nit zuverbößern, dan mit Simeoni sollen wir alle zufaren wintschen.«[54]

Linz, HA Starhemberg (Div. Herrschaften) SCH 126, Protokollbuch Stadt Eferding 1618–1624.

46 Wutzel, Die Rechtsquellen der Stadt Eferding (wie Anm. 26) 63. Original: Stadtarchiv Eferding, Urkunde 26 A, Privilegien Stadt Eferding, 30. November 1597.

47 Kath. Pfarrarchiv Eferding, SCH 1, Fasz. 1, Pfarrgeschichtliche Notizen. Auszug aus starhembergischer Familienbibel.

48 Kühne, Die Häuser (wie Anm. 2) 26.

49 Ebenda 61.

50 OÖLA Linz, HA Starhemberg (Div. Herrschaften) SCH 126, Protokollbuch Stadt Eferding 1618–1624. Hierin bei »Geburtsbriefen« Nennung des Trauungspfarrers der Eltern.

51 Pfarrarchiv Scharten, Starhembergsche Familienbibel. Auszug der in Verlust geratenen Eintragungen in: Kath. Pfarrarchiv Eferding, SCH 1, Fasz. 1, Pfarrgeschichtliche Notizen.

52 »Christliche Predigt bey der hochtraurigen Leich unnd Begräbnuß deß weiland Wolgebornen Herrn Herrn Reicharden Herrn von Starhemberg [...].« (Nürnberg 1615). Vgl. Niedersächsische Staats- und Universitätsbibliothek Göttingen, 8 HAU GERM III; »Christliche LeichPredigt vom H. Predigambt [...] bey der Begräbnuß deß weyland Ehrwürdigen und Wolgelehrten Herrn Martini Newmeisteri [...].« (Regensburg). Vgl. Herzog August Bibliothek Wolfenbüttel Sign. 16985.

53 Einige der von Murschel in der Stadtpfarrkirche Eferding gehaltenen Begräbnisse manifestierten sich auch in kunsthistorisch bedeutsamen, heute allesamt in dieser Kirche angebrachten Grabdenkmälern. Vgl. Norbert Loidol, Renaissance in Oberösterreich (Weitra 2010) 50–51.

54 OÖLA Linz, HA Starhemberg (Riedegg) SCH 43, Briefsammlung Familie Starhemberg, Brief

Auch die Einstellung der Eferdinger Pfarrgemeinde zu ihrem Pfarrer dürfte äußerst positiv gewesen sein. Deutlich wird dies in einem Schreiben des Stuttgarter Konsistoriums aus dem Jahr 1608, in dem Murschel geraten wurde:

> »[...] sondern vermeinen hingegen vielmehr, [...] bey der Gemeind auch bis in den Tod zu verharren, [...], welche euch so lieb gewonnen, so hertzlich gern behalten wollet, so ungern verleurt und dimittirt [...].«[55]

Murschels Autorität in religiösen Belangen lässt eine Begebenheit erkennen, die sich im Anschluss an die alljährliche Überprüfung der Schulkinder zutrug.

> »Georg Püchler Rathsburger vnd gewester Stadtrichter alhir, welcher sich in ainem übrigen trunckh in Herrn Parzhamer Behausung, in gegenwart alhirigen Herrn Pfarrherr, Weiner Stadtschreiber vnd etlicher Raths- vnd Bürger Persohnen, nach Verrichtung Exsaum, auf der Lateinischen vnd Deutschen Schuel, vber Essen sich mit verbotnen Reden, auch Gottslestern vernemben lassen, welche Herr Pfarrherr hart empfunten, vnd Ihme dieselben hoch verwißen, [...].«[56]

Die Murschel nachgesagten Spannungen mit dem seit 1598 in Eferding ansässigen, ehemaligen steirischen Landschaftssekretär Caspar Hirsch, der ein Anhänger des Berner Theologen Samuel Huber war,[57] hatten jedoch schon seinen Amtsvorgänger Haselmayr betroffen.[58]

Aus heutiger Sicht stellte die Trauung des Astronomen Johannes Kepler (1571–1630), die Murschel am 30. Oktober 1613 um 12 Uhr mittags[59] hielt, wohl den Höhepunkt seiner pfarrlichen Tätigkeit dar. Kepler hatte 1612 an der Linzer Landschafts-

---

des Erasmus d. Ä. v. Starhemberg, 26. März 1613. Noch im selben Jahr dürfte die erste Auflage der Trauerrede in Marburg in Druck erschienen sein. Erasmus schreibt jedenfalls darüber an seine Schwägerin: »Der Leichpredigt sein wenig exemplarien [...]. Die 6 hat der Pfarrer als Autor des Werks behalten, [...].« Vgl. ebenda, Brief des Erasmus d. Ä. v. Starhemberg, 23. Dezember 1613. Von der 1614 wiederum in Marburg erschienenen Auflage existieren laut Gesamtkatalog deutschsprachiger Leichenpredigten noch 3 Exemplare. Vgl. URL: http://www.personalschriften.de/datenbanken/gesa/gesa-registersuche.html [Abfragedatum: 13. 11. 2013]. Die 1615 in Nürnberg gedruckte Ausgabe (wie Anm. 52) weist am Titelblatt die Darstellung einer Begräbnisszene auf.

55 Bernhard Raupach, Des Fürstl. Consistorii zu Stuttgard Schreiben an M. Ehrenfried Murschel, Pfarrern zu Eferding, dessen vorhabende Niederlegung seines Lehr-Ammts betreffend, in: Zweyte Nachlese einiger zu den Evangelischen Kirchen-Geschichten des Ertz-Herzogthum Oesterreich unter und ob der Enns annoch gehörigen Urkunden und Nachrichten (Hamburg 1744) 166–169, hier 168.

56 Stadtarchiv Eferding, Stadtkammer-Rechnung 1613.

57 Doblinger, Der Protestantismus in Eferding (wie Anm. 1) 38.

58 »1600 Pastor Eferdicensis me accusavit apud dominum Erasmum de Starhemberg propter sanam doctrinam universalis electionis et excommunicavit.« Vgl. Ferdinand Menčik, Caspar Hirsch und seine Familienaufzeichnungen. *JGPrÖ* 22 (1901) 18–52, hier 35. Hirsch dürfte daraufhin die Gottesdienste in der Eferdinger Spitalskirche besucht haben. Zumindest wird ein dort angestellter Geistlicher in seinen Aufzeichnungen angeführt, während Murschel keinerlei Erwähnung findet.

59 Georg Wacha, Keplers Trauung in Eferding. *Oberösterreichische Heimatblätter* 25 (1971) 3–24, hier 21.

schule eine, auch durch Erasmus v. Starhemberg vermittelte, Stellung als Mathematiklehrer angenommen. Da er als Witwer mit zwei Kindern nach Linz gekommen war, dachte er daran, sich bald wieder zu verheiraten. Durch die schon lange Zeit bestehende Freundschaft mit Starhemberg kam Kepler auch nach Eferding.[60] Hier lernte er seine zweite Frau Susanne kennen. Susanne Reutinger (1589–1636) war die Tochter eines Eferdinger Bürgers und Tischlers. Da sie schon mit zwölf Jahren beide Eltern verloren hatte, war sie unter der Obhut von Elisabeth v. Starhemberg, der Frau des Stadtherrn, aufgewachsen und erzogen worden.[61]

Dass Murschel Susanne Reutinger gut kannte, wird man zweifellos annehmen dürfen. Sein Ankunftsjahr in Eferding war übrigens das von Susannes Verwaisung. Es ist nicht auszuschließen, dass er ihr als Pfarrer und Beichtvater viel bedeutete. Auch zwischen Kepler und Murschel könnte zumindest schon eine Bekanntschaft aus Studienzeiten bestanden haben. Bemerkenswert sind in jedem Fall die Parallelen der beiden in Bezug auf Herkommen und Lebenslauf. Mit der Kindheit in einer württembergischen Kleinstadt, einem Großvater als Bürgermeister, der Erziehung in einer evangelischen Klosterschule und schließlich dem Theologiestudium in Tübingen ähnelt Keplers Biographie jener von Murschel. Ein Gedankenaustausch der beiden während der Zeit, als Keplers Mutter als Hexe angeklagt war, muss wegen Murschels damals schon fortgeschrittener Erkrankung eher bezweifelt werden. Kepler blieb jedenfalls auch noch nach seiner Hochzeit mit seinem Trauungspfarrer in Verbindung, sonst hätte ihm sein Gehilfe Jean Gringallet Ende November 1617 wohl nicht vom Tod Murschels berichtet.[62]

Als Pfarrer von Eferding war Ehrenfried Murschel auch einer der Hauptverantwortlichen für das hiesige Schulwesen. Der aus der Verbindung von Humanismus und Reformation hervorgegangene Impuls zu Erneuerung und Ausbau des Bildungswesens war in Eferding schon während des 16. Jahrhunderts aufgegriffen worden. Rüdiger v. Starhemberg ließ die hier bereits seit langem bestehende Schule 1573 in reformatorischem Sinne umgestalten.[63] Eingerichtet wurde das evangelische, Latein betonende Unterrichtswesen[64] vom damaligen Eferdinger Pfarrer Friedrich Coelestinus, einem ehemaligen Professor an der Universität Jena und Verfasser einer nam-

---

60 Georg HEILINGSETZER, Analecta Starhembergica: Die Spuren einer Familie in der Geschichte des Landes ob der Enns, Österreichs und Europas, in: Festschrift für Heinrich Rüdiger Fürst von Starhemberg (Linz 1996) 10–29, hier 14.

61 Wenzel KOPAL, Geschichte der Stadt Eferding. *Bericht des Museum Francisco-Carolinum* 34 (1876) 3–160, hier 111.

62 »Deseruerunt hanc vitam a tui discessus tempore, Dominus M. Ernfridus Meurselius, […].« Vgl. Max CASPAR, Johannes Kepler. Gesammelte Werke, Bd. 17, Briefe 1612–1620 (München 1955) 239.

63 Bernhard RAUPACH, Erläutertes Evangelisches Österreich oder dritte und letzte Fortsetzung der Historischen Nachricht (Hamburg 1740) 46.

64 Georg HEILINGSETZER, »In nostris studiis diligenter procedimus«. Zur Latinität beim oberösterreichischen Adel in der Frühen Neuzeit. *Jahrbuch des Oberösterreichischen Musealvereins* 149, Bd. 1 (2004) 479–493, hier 482.

haften pädagogischen Studie.[65] Erasmus v. Starhemberg war es dann, der das zentrale Anliegen der Reformation, möglichst vielen Kindern – auch religiöse – Bildung zukommen zu lassen, in die schon erwähnte Stadtordnung aufnahm.[66]

Inbegriffen in das »Christliche Ministerium« des Erasmus v. Starhemberg[67] waren neben dem Pfarrer und den zwei Diakonen folglich auch ein »Deutscher« und ein »Lateinischer Schulmeister«.[68] Die mit der Volksschule gleichzusetzende »Deutsche Schule« befand sich während Murschels Amtszeit in dem damaligen Michaelsstift.[69] Sie dürfte Handwerkerrechnungen zufolge nur aus einer Schulstube bestanden haben.[70] Ein Vorgänger des ab 1614 belegbaren Schulmeisters Hans Schießl[71] war um 1574 Georg Dietlmayr. Von dessen Unterrichtstätigkeit weiß man, dass er zusammen mit seiner Frau die Schuljugend sowohl den »Catechismus Augsburgischer Confession« als auch »Schreiben, Raitten, Lesen und Wandel« lehrte.[72]

Die auf die Grundschule aufbauende »Lateinschule« war im Heilig-Geist-Stift untergebracht.[73] Einblick in die Führung dieser Bildungsstätte, die ein beachtliches Niveau angestrebt haben muss,[74] bietet die im Jahr 1602 bei der Anstellung eines

---

65 Doblinger, Der Protestantismus in Eferding (wie Anm. 1) 34.

66 Wutzel, Die Rechtsquellen der Stadt Eferding (wie Anm. 26) 63. Original: Stadtarchiv Eferding, Urkunde 26 A, Privilegien Stadt Eferding, 30. November 1597. In dem darin enthaltenen Absatz über die Waisen wird die betreffende Bestimmung auch für diese ausdrücklich betont: »[…], das auch die armen vnmündigen waisen zw gottesforcht vnnd wahrer erkhanndtnuß gottes zur schuel gelassen […] werden, […].« Vgl. ebenda 59. Mit Nachdruck wird auf diese Anweisung bei Vormundschaftsregelungen verwiesen – auch wenn es sich wie im betreffenden Fall um ein Mädchen handelte: »[…] darentgegen soll Er dasselbe in der forcht Gottes auferziechen, vleissig zur Schuell halten, auch mit Khlaidung vnd Chost gebürlich versorgen.« Vgl. OÖLA Linz, HA Starhemberg (Div. Herrschaften) SCH 126, Protokollbuch Stadt Eferding 1618–1624.

67 »[…] vnnd aber selbst wissen, daß solche Gütter zu einem Christlichen Ministerio ohn Herrn von Starhemberg privat Nuz derzeit gebraucht wird, werden Sie ja lieber hieher als etwo denen vergohnen, die es zur Babstischen Abgötterey ohn des Schifer Nuz anwendten.« Vgl. Brief des Erasmus v. Starhemberg an Georg Sigismundt Schifer, 12. Dezember 1599, OÖLA Linz, HA Starhemberg (Schaunberg-Museal) SCH 29, Vogteien 1368–1638.

68 »[…], daß wier mit gedachten vnd andern Geistlichen einkhomen zu Eferdingen einen Pfarherrn vnd zween Diaconos sambt dem Lateinischen vnd Teutschen Schuelmeistern woll vnd ehrlich vnderhalten, vnd selbige keines wegs in prophanos usus verwendet haben.« Vgl. Brief des Erasmus v. Starhemberg an Pfarrer Mutschler, 29. März 1631, OÖLA Linz, HA Starhemberg (Schaunberg-Museal) SCH 21, Pfarre Lindach u. Benefizium Schaunberg 1503–1784.

69 Roland Forster, Das mittelalterliche und frühneuzeitliche Bürgerhaus in Eferding. Eine bautypologische und bauhistorische Untersuchung am Beispiel der Stadt Eferding (Diss. Wien 2004) 230.

70 »An der Teutschen Schuellstubenn das Pflaster gebessert.« Vgl. Stadtarchiv Eferding, Andreasstift-Rechnung 1614.

71 »Den 14. Jully Hannßen Schießl Teutschen Schuellmeister inhalt Rathsbschaidt 2 Mezen Khorn.« Vgl. Stadtarchiv Eferding, Andreasstift-Rechnung 1614.

72 Josef Jäkel, Zur Geschichte der lateinischen Schulmeister in Freistadt in Ober-Österreich (Wien 1890) 11.

73 Forster, Das mittelalterliche und frühneuzeitliche Bürgerhaus (wie Anm. 69) 224.

74 »Solches würde den Knaben zuträglich sein, wenn sie weiter studieren wie zu Losdorf und Eferding, derfalls auch gleiche Ordnung mit der Landschaftsschule gehalten wird, […].« Vgl.

Lateinschulmeisters erstellte Instruktion.[75] Laut dieser erfolgte die Bezahlung des Lehrers circa zu drei Fünfteln durch den Patron und zu zwei Fünfteln durch die Kirche sowie die beiden Bader. Zuständig für Schulordnung und Lehrplan war hingegen der Pfarrer.[76] Im Zentrum des Unterrichts stand demgemäß auch die religiöse Erziehung[77] – im betreffenden Fall »die Einübung in den Geist und die Kultur der Reformation«.[78] Während Murschels Eferdinger Jahre wirkten als Lateinschulmeister: Christoph Erlacher,[79] Georg Plinzler[80] und Ägidius Fischer.[81]

Für die Schüler beider Schulen fand ein Mal im Jahr eine öffentliche Überprüfung, das »Examen«, statt. Die dafür zuständige Kommission bestand aus dem Pfarrer, dem Stadtrichter und dem Stadtschreiber sowie einigen Stadträten.[82]

Die positive Haltung der lutherischen Reformation zur Musik, die Neugestaltung des Gottesdienstes und die Aufwertung der Musikerziehung im Schulwesen ließen auch in Eferding ein reges Kirchenmusikleben entstehen. Gerade für jenen Zeitraum, den auch Murschel hierorts mitgestaltete, liegen dazu wichtige Nachrichten vor. Wie die Hilfsgeistlichen und Lehrer unterstanden auch die Kirchenmusiker, die teilweise mit den Lehrern ident waren, der Obhut des Stadtpfarrers.[83] Die oberste Stelle innerhalb der Musiker bekleidete der Lateinschulmeister als so genannter »Rector«.[84]

Ignaz Hübel, Das Schulwesen Niederösterreichs im Reformations-Zeitalter. *JGPrÖ* 52 (1931) 69–98, hier 82.

75 OÖLA Linz, HA Aschach-Stauf, SCH 172, Fremde Herrschaften, Instruction für den Lateinischen Schulmeister zu Eferding, 1602.

76 »Zum Dritten die Schuel vnnd Lection Ordnung betreffendt soll ers halten, wie es im yederzeit von Herrn Visitationibus, beuorab vom Pfarrherr fürgeschriben vnnd beuolchen wird, vnnd propria authoritate nichts fürnemen noch ändern.« Vgl. ebenda.

77 »Zum Anndern, soll er auch die Jugend zu aller Gottßforcht, zum Catechismo, gebett vnnd Predigen, embsig anhalten vnnd treiben, selbs mit Ihnen alle Predigtäg vnnd stund zur vnnd von der Kirchen gehen, vnnd yeder Zeit nach der Predig yeden Knaben, was er daraus gelernt, examinirn, vnnd vnnter der Predig, das die Knaben dem geschwäz, Schlaff oder anndern Fantaseyen nit nachhengen, guette achtung geben.« Vgl. ebenda.

78 Rudolf Leeb, Der Streit um den wahren Glauben, in: Geschichte des Christentums in Österreich. Von der Spätantike bis zur Gegenwart, hg. von Dems./Maximilian Liebmann/Georg Scheibelreiter/Peter G. Tropper (Österreichische Geschichte 3, Wien 2003) 145–279, hier 225.

79 OÖLA Linz, HA Aschach-Stauf, SCH 172, Fremde Herrschaften, Instruction für den Lateinischen Schulmeister zu Eferding, 1602.

80 Ebenda.

81 Stadtarchiv Eferding, Andreasstift-Rechnung 1614.

82 »Als das Examen auf der Latein- vnnd Teutschen schuel füergenomben vnnd verrichtet worden, bey der frau Morizin, in beysein Herrn Pfarrers, Stattrichters, Stattschreibers vnd sonst etlicher Herrn des Raths verzert.« Vgl. Stadtarchiv Eferding, Andreasstift-Rechnung 1612.

83 »Zum Fünfften, Es soll auch ein Lateinischer Schuelmaister deß Chori vnnd Gesanngs zu Kirchen, vnnd bey den Conducten, es sey von Psalmen oder Moteten, wie es yederzeit ein Pfarrherr ordnet, Rector sein, [...].« Vgl. OÖLA Linz, HA Aschach-Stauf, SCH 172, Fremde Herrschaften, Instruction für den Lateinischen Schulmeister zu Eferding, 1602.

84 Leeb, Der Streit um den wahren Glauben (wie Anm. 78) 225.

Kantor – »so einer verhanndten«[85] – und Deutscher Schulmeister fungierten als seine »Gehilfen«, wobei die Kantorenstelle auch vom Lateinschulmeister mitbetreut werden konnte. Den untersten Rang nahm der Organist ein. Eingebunden in die musikalische Gestaltung war auch der von der Stadt angestellte Türmer.[86] Neben der Leitung der einstimmig gesungenen Gemeindelieder, dem »Gsanng« – dieser Dienst war auch in der Spitalskirche zu verrichten[87] –, hatten Rektor beziehungsweise Kantor die Gottesdienste mit Darbietungen von Psalmen und polyphonen Motetten zu bereichern. Für Erstere genügte der aus den Schulknaben beider Schulen bestehende Chor, der jeden Mittag probte. Bei den Aufführungen anspruchsvollerer Werke war man jedoch auf so genannte »Adstanten«[88] angewiesen. Diese wurden einerseits von der Herrschaft – Erasmus schätzte »schöne musiken und psalmben«[89] –, andererseits auch von der Stadt bezahlt. Zu den an den Vorabenden der Gottesdienste abgehaltenen Sonderproben[90] stieß dann die aus vier Bläsern – Trompetern, Zinkisten und Posaunisten – bestehende Gruppe um den »Turnermeister«, die die Sänger unterstützte. Den Posten als Organist versah während Murschels gesamter Amtszeit[91] der aus dem Michaelsstift entlohnte Georg Strattner.[92]

Als eigenständige Kantoren belegt sind Günther Treutler und der namhafte, aus der Gegend um Weimar stammende, Georg Daubenrock. Dieser wurde 1608 als Kantor von Eferding an die wiedereröffnete Lateinschule in Steyr berufen. Bekanntheit erlangte der Chorleiter und Komponist unter anderem als Verfasser eines 1613 in

---

85 OÖLA Linz, HA Aschach-Stauf, SCH 172, Fremde Herrschaften, Instruction für den Lateinischen Schulmeister zu Eferding, 1602.

86 Wutzel, Rechtsquellen der Stadt Eferding (wie Anm. 26) 95 – Stadttürmer Bestallung, Eferding 23. Mai 1602. Original: OÖLA Linz, Stadtarchiv Freistadt, SCH 908.

87 »Beschließlich alle Vierzehen Tag vom Spital vmb das er die Kirch daselbsten auch mit Gsanng versehen soll, ein Laib Brott.« Vgl. OÖLA Linz, HA Aschach-Stauf, SCH 172, Fremde Herrschaften, Instruction für den Lateinischen Schulmeister zu Eferding, 1602.

88 »Zum Sechsten, Nachdem man auch bey der Kirchen [...] neben einem Christlichen Psalmen ein Moteten zesingen, der Adstanten so von der Herrschafft vnnd Gemainer Burgerschafft vnterhalten werden, bedörftig, [...].« Vgl. ebenda.

89 Arndt Schreiber, Adeliger Habitus und konfessionelle Identität. Die protestantischen Herren und Ritter in den österreichischen Erblanden nach 1620 (MIÖG Ergbd. 58, Wien–München 2013) 71.

90 »[...] samt den seinen sich allda in Eferting aufhalten vnnd selbvierter der musica vocalis in der Kürchen zu Son- vnnd feirtagen oder wo ihne sonsten gemeine statt hier vociert vnnd berueft mit dem plasen vnnd tuernerey ainen beystand laisten oder, was ime müglich, samt den seinen allein verrichten vnnd an den vorabenten der gotsdienst sich in der schuell mit der musica vocalis mit dem plasen probieren, damit man in der kürchen vmb souil desto beßer bestehen khünne, [...].« Vgl. Wutzel, Die Rechtsquellen der Stadt Eferding (wie Anm. 26) 95 – Stadttürmer Bestallung, Eferding 23. Mai 1602. Original: OÖLA Linz, Stadtarchiv Freistadt, SCH 908.

91 »das ich nun in die 23 Jar lang bey dieser Pfarrkhirchen mich für einen Organisten gebrauchen lassen [...].« Vgl. Eingabe des Georg Stradner, Stadtarchiv Eferding, Andreasstift-Rechnung 1623.

92 »Georg Strattner Organisten seine Quattember gelte bezalt.« Vgl. Stadtarchiv Eferding, Michaelsstift-Rechnung 1611.

Nürnberg erschienenen Lehrbuchs, der »Epitome Musices«.[93] Noch in den frühen 20er Jahren des 17. Jahrhunderts besaß er in Eferding ein Haus in der Kirchengasse[94] und einen Stadel samt Garten am Oberen Graben.[95]

Um Kirchenmusik im weiteren Sinn handelte es sich bei jenen Darbietungen, die im Zusammenhang mit der Eferdinger Meistersingschule standen. Dass hierorts, speziell zur Zeit Murschels, eine solche existierte, weiß man aus dem Werk des in Eferding von 1604 bis 1616 lebenden Meistersingers Paul Freudenlechner.[96] Seine in der Lehre Luthers wurzelnden Lieder waren wie Predigten angelegt.[97] Öffentlich Singschule hielt Freudenlechner allem Anschein nach in den Eferdinger Kirchen.[98] Aber auch dem hiesigen »Magistrat« widmete er eine eigene Weise.[99] Auf Beschluss des Eferdinger Stadtrats wurde im Jahr 1612 »dem Schuelmaister zu Hartkirchen« ebenfalls »wegen Verehrung Teutscher Carmine« ein Geldbetrag ausgehändigt.[100] Nicht zum ersten Mal dürfte überdies der schiferische Spitalsprediger M. Johann Spanenberger 1618 den Stadträten eigene Vokalstücke präsentiert und diese auch selbst vorgetragen haben.[101] Es ist nicht auszuschließen, dass die beiden Sänger mit Freudenlechner in Kontakt standen.

Verbunden mit Murschels Tätigkeit in Eferding waren auch Bau- und Renovierungsangelegenheiten. Trotz der schlechten Quellenlage lassen sich zumindest einige wenige für seine Amtszeit belegen.

Nachdem schon ein Sturm im Sommer 1602 auch an der Stadtpfarrkirche großen Schaden angerichtet hatte,[102] zerstörte ein durch Blitzschlag entfachtes Feuer im Jahr 1606 einen Teil des Kirchturms.[103] Erasmus v. Starhemberg ließ daraufhin den Turm erhöhen und mit einer umlaufenden Holzgalerie sowie einem Zwiebelhelm verse-

93 Rundgang durch die Ausstellung, in: Renaissance und Reformation (wie Anm. 25) 563.

94 OÖLA Linz, HA Starhemberg (Div. Herrschaften) SCH 126, Protokollbuch Stadt Eferding 1618–1624, Beschau, 10. September 1619.

95 OÖLA Linz, HA Starhemberg (Div. Herrschaften) SCH 126, Protokollbuch Stadt Eferding 1618–1624, Kaufbrief, 28. Mai 1621. Nachdem er Österreich verlassen hatte, wirkte er dann in Regensburg. Er starb im Jahr 1632. Vgl. Bayerisches Musiker Lexikon online. URL: http://www.bmlo.lmu.de/d0051 [Abfragedatum: 9. 11. 2013].

96 Gilbert Trathnigg, Die Welser Meistersinger-Handschriften. Untersuchungen zum Welser Meistersang. *Jahrbuch des Musealvereines Wels* (1954) 127–181, hier 145.

97 Ebenda 155.

98 Karl Mitterschiffthaler, Der Meistersang in Oberösterreich und die Reformation. *JGPrÖ* 126 (2010) 47–79, hier 76.

99 Trathnigg, Die Welser Meistersinger-Handschriften (wie Anm. 96) 160.

100 Stadtarchiv Eferding, Andreasstift-Rechnung 1612.

101 »Mer haben wier auf beuelch aines Ersamen Stattraths dem Schifferischen Spital Prettiger M. Johan Spanenberger alhie wegen verehrung etlicher Cärmina über töttlich Ableiben M. Job Haßner Stattschreiber in der Freystatt hin widerumben verehrt. [...] Neben Presendtierung haben wier mit ihme ain Drunckh gethan, zu unserm thail außgeben 2 Khandl wein [...].« Vgl. Stadtarchiv Eferding, Andreasstift-Rechnung 1618.

102 »Ein greulicher Sturmwindt Eferdingae, so in der Statt, Burkh, Templo etc. grossen Schaden gethan.« (13. Juli 1602). Vgl. Menčik, Caspar Hirsch (wie Anm. 98) 43.

103 »Ingleichen als das wilde Feur in alhiesigen Khürchenthurm geschlagen vnd durch die Feurs

hen.[104] Für die dabei anfallenden Kosten mussten die Hausbesitzer der Pfarrgemeinde je nach Vermögen 1, 2 oder 3 Gulden beisteuern.[105] In der Literatur über Scharten datiert man die Wiederaufnahme des dortigen Kirchenbaus in das Jahr 1602.[106] Entspricht dies den Tatsachen, so wäre der damals schon einige Zeit unterbrochene Bau der Filialkirche der Pfarre Eferding in Murschels Amtszeit fortgesetzt worden.

Luthers Anregung, die Friedhöfe aus Gründen der Seuchenbekämpfung und der besseren Andachtsmöglichkeit außerhalb der Städte anzulegen, findet sich um 1600 in den wichtigsten Orten des Landes ob der Enns umgesetzt.[107] Für Eferding liegt eine Erwähnung des »Gottesackers«, wie der neue Friedhof in der Vorstadt im Unterschied zum »Freythof« bezeichnet wurde, aus dem Jahr 1597 vor.[108] 1617 errichtete man auf ihm – möglicherweise auch im Hinblick auf die Hundertjahr-Feier der Reformation – eine überdachte Freikanzel.[109] Der reformatorische Friedhof an sich wurde als ein Ort der Verkündigung und des Trostes an die Trauernden verstanden.[110] Da bei den Begräbnissen daher die »Leichenrede« eine wichtige Stelle einnahm,[111] wurde eine erhöhte Kanzel für den Prediger als notwendig erachtet.[112] In Eferding entschied man sich dabei für einen Kanzeltyp, wie er speziell im östlichen Maindreieck Frankens anzutreffen ist.[113] Die in der Bauabrechnung enthaltenen Mengenangaben zu den Baumaterialien lassen dies zumindest vermuten.[114] Die Platzierung der Kanzel wird man den deutschen Vorbildern gemäß in der Nähe der wahrscheinlich schon zuvor

---

Flamen völlig ruiniert worden, […] Nach dieser Brunst anno 1606 […].« Vgl. Kath. Pfarrarchiv Eferding, SCH 1, Pfarrgeschichte, Chronik Pfarrer Italus (1688–1700) 1.

104 Florian Oberchristl, Glockenkunde der Diözese Linz (Linz 1941) 96.

105 Kath. Pfarrarchiv Eferding, SCH 1, Kirchengeschichte, Chronik Pfarrer Italus (1688–1700) 1.

106 Karl Eder, Das Land ob der Enns vor der Glaubensspaltung. Die kirchlichen, religiösen und politischen Verhältnisse in Österreich ob der Enns 1490–1525 (Linz 1932) 135.

107 Georg Wacha, Verwaltung und Hofhaltung in ihrer Bedeutung für die Kulturgeschichte der oberösterreichischen Städte, in: Tausend Jahre Oberösterreich. Das Werden eines Landes, Bd. 1 (Linz 1983) 213–240, hier 222.

108 OÖLA Linz, LGA 361, Herrschaft Eferding, Brief- und Inventurprotokoll 1596–1606, fol. 21r/21v, Khauf vmb das Landt-Ackher Im Schütfeldt bei dem Gotsackher.

109 Stadtarchiv Eferding, Inv. Nr. 35, Cantzl im Gottsakher betr. Anno 1617, 13. Februar 1618.

110 Hans-Kurt Boehlke/Michael Belgrader, Art. Friedhof. *TRE* 11 (1983) 646–653, hier 650.

111 Das Halten von Leichenpredigten findet sich in den Eferdinger Stadtprotokollen auch immer wieder testamentarisch festgelegt: »Erstlichen beuelchen Sie ihre Seelen in die Almacht Gottes, auch da aines oder das andere mit Todt abgehen würd, wöllen sie daß dasselbst mit ainer Cristlichen Leichtbredig, Gottseligen gebrauch nach zur erdt bestättet werdte.« Vgl. OÖLA Linz, HA Starhemberg (Div. Herrschaften) SCH 126, Protokollbuch Stadt Eferding 1618–1624, Testament, 12. Jänner 1618.

112 Günter Merz, Fröhliche Auferstehung. Von der Reformation geprägte Grabdenkmäler in OÖ (Salzburg–Wien 2010) 6.

113 Barbara Happe, Die Entwicklung der deutschen Friedhöfe von der Reformation bis 1870 (Untersuchungen des Ludwig-Uhland-Instituts der Universität Tübingen 77, Tübingen 1991) 203.

114 Herzlich gedankt sei an dieser Stelle DI Hubert Taferner für die auf der Kanzelrechnung basierende Berechnung der Kanzelausmaße sowie den daraus resultierenden Rekonstruktionsvorschlag.

errichteten Kolonnaden annehmen dürfen. Unter der Leitung der »Herrn Gottsackher Verwalter«[115] wurde der Bau, dessen Ausführung in der Hand des Eferdinger Magistrats lag,[116] ab September 1617 innerhalb von vier Monaten fertiggestellt. Kurz vor Vollendung der Kanzel – ihre Kosten beliefen sich auf 217 Gulden – starb Ehrenfried Murschel. Wie lange dieses protestantische Denkmal, das seine Funktion ja bald verlor, noch auf dem betreffenden Friedhof stehen blieb, lässt sich nach jetzigem Wissensstand nicht genau sagen. Ein aus dem Jahr 1840 stammender Plan dieses Friedhofs zeigt jedoch ein an die Ostmauer desselben gebautes, nicht näher bezeichnetes quadratisches Gebäude.[117] Sowohl die Ausmaße desselben als auch ein als Stiege zu deutender Anbau legen es nahe, in diesem Objekt die damals noch existente Kanzel zu sehen.[118]

Abseits Murschels bisher dargestellter Stärken war seine körperliche Disposition offensichtlich nicht die robusteste. Schwere Krankheiten befielen ihn während seiner Amtszeit in Eferding. Im Sommer 1603 dachte man schon, er müsste sterben.[119] Auch wenn der Genesene 1606 kundtat, dass es »dem lieben Gott viel anders und also gefallen« habe, dass er ihm wieder »das Werk leisten solle«,[120] dürfte Murschel nicht mehr seine gewohnte Leistungskraft erlangt haben. Sowohl 1607 als auch 1608 bat er seinen Patronatsherrn sowie das Konsistorium in Stuttgart um seine Entlassung.[121]

> »Diese Resolution gab er nicht allein dem Hn. von Stahrenberg zu erkennen, indem er um seine Dimißion anhielte, […]; sondern er ließ auch an das Fürstl. Consistorium zu Stuttgard ein Schreiben abgehen, in welchem er vorstellete, wie er über alle ausgestandene Mühe und Gefahr bey seiner Kirchen, seine Gesundheit so gar eingebüsset, daß ihm derselben ferner nach Genüge und Nothdurft fürzustehen unmöglich sey; […].«[122]

---

115 Stadtarchiv Eferding, Stadtkammer-Rechnung 1616. Die Verantwortlichen hatten schon im Jahr 1616 von der Stadt Eferding das für den Kanzelbau nötige Bauholz gekauft. »Empfang vmb verkhaufft Pruckhpämb, Laden, Schindtl vnd Latten, Zimberholtz vnd Zaunholz.« Vgl. ebenda.

116 Kühne verweist auf eine im damaligen starhembergischen Archiv in Eferding von ihm eingesehene Rechnung, die ihn folgenden Schluss ziehen ließ. »Wie weit Erasmus in der Werthschätzung der Predigt ging, erhellt am deutlichsten aus dem, gewiß vereinzelt stehenden Umstande, daß er zur Abhaltung der Leichenpredigten eine Kanzel auf dem Gottesacker erbauen ließ.« Vgl. Kühne, Die Häuser (wie Anm. 2) 61, auch Anm. 1.

117 OÖLA Linz, HA Starhemberg (Auhof) SCH 459, Kirche Eferding, Plan des Eferdinger Friedhofs, 25. April 1840.

118 Auf dem Friedhof in Wels wurde die 1608 aufgestellte hölzerne Kanzel – sie war der Nachfolgebau einer schon um 1560 errichteten – 1682 zwar noch repariert, 1729 jedoch, als »lutherischer Predigtstuhl« bezeichnete Konstruktion, abgebrochen. Vgl. Gilbert Trathnigg, Archivalische Vorarbeiten zur Österreichischen Kunsttopographie. Gerichtsbezirk Wels, Teil 3: Kirchen, Klöster und Kapellen in Wels (Wien 1968) 196–198.

119 Erschließt sich aus: Ehrenfried Murschel, Christliche Leich Predigt vom H. Predigambt (wie Anm. 52) fol. 2r.

120 Ebenda fol. 2 v.

121 »Und kommt uns solch Fürnehmen darum desto verwunderlicher vor, weil wir uns erinnern, daß ihr eben dergleichen auch vor einem Jahr, […], euch unterstanden, […].« Vgl. Raupach, Des Fürstl. Consistorii (wie Anm. 55) 166.

122 Raupach, Zwiefache Zugabe (wie Anm. 11) 66.

Das Konsistorium schob jedoch seine Bedenken, seinen Aufgaben nicht mehr gewachsen zu sein, beiseite. Es befahl ihm vielmehr nachdrücklich, »bey der Gemeinde [...] zu verharren«,[123] auch wenn ihn dies das Leben kosten sollte. Als Murschel dann im Jahr 1615 46-jährig »durch einen Schlag-Fluß an der Zungen gerühret ward, und die Medici ihm die Niederlegung seines Ammts anriethen«,[124] genehmigte man – »wiewol mit einigen [sic!] Wiederwillen«[125] – schließlich doch sein Enthebungsgesuch. Murschel verließ Eferding Richtung Württemberg und verbrachte die nächsten eineinhalb Jahre in Reutlingen.[126] Erasmus v. Starhemberg, der auf die baldige Rückkehr seines Pfarrers hoffte, besetzte die Pfarrstelle indessen nur mit einem interimistischen Pfarrverweser namens Johann Joseph Friederici.[127]

Murschels Erholungs- und Kuraufenthalt in seiner Heimat führte tatsächlich zu einer Besserung seines Gesundheitszustandes.[128] Als Friederici seine Stelle Anfang des Jahres 1617 quittierte und man sich in dieser Situation wieder an Murschel wandte, war dieser zu einer Rückkehr nach Eferding bereit. Erleichtert wurde ihm diese Entscheidung offensichtlich durch die Zusage Starhembergs auf Schonung und Bereitstellung eines Hilfsgeistlichen.[129] Schon im Februar erreichte den Herzog von Württemberg Murschels Bittgesuch, ihm die Wiederaufnahme seiner Tätigkeit zu gewähren.[130] Der neuerliche Einzug der Pfarrfamilie in Eferding[131] wird für den Sommer des betreffenden Jahres angegeben.[132] Nur mehr wenige Lebensmonate, in denen Murschel aber vermutlich noch das Hundertjahr-Jubiläum der Reformation feiern konnte, waren ihm jedoch hier vergönnt. Ein neuerlicher Schlaganfall[133] führte noch im November desselben Jahres zu seinem Tod.[134]

---

123 Raupach, Des Fürstl. Consistorii (wie Anm. 55) 168.

124 Raupach, Zwiefache Zugabe (wie Anm. 11) 67.

125 Ebenda.

126 »Er begab sich hierauf nach seiner Heymath und lebte in der Stadt Reutlingen bey die anderthalb Jahr dienstlos.« Vgl. Raupach, Zwiefache Zugabe (wie Anm. 11) 67.

127 Kühne, Die Häuser (wie Anm. 2) 60.

128 »Hier erholten sich nun durch den Gebrauch der Bäder und der eine Zeitlang genossenen Ruhe seine verlohrne Kräffte dermassen, daß er meynte, in dem Stande zu seyn, wiederum das Lehrammt zu verwalten.« Vgl. Raupach, Zwiefache Zugabe (wie Anm. 11) 67.

129 »Weil sich An. 1617 zutrug, daß sein vormals in Eferding geführtes Pfarr-Ammt wiederum erledigt ward, und der Hr. von Stahrenberg durch Schreiben seiner wiederum gantz inständig und dermassen begehrte, daß ihm über Vermögen seiner Leibes-Blödigkeit halber nichts zugemuhtet, sondern ein Vicarius ihm in impossibilibus passiret werden sollte.« Vgl. ebenda.

130 Ebenda 67 f.

131 Dieser war Raupach nicht mehr bekannt. Vgl. ebenda 68.

132 Kühne, Die Häuser (wie Anm. 2) 60. Kühne folgerte dies möglicherweise daraus, dass Erasmus v. Starhemberg bei dem Taufeintrag für seinen Sohn David am 1. August 1617 keinen Taufpfarrer verzeichnete, was gegen seine sonstige Gewohnheit spricht. Vgl. ebenda 87.

133 Ebenda 60. Kühne gibt hierfür keine Quelle an, die diese – wenn auch plausible – Todesursache belegen würde.

134 Caspar, Johannes Kepler. Gesammelte Werke (wie Anm. 62) 239.

Martin Kühne vertrat in seiner Arbeit die Ansicht, dass Murschel »in der Pfarrkirche begraben«[135] wurde. Diese, wohl auf Schwerdling basierende, Annahme dürfte darauf zurückgehen, dass Letzterer »die Grabschrift dieses Pastors Ehrenfried Murschell [...] noch in der Kirche zu Eferding«[136] vorgefunden hatte. Der früheste Nachweis für diesen vermutlich ursprünglichen Standort des Denkmals, von dem heute nur mehr zwei Fragmente existieren, stammt aus dem ausgehenden 17. Jahrhundert. Pfarrer Italus, der Verfasser dieser Nachricht, dokumentierte darin – unbeabsichtigt – auch die eigentliche Gestaltung des Epitaphs:

> »Anno 1684 ist die Thür oder Eingang vom Freythoff in die Heyl: Geist Capelln von Neuem gebrochen vnd gemacht worden, weillen vorher der Eingang in dem Winkhl, wo des Praedicanten Muschl [sic] sein Epitaphium mit dem Jona stehet, auf den Chor hinein gewesen [...].«[137]

Vergleicht man diese Aussage mit einem aus dem Beginn des 19. Jahrhunderts stammenden Gemälde, auf dem sich wahrscheinlich auch Murschels Grabmal – nun schon am zweiten Standort – erkennen lässt,[138] so könnte ein die Jona-Erzählung abbildendes Relief das Mittelfeld des Gedenksteins eingenommen haben. Das Thema der Errettung Jonas aus dem Bauch des Fisches als Analogie der Auferstehung Christi war um 1600 ein bevorzugtes Motiv in der protestantischen Sepulkralkunst.[139] Überdenkt man Murschels Leben, so scheint es fast, als hätte er selbst noch die Entscheidung für diese Thematik getroffen. Bezug nehmend auf den Beruf eines Geistlichen hatte Murschel jedenfalls schon 1606 einen der Zentralgedanken der Jona-Geschichte in die Trauerrede für seinen Diakon Neumeister eingebaut: »Oder er laufft ihm selbst hinweg, wie Jonas, förchtend die hohe Verantwortung, grosse Mühe vnnd Sorg, vnd der Welt Undanckh.«[140]

Wann das Epitaph aus der Kirche an die Westwand des heute nicht mehr bestehenden Ölberganbaus transferiert wurde, lässt sich nicht sagen. Die endgültige Entfernung des Grabmals, bei der es dann möglicherweise auch zum Auseinanderbrechen und zum Verlust von Teilen der Platte kam, könnte mit dem Abbruch des genannten Kirchenanbaus in Zusammenhang stehen. Zwei bedeutende Bruchstücke – sie wurden erst wieder Anfang 2001 bei der Sanierung des katholischen Pfarrhofs aus dem

---

135 Kühne, Die Häuser (wie Anm. 2) 60.

136 Johann Schwerdling, Geschichte des uralten und seit Jahrhunderten um Landesfürst und Vaterland höchst verdienten, theils fürstlich, theils gräflichen Hauses Starhemberg (Linz 1830) 222. Schwerdling war von 1797–1811 katholischer Pfarrer von Eferding. Vgl. Stadtgemeinde Eferding (Hg.), Eferding. Stadt an der Nibelungenstraße (Ried 2002) 109.

137 Kath. Pfarrarchiv Eferding, SCH 1, Pfarrgeschichte, Chronik Pfarrer Italus (1688–1700) 2.

138 »Beym Eingange in die Kirche am Oehlberge wird man durch einen Grabstein also angesprochen: Hic quis? Erenfridus Mursel [...].« Vgl. Benedikt Pillwein, Geschichte, Geographie und Statistik des Erzherzogthums Oesterreich ob der Enns und des Herzogthums Salzburg. Dritter Theil: Der Hausruckkreis (Linz 1830) 241.

139 Der oberösterreichische Bauernkrieg. Katalog der Ausstellung des Landes Oberösterreich (Linz 1976) I/156.

140 Murschel, Christliche Leich Predigt vom H. Predigambt (wie Anm. 52) fol. 9 r.

Schutt geborgen[141] – blieben erhalten: der Aufsatz des Epitaphs, der auch das drei Muscheln zeigende Wappen der Familie Murschel und den Namen des Verstorbenen trägt, sowie die Schriftplatte mit der heute nicht mehr kompletten, zwölfzeiligen lateinischen Inschrift. Der in elegischen Distichen ausgeführte Text[142] enthält wichtige Informationen zum Leben von Ehrenfried Murschel. Einschließlich der Ergänzungen, die die schon im 19. Jahrhundert erfolgte Aufnahme desselben in die Fachliteratur[143] möglich macht, lautet er folgendermaßen:

HÎC QVIS? EREFRIDVS MVRSEL. Q[VAE CAVSA MALI? MORS.]/
CVR MORITVR? CULPÂ. QVÂ? PATRIS [ATQVE SVA.]/
PATRIA QVAE? BALINGA. PATER QVIS? CON[SVL IBIDEM.]/
QVID GESSIT? DOCVIT. QVID? SACRA IVRA D[EI.]/
DIC VBI? IN VRBE ISTÂ. HAVD ALIBI? NATALIBVS [ORIS.]/
HÎC QVOT LVSTRA? DVO. SED QVOT IN VRBE? TRI[A.]/
QVANDO OBIIT? MEDIO CVRSV. PLACIDÉ NE? PROFECT[O.]/
AN DOCTVS? CERTÈ. NVM PIVS? EXIMIÈ./
MENS VBI? SEDE POLI. QVID MEMBRA SEPVLTA? RESVRGEN[T.]/
QVANDO? DIE EXTREMO: QVO REVOCANTE? DEO./
ARAM HA(N)C QVIS? CONIVX. HAEC QVAE? CATHARINA SEHERA[.]/
SOLANE? CUM NATIS. QVIS METRA? FIDVS AMOR.[144]

Die 2005 an die evangelische Pfarrgemeinde Eferding übergebenen zwei Fragmente des Grabmals sind gegenwärtig in der Kirche dieser Gemeinde im linken vorderen Bereich angebracht.

Murschel hinterließ bei seinem Tod seine Frau und seine drei halbwüchsigen Kinder. Die Familie blieb in Eferding. Wohl auch deshalb, weil hier ihre Versorgung vermutlich weiterhin durch Erasmus v. Starhemberg sichergestellt war. Aufgegeben werden musste allerdings die Wohnung im Pfarrhof. Im April 1618 nahm Katharina

141 Roland Forster, Katalognummer zu Epitaph Murschel aus dem von Roland Forster vorbereiteten Band mit den Inschriften des Politischen Bezirkes Eferding.

142 Ebenda.

143 Schwerdling, Geschichte (wie Anm. 136) 222 und Pillwein, Geschichte, Geographie und Statistik (wie Anm. 138) 241.

144 Forster, Katalognummer (wie Anm. 141). Hier auch folgende Übersetzung: »Wer liegt hier begraben? Ehrenfried Murschel. Was ist die Ursache des Übels? Der Tod. Warum ist er gestorben? Infolge der Erbschuld. Welcher? Derjenigen des Vaters und seiner eigenen. Was ist seine Heimatstadt? Balingen. Wer war sein Vater? Er war dort Ratsbürger [Konsul]. Was war seine Tätigkeit? Er lehrte. Was? Das heilige Recht Gottes. Sag wo? In dieser Stadt. Und anderswo nicht? In seiner Heimat. Wie viele Jahre lehrte er hier? Zehn. Aber wie viele in der Stadt? Fünfzehn. Wann ging er dahin? Mitten in seinem Leben. In friedlicher Weise? Gewiß. Er war doch gelehrt? Sicherlich. War er auch fromm? Außerordentlich. Wo ist sein Geist? Im Himmel. Was ist mit dem begrabenen Körper? Er wird auferstehen. Wann? Am jüngsten Tag. Wer wird ihn erneut rufen? Gott. Wer ließ dieses Denkmal errichten? Die Gattin. Wer ist sie? Catharina Seher. Allein? Mit den Kindern. Was war ihr Beweggrund? Treue Liebe.«

Murschel möglicherweise darum ein Darlehen von 400 Gulden auf.[145] Der Kauf eines Hauses in der Kirchengasse erfolgte dann im Spätwinter 1622.[146] Dieses später den »Schiffwirt« beherbergende Gebäude[147] hatte zuvor Thomas Rosenzweil, der von 1616 bis 1621 als Eferdinger Stadtrichter wirkte, besessen. Ein 1624 seitens ihres Schwiegersohns an Erasmus v. Starhemberg ergangenes Bittschreiben lässt jedoch vermuten, dass sich die Witwe Murschels mit diesem Hauskauf finanziell übernommen hatte.[148] Ab 1628 wird für das Haus wieder eine neue Besitzerin angeführt.[149] Dass Katharina Murschel, wie eine Reihe anderer Eferdinger, die Stadt im Jahr 1626 aus Glaubensgründen verließ, wird man annehmen können. Sie starb Anfang 1638, 20 Jahre nach ihrem Mann.[150]

Von den Kindern Murschels dürfte nur die Tochter Anna Maria,[151] die sich hier in der Zwischenzeit verheiratet hatte, im Land geblieben sein. 1624 scheint sie als Frau des Welser Lederermeisters Hans Weingartner auf.[152] Hans und Anna Maria Weingartner erwarben 1635 zwei Welser Bürgerhäuser – eines am Stadtplatz und eines im Ledererviertel.[153] In den dazugehörigen Kaufverträgen werden auch zwei Kinder erwähnt.[154] Im Februar des Jahres 1638 trat Anna Maria das Erbe ihrer Mutter an. Ihre Brüder Caspar und Gernfriedt scheinen damals noch gelebt zu haben. Anna Maria Weingartner, geb. Murschel, starb Anfang Februar 1639, nur ein Jahr nach ihrer Mutter, »an der Fraiß«.[155] Am 6. Februar wurde sie unter dem Geläute der »größeren Glocke« in Wels begraben.[156] Ihr Sohn namens Johann Ludwig Weingartner heiratete Anfang 1653 eine Gastwirtstochter aus St. Ägidi.[157] Im November desselben Jahres wurde ihm eine Tochter Helena Elisabeth geboren[158] – Ehrenfried Murschels Urenkelin.

---

145 OÖLA Linz, HA Starhemberg (Div. Herrschaften) SCH 126, Protokollbuch Stadt Eferding 1618–1624, Schuldbrief 18. April 1618.

146 OÖLA Linz, HA Starhemberg (Div. Herrschaften) SCH 126, Protokollbuch Stadt Eferding 1618–1624, Kauf Mathiesentag 1622.

147 Eferding, Starhembergstraße 10. Vgl. Forster, Das mittelalterliche und frühneuzeitliche Bürgerhaus (wie Anm. 69) 511.

148 OÖLA Linz, HA Starhemberg (Schaunberg-Museal) SCH 76, 1 c) Stadtschreiber Eferding 1576–1721, 1624.

149 Forster, Das mittelalterliche und frühneuzeitliche Bürgerhaus (wie Anm. 69) 511.

150 Stadtarchiv Wels, Betbriefe Be 3527, 1638/02/06.

151 Anna Maria Murschel wurde von ihrem Vater am 3. Juli 1600 in Haiterbach getauft. Vgl. Pfarrarchiv Haiterbach, Taufbuch 1566–1679.

152 Ein Hans Weingartner aus Wels war Befehlshaber im oberösterreichischen Bauernkrieg 1626. Vgl. Felix Stieve, Der oberösterreichische Bauernaufstand des Jahres 1626, Bd. 1 (Linz 1904) 190.

153 Stadtarchiv Wels, Betbriefe, SCH 18, Nr. 3443, 30. Oktober 1635 und Nr. 3444, 2. November 1635.

154 Ebenda.

155 Stadtarchiv Wels, Handschrift 2287, Totenprotokoll, 1639.

156 Stadtarchiv Wels, Handschrift 1419, Lichtamtsrechnung, 6. Februar 1639.

157 Pfarrarchiv Stadtpfarre Wels, Trauungsbuch 1632–1672, 8. Jänner 1653.

158 Pfarrarchiv Stadtpfarre Wels, Taufbuch 1632–1653, 1. November 1653.

Ján Kvačala und seine Beziehung zu Wien (1887–1934)[1]

Von Karl W. Schwarz

I. Einleitung

Der slowakische Kirchenhistoriker Ján Kvačala (1862–1934) starb in Wien – an einem Gehirnschlag, der ihn unerwartet bei den Korrekturarbeiten zu seiner Geschichte der Reformation in der Slowakei[2] überraschte – in der Bibliothek der Wiener Evangelisch-Theologischen Fakultät. So ist ein 72jähriges Forscherleben dort verloschen, wo sein wissenschaftlicher Stern etwas mehr als vierzig Jahre vorher aufgegangen ist.[3] Seinen ersten Besuch in der Wiener Hofbibliothek datierte er freilich mit 1887,[4] der in der Überschrift als terminus a quo angeführt wird.

Seine Wiener Dissertation über Jan Amos Komenský/Comenius erschien zeitgerecht zum 300. Geburtstag des Comenius, der in den Schulen der Habsburgermonarchie ausdrücklich nicht gefeiert werden durfte.[5] Sie lag der Promotion am 31. August 1893 zugrunde[6] und markierte den Anfang der Comenius-Forschung. Von dieser Biographie konnte gesagt werden, dass sie die Begründung der modernen wissenschaftlichen Comeniologie darstellte.[7] Dass sie ein magistrales Werk gewesen ist und sich

1 Kurzbeitrag bei der Eröffnung der Jablonski-Ausstellung am 27. Mai 2013 in der Reformierten Stadtkirche Wien und Präsentation des Katalogs: Joachim Bahlcke/Bogusław Dybaś/Hartmut Rudolph (Hg.), Brückenschläge. Daniel Ernst Jablonski im Europa der Frühaufklärung (Dößel 2010).

2 Ján Kvačala, Dejiny reformácie na Slovensku 1517–1711 (Liptovský Svätý Mikuláš 1935). Dazu David P. Daniel, The Historiography of the Reformation in Slovakia (St. Louis 1977) 25–28.

3 Karl W. Schwarz, Der lutherische Theologe Ján Kvačala (1862–1934) – ein Bahnbrecher der modernen Comeniusforschung und eine Brücke zwischen Bratislava/Pressburg und Wien, in: Slowakei und Österreich im 20. Jahrhundert. Eine Nachbarschaft in historisch-literarischer Perspektive, hg. von Emilia Hrabovec/Beata Katrebová-Blehová (Münster u.a. 2008) 71–85.

4 Ján Kvačala, Kurzer Bericht über meine Forschungsreisen (1895). *Acta et Commentationes Imp. Universitatis Jurievensis* (olim Dorpatensis) 3, Nr. 2 (1895) 1–48, hier 3.

5 Joachim Bahlcke/Lenka Řezníková, Johann Amos Comenius, in: Religiöse Erinnerungsorte in Ostmitteleuropa. Konstitution und Konkurrenz im nationen- und epochenübergreifenden Zugriff, hg. von Joachim Bahlcke/Stefan Rohdewald/Thomas Wünsch (Berlin 2013) 693–708, hier 700.

6 Johann Kvacsala, Johann Amos Comenius. Sein Leben und seine Schriften (Leipzig–Berlin–Wien 1892) VI + 480 + 89 Seiten Belege und Erklärungen samt einem Werksverzeichnis des Comenius mit 142 Nummern. Vgl. das Promotionsverzeichnis in: Karl Schwarz/Falk Wagner (Hg.), Zeitenwechsel und Beständigkeit. Beiträge zur Geschichte der Evangelisch-Theologischen Fakultät in Wien 1821–1996 (Wien 1997) 521.

7 František Hýbl, Prof. PhDr. und ThDr. Ján Kvačala – der Begründer der modernen wissenschaftlichen Comeniologie, in: Jan Amos Comenius und die Entwicklung des Bildungswesens

als Klassiker der Comenius-Literatur entpuppte, beweist der Reprint 1989 in Osnabrück.

II. Kvačalas Forschungsfragen und Motive

Kvačalas Leben war dem Tschechen Comenius (1592–1670) und dessen polnischem Enkelsohn Daniel Ernst Jablonski (1660–1741)[8] gewidmet.

Ich habe hier bewusst die nationale Zuordnung der beiden eigentlich »*europäischen* Geistesheroen« genannt. Denn man muss davon ausgehen, dass eines der Forschungsmotive Kvačalas die Absicht gewesen ist, an ihrem Beispiel nachzuweisen, dass die Slawen keineswegs jene inferiore Rolle spielten, wie es von einer hochnäsigen deutschen Wissenschaft behauptet wurde.

In diesem Zusammenhang ist an eine bedauerliche Äußerung des renommierten Historikers und späteren Literaturnobelpreisträgers Theodor Mommsen (1817–1903) zu erinnern,[9] der nota bene in der Wiener »Neuen Freien Presse« vom 31. Oktober 1897 zum Nationalitätenkonflikt der Habsburgermonarchie Stellung genommen, nein auf eine äußerst vulgäre Art Öl ins Feuer gegossen hat:

- Er hat im Kampf um die Badeni'schen Sprachgesetze die Deutschen in der Habsburgermonarchie vor der »Tschechisierung und Barbarisierung« gewarnt – mit eindringlichen Worten.
- Er habe bisher, so Mommsen, »Deutschlands und Österreichs Zusammengehörigkeit« für »felsenfest gesichert« gehalten. Doch nun seien »die Apostel der Barbarisierung am Werke, die deutsche Arbeit eines halben Jahrtausends in dem Abgrunde ihrer Unkultur zu begraben«.
- Dann richtete er an die Adresse der Deutschen in Österreich die berüchtigten Sätze: »Seid einig! Das ist das erste Wort! Und das zweite Wort ist: Seid hart!

---

in Mitteleuropa seit dem 17. Jahrhundert, hg. von Frank Boldt (Prag 1993) 153–163; Igor Kišš (Hg.), Ján Kvačala – otec modernej komeniológie [J. K. – Vater der modernen Comeniologie] (Bratislava 2005).

8 Joachim Bahlcke, Wirkung – Rezeption – Forschung. Daniel Ernst Jablonski: Vom Gottesgelehrten zum Brückenbauer in Europa, in: Brückenschläge (wie Anm. 1) 329–343, hier 335–338; Ders., Daniel Ernst Jablonski (1660–1741). Glaubenssolidarität, Kirchenunion und Frühaufklärung, in: Protestantismus in Preußen. Lebensbilder aus seiner Geschichte I: Vom 17. Jahrhundert bis zum Unionsaufruf 1817, hg. von Albrecht Beutel (Frankfurt/M. 2009) 133–162.

9 Zit. bei: Joachim Bahlcke, Die Rekonstruktion der intellektuellen Kultur Europas um 1700. Forschungen zu Leben, Werk und Wirkung Daniel Ernst Jablonskis aus drei Jahrhunderten, in: Daniel Ernst Jablonski. Religion, Wissenschaft und Politik um 1700, hg. von Dems./Werner Korthaase (Jabloniana 1 – Quellen und Forschungen zur europäischen Kulturgeschichte der Neuzeit, Wiesbaden 2008) 3–42, hier 8 f. Vgl auch Joachim Bahlcke, Von Palacký bis Pekař. Preußen als Thema der tschechischen Geschichtswissenschaft im 19. und frühen 20. Jahrhundert, in: Das Thema »Preußen« in Wissenschaft und Wissenschaftspolitik des 19. und 20. Jahrhundert, hg. von Wolfgang Neugebauer (Berlin 2006) 183–204.

Vernunft nimmt der Schädel der Czechen nicht an, aber für Schläge ist auch er zugänglich [...].«

Diese Invektiven formulierte Mommsen am Höhepunkt des Nationalitätenkampfes in der Habsburgermonarchie, der in Cisleithanien zwischen Deutschen und Tschechen, in Transleithanien zwischen Magyaren und Slowaken, Kroaten und Rumänen wogte. Die apostrophierte Sprachregelung des Ministerpräsidenten Kasimir Badeni (1846–1909) im Jahre 1897 sah die doppelsprachige Amtsführung in Böhmen und Mähren vor. Von ihr wurde behauptet, dass sie die deutsche Leitkultur verletze und den mehrheitlich tschechischsprachigen Klerus in den sudetendeutschen Gemeinden begünstige. Deshalb galt sie auch als Anlass der Los-von-Rom-Bewegung der Alldeutschen.[10]

Der tschechische Historiker Josef Pekař (1870–1937), ein tiefgläubiger Katholik, ließ eine scharfe Antwort folgen[11] – entsetzt darüber, dass ein »Historiker von Weltruf« sich als deutscher Protestant in einer solchen unqualifizierten Weise über eine vermeintliche Kulturlosigkeit der Tschechen hatte äußern können. Er verwies pikiert auf Daniel Ernst Jablonski (1660–1741):

> »Fragen Sie in der Berliner Akademie nach dem Namen Jablonskis, der, ein Enkel des Comenius und auch ein Apostel der Barbarisierung, Mitbegründer der Akademie und erster Direktor ihrer philosophisch-historischen Klasse gewesen, von dem Zinzendorf die Bischofsweihe empfangen und der am Tage der Königskrönung des ersten Preußischen Königs zu Königsberg in Berlin die Festpredigt gehalten, Sie, der Sohn eines evangelischen Pfarrers (ein Sohn einer katholischen Nation muss Sie leider Gottes! daran erinnern) haben ein Volk schwer beleidigt, dem seine große tragische Geschichte wenigstens im protestantischen Deutschland wenn nicht Achtung, so zum mindesten Schonung sichern sollte.«

III. Professor in Dorpat/Jurjew/Tartu

Als diese Kontroverse ausgetragen wurde, war Kvačala Professor in Dorpat oder wie es im Zuge der Russifizierung umbenannt wurde: in Jurjew.[12] Er war von der russischen Unterrichtsverwaltung ohne Konsultation der deutschen Fakultät als Professor

10 Karl-Reinhart Trauner, Die Los-von-Rom-Bewegung. Gesellschaftspolitische und kirchliche Strömung in der ausgehenden Habsburgermonarchie (Szentendre 1999) 113–115; Rudolf Leeb, Der österreichische Protestantismus und die Los-von-Rom-Bewegung, in: Protestantische Mentalitäten, hg. von Johannes Dantine/Klaus Thien/Michael Weinzierl (Wien 1999) 195–230, hier 197.

11 Josef Pekař, Die Böhmen als Apostel der Barbarisierung. Theodor Mommsen gewidmet (Prag 1897) 20 f. Zit. bei: Bahlcke, Die Rekonstruktion (wie Anm. 9) 9.

12 Peter C. Bloth, Mitteilungen über den Comenius-Forscher Ján Kvačala (1862–1934) in Dorpat/Jurjew/Tartu seit 1893. *Comenius-Jahrbuch* 8 (2000) 97–119; Karl W. Schwarz, Im Spannungsfeld von Kirche und Kultur: Ján Kvačala – ein slowakischer Kirchenhistoriker zwischen Pozsony, Wien, Dorpat und Bratislava. *Beiträge zur ostdeutschen Kirchengeschichte* 8 (2007) 87–99.

berufen worden und spielte deshalb in der Geschichte der baltischen Universität eine zwiespältige Rolle.[13]

1895 hatte ihn ein Ruf auf die Lehrkanzel für Praktische Theologie an der Wiener Evangelisch-Theologischen Fakultät erreicht, den er merkwürdigerweise ablehnte, obwohl er ihn aus der schwierigen Lage in Dorpat/Jurjew (heute: Tartu) befreit hätte. Warum hat sich Kvačala so entschieden?

- Es war nicht der Ruf, den die Dorpater Universitätsfakultät – gegenüber der von der Alma Mater Rudolfina separierten Fakultät in Wien – auszeichnete, es war auch nicht die unterschiedliche Zahl der Studenten: dort 284 Studenten – in Wien: 80.
- Sondern es waren die Arbeitsbedingungen, die es ihm in Dorpat leichter ermöglichten, sein Lebensprojekt *Comenius und Jablonski* durchzuführen. Im Archiv ist dokumentiert, mit welcher Großzügigkeit er zu Forschungsreisen entlassen wurde:[14] »Abkommandierung zu wissenschaftlichen Zwecken in das Ausland« (im modernen Sinn: »Freisemester« zur Förderung der wissenschaftlichen Forschung) wurde ihm regelmäßig gewährt. An längeren Beurlaubungen wurden festgehalten: 1. Juni–15. August 1895, 15. Dezember 1895–15. August 1896, 20. Mai–20. August 1897, 15. Jänner–15. September 1898, 20. Mai–20. August 1899, 1. Juni–31. Dezember 1900.

Unermüdlich reiste er quer durch Europa auf der Suche nach Quellen, bearbeitete und edierte sie – er lernte alle dazu nötigen Sprachen. Seine Sprachbegabung hatte er schon in seiner Kindheit erprobt. Er stammte aus der Batschka, dem Land zwischen Donau und Theiß, einer der interessantesten Kulturlandschaften der Habsburgermonarchie, genauerhin: aus Bački Petrovac/Petröcz. In diesem Zwischenstromland siedelten auf einer Fläche von 10.000 km^2 nach der Volkszählung von 1910 ca. 800.000 Bewohner, ihrer ethnischen Zuordnung nach waren dies 360.000 Magyaren (45 %), 190.000 Donauschwaben (23,8 %), 145.000 Serben (18 %), 70.000 Schokatzen und Bunjewatzen, das sind katholisierte Serben (8,5 %), 30.000 Slowaken (3,8 %), 11.000 Ruthenen (1,4 %) und 1.300 Kroaten.

In magyarischen Schulen erzogen, studierte Kvačala am Evangelischen Lyceum in Pressburg, promovierte in Leipzig zum Dr. phil. und in Wien zum Dr. theol., wurde Lehrer für Sprachen und Religion am Lyceum, ehe er 1893 ins Baltikum übersiedelte.

- Er war der erste Nichtdeutsche mit einer deklariert russophilen Gesinnung im Lehrkörper. Das hat ihn deutlich isoliert. Denn die Berufung wurde im Kontext der 1893 einsetzenden Russifizierung der Universität Dorpat, nunmehr Jurjew, gesehen. Er war dort der einzige Professor, der sich bereit erklärte, in russischer

13 Heinrich SEESEMANN, Die Theologische Fakultät der Universität Dorpat, in: Baltische Kirchengeschichte, hg. von Reinhard WITTRAM (Göttingen 1956) 206–219, hier 216.

14 Karl W. SCHWARZ, Ján Kvačala ja tema tähendus Tartu/Dorpati ülikoolile [J. K. und seine Bedeutung für die Universität Tartu/Dorpat], in: Eesti Teoloogilise Mõtlemise Ajaloost. Sissejuhatavaid Märkusi Ja Apokrüüfe, hg. von Riho ALTNURME (Tartu 2006) 72–83.

Sprache zu dozieren und fiel damit seiner Fakultät in den Rücken. Diese hatte sich diesem Diktat geschlossen verweigert.[15]

- Im hochschulpolitischen Diskurs nahm er stets für die Esten, Letten und Polen Partei und förderte deren Nachwuchswissenschaftler,[16] während er gegen die Vormachtstellung der Deutschen agierte. Das trug ihm das Epitheton »Deutschenhasser« ein, als »dunkle Gestalt« und »unwillkommener Fremdling« ist er in die dortige Universitätsgeschichte eingegangen.
- Exemplarisch zeigte sich dies im Falle des einheimischen Pfarrers Traugott Hahn (1875–1919), gegen dessen Promotion er deutliche Einwände vorbrachte und gegen dessen Berufung 1907 er erhebliche Bedenken äußerte.[17]
- Seine apodiktische Haltung zugunsten der kleinen baltischen Ethnien gegenüber den deutschen Machthabern war ein Zeichen ethnischer Solidarität – wohl auch gespeist von seinen Erfahrungen in einem Zeitalter ungebremster Magyarisierung im damaligen Oberungarn. Von seinen baltischen und polnischen Studenten empfing er am Abend seines Lebens deutliche Beweise ihrer Dankbarkeit, nämlich Ehrendoktorwürden in Riga (1929) und Warschau (1934).[18]

In seinen Lebenserinnerungen berichtet Kvačala von guten Kontakten zu Adolf von Harnack (1851–1930), dem Doyen der liberalen Kirchengeschichtsforschung in Berlin.[19] Das verwundert, denn auch ihm, der seine Kindheit in Dorpat verbracht hatte, wo sein Vater Theodosius Harnack (1817–1889) Professor gewesen war, wird nachgesagt, dass seine Vorbehalte gegenüber der ostkirchlichen Orthodoxie die protestantische Kirchengeschichtsschreibung maßgeblich beeinflusst haben.[20] Ein anderer Berliner hat hier wieder gerade gerückt, was Harnack aus einem kindheitsbedingten Vorurteil verbogen hat. Es war der Systematiker Karl Beth (1872–1959), der noch von Berlin, aber auch später von Wien aus eine völlige Neubeurteilung der ostkirchlichen Orthodoxie in Angriff genommen hat. Dessen Bericht über eine Studienreise in die Mittelmeerländer[21] ließ eine differenzierte und positive Sicht der orthodoxen Kirche erkennen und korrigierte ältere Vorurteile.

Der gute Kontakt Kvačalas zu Harnack verwundert auch aus einem anderen Grund: Es ist nachweislich auf Harnacks Geschichte der Berliner Akademie der Wis-

---

15 Reinhard Wittram, Art. Dorpat, Universität. *RGG*³ II (1958) 251–255, hier 253; Kalle Kasemaa, Die Theologische Fakultät in Tartu (Dorpat). *Lutherische Kirche in der Welt* 48 (2001) 145–158, hier 148.

16 Ján Kvačala, Z duševného života dvoch malých národov na Severe. Časopisectvo a študentstvo u Lotyšov a Estoňcov [Vom geistigen Leben zweier junger Nationen im Norden. Journalistik und Studentenwesen bei den Letten und Esten]. *Slovenské pohľady* (1911) 292–299.

17 Wilhelm Hahn, Der Ruf ist immer neu. Aus 200 Jahren der baltischen Theologenfamilie Hahn (Neuhausen-Stuttgart 1993) 143–166.

18 Rudolf Říčan, Ján Kvačala (1862–1934). *Communio Viatorum* 5 (1962) 207–228, 315–330, hier 321.

19 Ján Kvačala, Viera a veda (Liptovský Svätý Mikuláš 1930) 142.

20 Ernst Benz, Geist und Leben der Ostkirche (München ²1971) 37 f.

21 Karl Beth, Die orientalische Christenheit in den Mittelmeerländern (Berlin 1902).

senschaften zurückzuführen,[22] dass der wesentliche Anteil des Jablonski an diesem Vorgang keineswegs gebührend gewürdigt wurde, sondern fast schamhaft verschleiert wurde. Es war offenbar nicht opportun, einen Polen mit Leibniz auf Augenhöhe zu stellen.[23] Dass diese Schieflage beseitigt werden konnte, dass Jablonski wieder entdeckt und seine wissenschaftliche Kompetenz in ihrer europäischen Perspektive erkannt wurde, ist nicht zuletzt Ján Kvačala zu verdanken.[24] Dieser scheute auch nicht davor zurück, scharf zu korrigieren, wo seiner Meinung nach Jablonskis Licht nicht angemessen registriert wurde.[25]

IV. Kvačalas Kontakte mit Wien

Aus der Promotion und den dadurch hergestellten Kontakten ergaben sich weitere sehr herzliche Beziehungen zur Wiener Fakultät, insbesondere zum Kirchenhistoriker Georg Loesche und zu dem statt Kvačala berufenen Professor für Praktische Theologie, Gustav Adolf Skalský (1857–1926), mit dem er 1901 den Versuch unternahm, eine tschechischsprachige Zeitschrift (Časopis pre evanjelické bohoslovie) herauszugeben, die aber wenig Erfolg hatte.

- Es fällt auf, dass Kvačala seiner Textausgabe »Die Pädagogische Reform des Comenius in Deutschland bis zum Ausgang des XVII. Jahrhunderts« (Monumenta Germaniae Paedagogica XXVI und XXXII, Berlin 1903–1904)[26] eine Widmung an die Wiener Evangelisch-Theologische Fakultät voranschickte.
- Die Ehrenmitgliedschaft in der Gesellschaft für die Geschichte des Protestantismus in Österreich anlässlich ihres 25-Jahr-Jubiläums (1905),[27] diese frühe Ehrung eines gerade 43-Jährigen, mag vielleicht der Dank des Herausgebers Loesche für jene Widmung gewesen sein. Kvačala ließ einen groß angelegten Bericht über die Comenius-Literatur der Jahre 1892–1904 folgen.[28] Man spürt jedenfalls die Ab-

22 Adolf Harnack, Geschichte der Königlich Preußischen Akademie der Wissenschaften zu Berlin, 3 Bde. (Berlin 1900, Nachdruck Hildesheim – New York 1970).

23 Bahlcke, Wirkung – Rezeption – Forschung (wie Anm. 8) 338; Hartmut Rudolph, Akademie und innerprotestantische Kirchenunion. Brückenschläge des Hofpredigers zur Gelehrtenrepublik und zur lutherischen Konfession, in: Brückenschläge (wie Anm. 1) 309–325.

24 Bahlcke, Die Rekonstruktion (wie Anm. 9) 10; Marta Bečková, Daniel Ernst Jablonski und seine Beziehungen zu Polen, in: Daniel Ernst Jablonski (wie Anm. 9) 205–222, hier 205.

25 Rezension zu Karl Völker, Der Protestantismus in Polen auf Grund der einheimischen Geschichtsschreibung (Leipzig 1910). *Zeitschrift für Brüdergeschichte* 6 (1912) 119 f. Vgl. dazu die Replik von Völker ebenda 232 f. und die Duplik von Kvačala ebenda 234.

26 Bd. 1: Texte 1903. XLIV + 395 S.; Bd. 2: Historischer Überblick, Bibliographie, Namen- und Sachregister 1904. VI + 217 S.

27 Georg Loesche, Chronik der Gesellschaft. *JGPrÖ* 26 (1905) 165–193, hier 166; Peter F. Barton, Vom Kaisertum Österreich zur Massendemokratie der Republik Österreich. Hundert Jahre »Gesellschaft für die Geschichte des Protestantismus in Österreich. *JGPrÖ* 96 (1980) 11–52, hier 29.

28 Ján Kvačala, Comeniana. Die neue Comenius-Literatur. *JGPrÖ* 25 (1904) 281–307.

sicht der Gesellschaft, den jungen Kirchenhistoriker im fernen Dorpat an ihrer Arbeit zu beteiligen. Ein Stück weit ist diese Hoffnung aufgegangen, denn über Jahre hinweg lieferte er Beiträge zum jährlichen Literaturbericht.[29]

- Weiters sind Gastvorlesungen in Wien, im Rahmen der Internationalen Hochschulkurse (1906, 1925), nachgewiesen und in diesen Kontext zu stellen, vielleicht auch der von Loesche, einem korrespondierenden Mitglied der Akademie der Wissenschaften in Wien, eingefädelte Kontakt für die Campanella-Publikation (1908).
- Diese Publikation: »Thomas Campanella und Ferdinand II.« ist in den Sitzungsberichten der Philosophisch-Historischen Klasse der kaiserlichen Akademie der Wissenschaften in Wien (als Bd. 159/5 1908 im angesehenen Wiener Verlag Gerold) erfolgt. Dass Kvačala in der Wiener Hofbibliothek dann auch noch eine Abschrift von Thomas Campanellas (1568–1639) Hauptschrift »Città des Sole« entdeckte, mag seiner Zuneigung zur österreichischen Haupt- und Residenzstadt eine weitere Facette eingetragen haben. Im Rahmen des vierten Teils seiner Campanella-Studien[30] hat er sie der Forschung zugänglich gemacht.
- Auch im Zuge seiner Arbeiten über Guillaume Postel (1510–1581),[31] einen französischen Mystiker, den er als Vorfahren Campanellas identifizierte, war ihm ein Fund in der Wiener Hofbibliothek geglückt. Ein Sendbrief Postels an den Praeceptor Germaniae Philipp Melanchthon ist in der Wiener Hofbibliothek in zwei Exemplaren vorhanden.[32]

V. Kvačalas Brief an Georg Loesche

Abschließen möchte ich meinen Beitrag durch die kursorische Wiedergabe eines Briefes von Kvačala an seinen Wiener Freund Georg Loesche (1921).[33]

- Der Brief ist mit 14. Juli 1921 datiert und mit Turčiansk. Sv. Martin lokalisiert.
- Der Briefschreiber wandte sich an den Kollegen mit der Bitte um Hilfe bei der

29 Peter F. Barton (Hg.), Bibliographie zur Geschichte der evangelischen Christen und des Protestantismus in Österreich und der ehemaligen Donaumonarchie (Wien 1999) 584 f. (Register).

30 Ján Kvačala, Th. Campanella und die Pädagogik (Leipzig 1905); Ders., Thomas Campanella – ein Reformer der ausgehenden Renaissance (Berlin 1909); Ders., Protestantische gelehrte Polemik gegen Campanella vor seiner Haftentlassung (Jurjew 1909); Ders., Über die Genese der Schriften Thom. Campanellas (Jurjew 1912) hier 43 ff. (Abschrift von »Città del Sole«), 68 ff. (die Varianten der Handschrift der Wiener Hofbibliothek).

31 Jan Kvačala, Postelliana. Urkundliche Beiträge zur Geschichte der Mystik im Reformationszeitalter (Jurjew 1915).

32 Ms. Lat. 11804, abgedruckt in: Jan Kvačala, Postelliana (wie Anm. 31) 33–43, XIV–XVI.

33 Karl W. Schwarz, Jeden z listov Jána Kvačalu [Ein Brief von Ján Kvačala], in: Metanoia. Zborník pri príležitosti sedemdesiatky Prof. ThDr. Karola Nandráskeho (Bratislava 1998) 173–182, hier 177 f.

Suche nach Stiftungsmitteln für slowakische Studenten an deutschsprachigen Fakultäten (Halle, Jena, Greifswald, Leipzig, Rostock, Erlangen).

- Der Brief ist für die Kvačala-Forschung deshalb interessant, weil er eine der ersten Nachrichten aus seiner Hand nach der Rückkehr aus dem Baltikum und Russland gewesen ist. Kvačala berichtet, dass er »zeitweilig noch Direktor unseres (slowakischen) *National-Museums in T.Sv. Martin*« sei.
- Und um seine Tätigkeit etwas zu illustrieren, weist er darauf hin, dass dieses Museum einen Sammelband aus dem XVI. Jahrhundert besitze »mit Luthers Autogramm Islebiae 1537 mit genauem Tagesdatum«. Dieses stehe auf dem Titelblatt des ersten Bändchens. In einem weiteren Bändchen stünden viele Marginalnotizen zu einem pädagogischen Traktat des Erasmus. Er, Kvačala, habe z. Z. nicht die Weimarer Lutherausgabe zur Hand und wisse auch nicht, wer der Leiter der Edition sei. Und er bittet Loesche, einen Beteiligten an der Editionsarbeit auf diesen in der Matica Slovenska vorhandenen Band aufmerksam zu machen. Und er fügt noch hinzu, dass ihm scheine, »dass die Marginalien nicht von Luther stammen«. Ob diese Nachricht die Zunft der Lutherforschung tatsächlich erreicht hat, konnte ich nicht feststellen. Ebensowenig konnte ich die Frage beantworten, ob das Autograph Luthers in Sv. Martin noch zugänglich ist.

Kvačala schloss seinen Brief mit einer anderen wichtigen biographischen Mitteilung:

> »Nunmehr bin ich auch in die neue slovak[ische] akadem[ische] Arbeit eingetreten, zunächst als Prof[essor] d[er] K[irchen]gesch[ichte] *in Pressburg*. Es ist schon die vierte Sprache in der ich dociere, hoffentlich die letzte.«

Nach Ungarisch (am Lyceum in Pozsony/Pressburg), nach Deutsch und Russisch (an der Theologischen Fakultät in Dorpat/Jurjew/Tartu) war die slowakische Muttersprache die apostrophierte vierte Vortragssprache, die er dann bis 1934 in Forschung und Lehre praktizierte.

Ján Kvačala ist nicht nur ein bedeutender Gelehrter der slowakischen Gesellschaft, durch seine Promotion hat er die Wiener Fakultät in den Forschungsdiskurs der Comeniologie eingeführt, durch seine Ehrenmitgliedschaft in der Gesellschaft für die Geschichte des Protestantismus hat er auch das Jahrbuch zu einem bedeutenden Diskussionsforum der Comenius- und Jablonski-Forschung gemacht. Deshalb verdient der hervorragende Katalog der diesem bedeutenden intellektuellen »Brückenschläger« gewidmeten Ausstellung unsere besondere Aufmerksamkeit.

Hans Haberl (1868–1928), Nachdruck einer Gedenkschrift von 1968

Von Franz Graf-Stuhlhofer

I. Einführung

Wohl auf Initiative seiner Nachkommen erschien 40 Jahre nach seinem Tod »zum Gedenken« an Hans Haberl eine 24-seitige A5-Broschüre, ohne Angabe von Herausgeber, auch ohne Vorbehalt eines Copyrights. Das Wirken dieses reformierten Theologen blieb vor allem im CVJM in Wien lange in Erinnerung. Dieses Heft ist kaum in Bibliotheken und Archiven zu finden. Das diesem Nachdruck zugrunde liegende Heft stammt aus dem Nachlass von Karl Uhl (1907–1998, seinerzeit Direktor der Österreichischen Bibelgesellschaft, Wien) und wurde mir von seinem Sohn, Dr. Harald Uhl (Wachtberg/Bonn), leihweise überlassen. Die Wiedergabe erfolgt möglichst buchstabengetreu. Der darin – als einzige Form der Hervorhebung – gelegentlich verwendete Sperrdruck wurde hier durch Kursivdruck ersetzt. Haberls Name wurde meist mit Hans Haberl angegeben, daher verwende ich diese Form hier in der Überschrift, auch wenn die formell korrekte Form Gotthard Johannes Haberl lautete. Das Heft umfasst Erinnerungen von Johanna Höfmann (geb. Haberl; die Herausgabe dieses Heftes erfolgte vermutlich durch sie), Hans Stroh, Georg Traar, Wilhelm Stroh, Karl Füchtner, Marianne Löwen, Käthe Löwen und Stan. Hlawiczka.

Die folgende, von mir zusammengestellte, Zeittafel gibt einen Überblick über Haberls Leben, danach folgt der Originalwortlaut des Gedenk-Heftes von 1968.

Zeittafel

- 1868 – Geburt
- Volksschule in der Richtergasse
- 1886 – Matura am Mariahilfer Gymnasium
- Studium von Theologie und Philosophie in Wien, Leipzig und Halle
- 1890 – examen pro candidatura bestanden
- 1892 – examen pro ministerio bestanden
- 1893 – Vikar (»Diakon«) in der reformierten Kirche
- 1894 – in der Predigtstation in Wien-Favoriten
- 1898 – Heirat mit Minna Diezel
- 1902 – erste evangelische Religionslehrerstellen an Österreichs Mittelschulen eingerichtet, auch Haberl wird Religionslehrer
- 1914 – Lehrbuch des evangelischen Religionsunterrichts, Methodik des Unterrichtes in der evangelischen Religion
- 1922 – Referent bei einer Tagung des Reichsverbandes der Jungmännerbünde in Saarow bei Berlin

- 1924 – Leiter der Wiener Station der Schwedischen Gesellschaft für Israel
- 1926 – D. theol. h.c. der Universität Münster
- 1928 – Tod

II. GOTTHARD JOHANNES HABERL ZUM GEDENKEN

Aus Anlass der 100. Wiederkehr seines Geburtstages am 6. April 1968

Gotthard Johannes *Haberl,* Dr. theol. h.c.
Geb. 6. April 1868 in Wien
Gest. 11. März 1928 in Wien

II.1 Einiges aus G. J. Haberl's Leben

Als ich im Jahre nach meines Vaters Tod versuchte, einen Abriß seines Lebens niederzuschreiben, standen wir noch unter dem unmittelbaren Eindruck seiner Persönlichkeit. Heute, nach fast vierzig Jahren, meint man objektiver zu sein und den Heimgegangenen aus einem weiteren Blickwinkel sehen zu können. Vielleicht dürfen wir in Anspruch nehmen, seither an Lebensreife und Einsichten gewonnen zu haben. Aber für meine Liebe und Verehrung hat sich meines Vaters Bild kaum verändert in der Erinnerung.

Was hat diesen Menschen geformt zu dieser eindrucksvollen, im besten Sinne männlichen Persönlichkeit? Er stammte aus einem Wiener Bürgerhaus. Die Haberls waren in Niederösterreich beheimatet, meist Weinhauer in Straß, nahe Langenlois. Unseres Haberls Vater, der eine kleine Seidenbandweberei auf dem Schottenfeld hatte, war in jungen Jahren nach Wien gekommen. Bei einer Sängerreise lernte er das schöne sächsische Mädchen kennen, das er dann heimführte. Ob diese Eheschließung der Grund seines Übertrittes zur Evangelisch-Reformierten Kirche war, ist nicht erkennbar. Gotthard Johannes war das älteste von den fünf Kindern dieser Ehe, er wurde am 6. April 1868 in Wien geboren. Drei Brüder starben in verhältnismäßig jungen Jahren, nur seine Schwester, Frau Bertha May, überlebte ihn. Er war seiner frommen Mutter besonders zugetan, sie setzte all ihre Hoffnungen auf ihn und begleitete seinen Lebensweg mit ihrer Fürbitte.

Die Volksschule in der Richtergasse, das Mariahilfer Gymnasium und je zwei Semester Theologie und Philosophie in Wien und Leipzig sind die Stationen der jungen Jahre. Dem älteren Freund Hans Jaquemar hatte er den Rat zu danken, nach Halle überzuwechseln, wo die lebendigere Fakultät war. Und hier in Halle ist wohl das Steuer seines Lebensschiffes in eine endgültige, klare Richtung gebracht worden. Hier war es der gesegnete Professor Martin Kähler, der durch sein Leben, durch seinen persönlichen Umgang und durch seine Vorlesungen seinen Studenten ein Führer zu Jesus wurde und ihnen die Schätze des Wortes Gottes aufleuchten ließ. Wir dürfen wohl sagen, daß die Zeit in Halle der Anstoß war für die volle Entfaltung von Haberls geistigen Anlagen und seelischen Kräften. Das Überwältigtsein von Jesus, das war von nun an die formende Kraft in seinem Leben. Die Mutter schrieb: »Hans kam aus Halle zurück als ein anderer zu seinem Segen und zu meiner innigen Freude.«

Seine beiden Examina legte Haberl in Wien ab, verbrachte aber die Jahre dazwischen in Halle. Er hatte eine Halbtagsbeschäftigung als Gesellschafter eines Taubstummen, die er nicht als »Job«, sondern als Dienst und Übung betrachtete. Daneben betrieb er vor allem intensives Bibelstudium.

Nach dem zweiten Examen versah Haberl für ein knappes Jahr den Seelsorgedienst in einer schottischen Judenmission zu Breslau. Ab September 1893 war er Vikar (man sagte Diakon) der Wiener Reformierten Gemeinde. Im Jahr darauf wurde ihm der gesamte Dienst an der neugegründeten »Predigtstation« in Wien-Favoriten übertragen. Damals begann er mit der Sonntagsschularbeit. Der Wiener Theologieprofessor Vogel v. Frommannshausen hatte die ersten Kindergottesdienste gehalten und unter anderem auch einige seiner Hörer als Helfer gewonnen. Diese von Haberl sehr geliebte und durch Jahrzehnte gepflegte Arbeit übernahm er wie ein Vermächtnis seines ehemaligen, damals schon gestorbenen Lehrers der ersten Semester.

Im Sommer 1898 heiratete er Minna Diezel. Ihre große Liebe stellten die Eheleute unter die Wirklichkeit Gottes und unter die Erlösungsbedürftigkeit des Menschen. Viel Segen und Güte ist aus dem Hause Haberl geflossen, und mancher ging getröstet und beschenkt von ihm weg.

Im Jahr 1902 kam die »Systemisierung« der ersten evangelischen Religionslehrstellen an den österreichischen Mittelschulen. Haberl sah im Lehren seine Berufung und wurde also Gymnasialprofessor. Als er im Jahr 1926 von der Universität Münster den theologischen Doktortitel h.c. bekam, freute ihn weniger die akademische Ehrung als die Wortbedeutung *doctor* (= Lehrer). Die Berufsarbeit war, wie er sagte, für ihn der Jungbrunnen, »sie nötigt mich immer wieder, mich mit der umfassenden Weite des Wortes Gottes abzugeben und bewahrt mich vor Einseitigkeit«.

Nun, Einseitigkeit gab es keineswegs bei ihm. Die Werke, denen er seinen Dienst widmete, waren außer Sonntagsschule vor allem der CVJM. Dazu kamen Innere Mission, Volksmission, Heidenmission, Evangelische Allianz, CSV und nicht zuletzt die Judenmission. In Vorständen mußte er sitzen, Artikel, Aufsätze, Bibelstunden, Ansprachen wurden von ihm erwartet. Dazu kam die große Korrespondenz mit Freunden und »Mitstreitern« in aller Welt und ein offenes Haus, wo man auch noch zu später Nachtstunde anklopfen durfte. Nein, einseitig war Haberl nicht. Er liebte Singen, Wandern und edle Geselligkeit. Er arbeitete an seiner geistigen Fortbildung, lernte Sprachen, las. Von geistiger Anstrengung erholte er sich am liebsten durch handwerkliche Arbeit. Er konnte mit Leder und Leim, mit Pergament und Papier umgehen, als anerkannter Buchbinder, aber auch mit Metall und Holz, er konnte Fensterglas zuschneiden und verkitten, Uhren reparieren, löten, schrauben, bohren. Er suchte das Organische jeder Arbeit zu erkennen; er ehrte jegliche körperliche Tätigkeit und alle, die ihr Werk getreu verrichteten. Gern blieb er vor den Schaufenstern von Werkzeuggeschäften stehen.

Sein eigentliches Handwerkzeug war aber ein geistiges, nämlich sein »geliebtes Deutsch«. Ein aufmerksamer Leser und Hörer mußte die Echtheit und Tiefe Haberls an seiner geschriebenen und gesprochenen Sprache erkennen. Seine Freunde wissen, daß er kein gewandter Redner war, vor allem in jüngeren Jahren. Und doch wurden sie gepackt von dem edlen Inhalt aus schlichtem, reinem Gefäß. »Da war ja kein taubes Wort«, sagte ein erlauchter Hörer nach einem Haberlvortrag, »seine Sprache ist gedankenträchtig und schöpferisch«.

Mir, als seinem Kind, steht er als tief ernster und zugleich heiterer Mensch vor Augen. Er zeigte uns vier Geschwistern als Vater die Vaterliebe Gottes. Daß er ein Beter war und in steter Verbindung mit seinem himmlischen Vater, gab ihm seine Strahlkraft. Wir treiben keinen Personenkult, wenn wir ihn dankbar rühmen. Wir preisen Gott für seinen getreuen Diener.

Johanna Höfmann, geb. Haberl

II. 2 Hans Haberl als Theologe

Hans Haberl, mein Taufpate und Religionslehrer, war ein Theologe. Er hat mehr als ein anderer Mensch dazu beigetragen, daß ich vor vier Jahrzehnten Theologe wurde und dieser Zunft noch heute mit Freude angehöre.

Aber Haberl war nicht in erster Linie Theologe. Er war ein Prophet. Propheten sind Menschen, die Gott zu bestimmten Zeiten dazu bringt, daß sie ihren Zeitgenossen eine Botschaft ausrichten, klar, unmißverständlich, genau in eine kritische Stunde passend, verletzend und heilend. Propheten wissen, daß sie in Gottes Dienst stehen und sonst in keines Herren Dienst. Sie pflegen einsame Leute zu sein. Gott übt durch ihr Wort seine Herrschaft aus. Sie glauben, und darum reden sie.

Gewiß, Haberl war auch Lehrer, Seelsorger, Obmann, nicht zuletzt Hausvater und ein aktiver österreichischer Bürger. Vor allem aber war er Prophet. Der Höhepunkt seines Lebens waren jene Jahre der beispiellosen Erschütterung Europas und des Zusammenbruchs der Donaumonarchie, in denen er Monat um Monat seine Aufsätze hinausgehen ließ. Sie hatten alle einen prophetischen Charakter. Damals wußte er sich in besonderer Weise zum Sprecher Gottes gemacht. Ein halbes Jahr nach dem Erscheinen von 40 solchen Leitartikeln, die unter der Überschrift »Des Christentums Ende« weithin bekannt wurden, trug er gerade die Aufsätze aus der Kriegs- und Nachkriegszeit zu einem zweiten Buch zusammen und nannte es »Einen Fuß breit Raum und einen Schritt weit Licht«. Wer diese beiden Bändchen mit insgesamt 200 Seiten liest, der weiß, was ein Prophet ist. Österreich hat in einer Stunde beispielloser politischer und geistiger Krise einen Propheten in seiner Mitte gehabt.

Man kann also ein bibelkundiger Mann sein und doch etwas Wichtigeres im Sinn haben als Theologie. Auf einer internationalen Konferenz – es muß vor dem Ersten Weltkrieg gewesen sein – sagte Haberl nach einem nachgelassenen Manuskript:

> »Das scheint ja geradezu eine Anmaßung zu sein, daß einer seinen Zeitgenossen mitteilen will, was Jesus ihnen zu sagen hat! Ist das nicht eben, als wollte er als ein Prophet auftreten, als einer, der offen auskündet, was ihm im Verborgenen geoffenbart wurde! Nun, es ist wirklich nichts anderes. Hat der Lebendige mir nichts gesagt [...], dann habe ich Ihnen auch nichts zu sagen. Als ein Prophet stehe ich vor Ihnen, und es muß Ihrem Urteil, Ihrer Gabe, Geister zu unterscheiden, anheimgegeben bleiben, ob ich ein echter oder ein Lügenprophet bin. Mich gelüstet gar nicht nach dem Ruhm eines Schriftgelehrten, dessen scharfsinnigen Darlegungen, kritischen Untersuchungen und strengen Folgerungen Sie mit Achtung und Langeweile zuhören und dem Sie hernach das Lob zollen, ein tüchtiges, gelehrtes Fachreferat erstattet zu haben. Viel lieber wollte ich, daß Sie unter dem starken Eindruck: der redet wahr! des Redenden vergäßen und zum Schwert griffen und in den Kampf gingen wider alles, was das Gedeihen, den Glanz und die Ehre Ihres Volkes schädigen und aufhalten will.«

Und wie er das meint, wird klar, wenn er fortfährt:

> »Was hat Jesus uns Heutigen als Gliedern unseres Volkes zu sagen? Eigentlich nur das Eine, daß er der König aller Völker ist. Er ist der König der Deutschen und der Böhmen, der Polen, Ruthenen und Ungarn, der Chinesen, der Neger, der Araber, der Juden und der Eskimo. Er ist es nicht sozusagen und gewisser Maßen und in der oder jener Hinsicht, sondern im vollen Sinne des Wortes, wirklicher als wir es uns ausdenken können. Daß er der König der Menschheit sei, das ist das Um und Auf der Botschaft, mit der Jesus seine Apostel betreut hat. Und sie haben alle nichts anderes zu sagen gehabt als das: Jesus ist der Christus.«

Eben um diese Botschaft so wahr wie möglich und so treffend wie möglich auszurichten war Hans Haberl ein Theologe, ein ganzer Schriftgelehrter. Es ging ihm darum, daß ihm in der Studierstube, eben »im Verborgenen« etwas geoffenbart werde! Er rang um das Evangelium und mühte sich um die rechte Form, es anderen zu sagen. Diese harte Arbeit an der Bibel, an der Geschichte ihrer Entstehung und ihrer Auslegung zu leisten, heißt ein Theologe sein. Der Besitz einer Prüfungsurkunde, die man vor Jahren erworben hat, tut's eben nicht.

Wir gedenken in diesen Wochen der hundertsten Wiederkehr seines Geburtstages und seines Todes vor vierzig Jahren. Lebhaft erinnere ich mich jenes frühen Sonntagmorgens, als wir, sofort nach Haberls Tod gerufen, durch das verlassene Studierzimmer an sein Totenbett traten. Der Mund, der so oft Worte voller Leben gesprochen hatte, war nun verstummt. Das Hirn, dessen mutigen Gebrauch er uns in vielen Ansprachen so drastisch empfohlen hatte, hatte seine Arbeit getan. Und sein Arbeitszimmer hatte seinen Sinn verloren. Dieses Studierzimmer! Es wird wohl noch einige Leute geben, die das Geheimnisvolle empfinden, welches von dieser kleinen Stube ausging. Im November 1922 schrieb Haberl:

> »Die Besten von uns sind sehr beschäftigte Leute. Je weniger ihrer sind, desto mehr häuft sich auf den einzelnen. Es ist viel am Werk und immer Neues wird unternommen; aber alles geschieht ohne zureichende Kraft, die nur in heißem, geduldigem, einsamem Kampf gewonnen werden kann. Unsere großen Vorbilder kämpften ihre Sachen durch in heiliger Stille, und dann leuchtete ihr Antlitz, wenn sie unter die Menschen gingen, und Gott strömte über von ihren Lippen.«

Das war es, was in diesem Zimmer geschah. Und auch das mit dem Leuchten haben wir buchstäblich erfahren.

Es war etwas so Intimes um dieses, sein persönlichstes Reich, daß es der Familie schwer fiel, die große Bücherei aufzulösen und dem Zimmer seinen Charakter zu nehmen. Wenn er in seinem Zimmer nicht nur die nächtliche Konzentration für seine Aufsätze und die Einsamkeit zum anklopfenden, fragenden, klagenden Gespräch mit Gott suchte, sondern auch eine gewichtige Reihe von theologischen Büchern gebrauchte, so entsprach das der Überzeugung, die er 1914 in einem Lehrbuch des evangelischen Religionsunterrichts aussprach: »Theologie muß sein und ist die vornehmste aller Wissenschaften«. Man beachte aber die Fortsetzung des Satzes: »Aber wo sie popularisiert ausgegeben wird, an Stelle dessen, was uns Gott zu sagen hat, da ist sie ein böser Wechselbalg.« Bei seiner theologischen Arbeit standen im Vordergrund die wissenschaftlichen Hilfsmittel zum Verstehen der Bibel. Aber auch sein lateinischer Calvin ist gründlich gelesen und ausgezogen worden. Ihn las er mit jüngeren Freunden. Seinem Lehrer Kähler blieb er lebenslang verpflichtet. Welche Theologen ihn sonst noch stark beschäftigten, konnte man an der Bücherei etwa ablesen. Nicht aber an seinen Aufsätzen, die den Stil des stürmischen Werbens, des Zeugnisses für eine erkannte Wahrheit, oft auch den Charakter der Proklamation an sich tragen, niemals aber Lesefrüchte aneinanderreihten und sich so mit fremden Federn schmückten oder hinter anerkannte Autoritäten flüchteten. Dazu war er viel zu betont – ein Original. Bewußt scheute er auch vor Akademikern nicht die ganz einfache Aussage. Dazu eine Erinnerung aus den frühen Zwanzigerjahren: Hans Haberl erzählte glücklich von dem Auftrag, vor Tübinger Studenten biblische Vorträge halten zu dürfen. Befragt, was er als Thema wählen werde, habe er wie eine Selbstverständlichkeit vorgeschlagen: Der Christus. Adolf Schlatter war unter seinen Zuhörern. Haberl besuchte ihn, fragte nach seinem Eindruck von den Vorträgen.

Schlatter: »Ein guter Konfirmandenunterricht!« Haberl: »Ich denke, Herr Professor, das ist es gerade, was wir jetzt brauchen.«

Haberls persönliche Frömmigkeit war die eines Mannes, der täglich sagen muß: Ich glaube, hilf meinem Unglauben! Er wollte wie die großen Zweifler und Rebellen der Bibel, wie ein Gideon, ein Hiob, sich täglich neu aus der Gottfeindschaft zum Jünger Jesu machen lassen. Dem entsprechend war der Grundzug seiner theologischen Arbeit die »wohlbelehrte Unwissenheit«. Er bestürmte die rätselvolle »Sache mit Gott« mit immer neuem Eifer. Darum lesen sich seine Aufsätze und kleinen Bücher immer wie ganz frische geistige Ware.

Und dabei kehren doch in seinem Denken und Zeugnis gewisse Themen mit erstaunlicher Regelmäßigkeit wieder und sind an ihrem Charakter sofort als seine Werkstattarbeit zu erkennen! Jesus, der ganzen Menschheit zum Christus gesetzt, wird sich ohne jeden Zwang, ganz allein aus der Kraft seines gotthingegebenen Lebens, die Zustimmung der ganzen Menschheit erobern. Er muß am Ende der Geschichte als der allein zur Herrschaft würdige offenbar werden. Seine Jünger sind es, durch die er sein Werk ausrichtet. Er kann warten, bis sie ihn um sein Eingreifen bitten. Gegen die Christenheit ergeht schwere Anklage. Sie macht keinen Gebrauch von Gottes Angebot und läßt die Christokratie durch Religion und Christentum unkenntlich werden. Die Schande des Kriegs und der Niedergang der Völker geht auf das Konto der Christen. Jesus hat den Nationen die wahre Freiheit zu bringen; er tut es nur durch eine Minderheit, die sich von ihm beiseitenehmen und tief umformen läßt. Der Horizont des Reiches Gottes ist die Geschichte, und die Völker der Erde gehen dem Tag entgegen, der aller Heimlichkeit Ende bringen muß. Auch Israel und gerade Israel anerkennt zuletzt in dem Gekreuzigten seinen Christus. Ziel des Christen ist nicht ein Jenseits, sondern das Kommen des Himmels zur Erde. Denn Gott und seine Leute überlassen diese Erde nicht dem Feind und der Lüge.

Das sind etwa die Themen, deren Variation Haberls Botschaft war. Wenn wir seine theologische Leistung in den Strom unseres Jahrhunderts einzureihen versuchen, dürfen wir nicht vergessen, daß Haberl schon starb, als die dialektische Theologie sich eben erst formulierte. Es ist interessant, das Exemplar von Karl Barths Römerbrief zu lesen, das Haberl benützt hat, und zu sehen, welchen Sätzen Barths er zustimmte. Er war ihm verbunden durch die leidenschaftliche Trennung des Christus vom Christentum, durch das Beharren auf dem Kernsatz, daß Jesus aller Welt Hoffnung sei, und durch die gelassene Zuversicht zum Evangelium. So unterstrich er Barths Satz: »Die Heilsbotschaft erklärt sich nicht und empfiehlt sich nicht, sie bittet nicht und unterhandelt nicht, sie droht nicht und sie verspricht nicht. Sie verweigert sich selbst überall da, wo sie nicht um ihrer selbst willen Gehör findet.« Als ein Jahr vor Haberls Tod Emil Brunner in der Wiener Universität einen Vortrag gehalten hatte, sagte Haberl beim Hinausgehn zu uns: »Das war es, was ich mein Leben lang sagen wollte; nur habe ich es so nicht gekonnt.« Doch ist das alles vierzig Jahre her!

An einigen Punkten aber ist Haberl für uns aktuell und bleibt uns Antworten auf heutige Probleme nicht schuldig. Zu nennen wäre die Frage des Volkes Israel, dem er in den letzten Jahren seines Lebens in besonderer Weise gedient hat und dem er in großer Kühnheit den Weg zu seinem Messias so freilegen wollte, daß es nicht unter das Joch des Christentums gebeugt werden dürfe. Zu nennen wäre seine Auffassung der Bekehrung: »Wir sind nicht frömmer geworden – nicht daß ich wüßte – nein, wir sind und bleiben Gottlose, aber wir sind Heilige und Geliebte, gottgeweihte Leute geworden.« Von der Autorität der heiligen Schriften meinte er, sie bewähre sich beobachtender und denkender Erwägung, weil der Heilige Geist sein überführendes Werk tut. »Aber wer kann etwas für wahr halten einfach darum, daß es in der Bibel steht? Ich nicht.« Am allerüberraschendsten ist wohl die Freiheit, mit der er Gottes Anliegen allen nationalen und persönlichen Wünschen überordnete. Seine Kriegsaufsätze sind frei vom Nationalismus in jeder Form – wer hat sonst noch in solcher Reinheit Gott und unsere Götzen auseinandergehalten?

Wir haben an Haberls Schriften noch lange zu lernen. Ob es wohl an der Zeit ist, eine Auswahl daraus unserer Generation in einem Neudruck anzubieten?

Hans Stroh

II.3 Hans Haberl als Lehrer

Eigentlich ist es falsch, von Hans Haberl als Lehrer zu sprechen. Er wollte in allem, was er tat, sagte und schrieb, Lehrer sein, und zwar nicht Lehrer irgendeiner eingelernten oder mühsam erarbeiteten Weisheit, sondern ein Lehrer der Heiligen Schrift.

Diese Einstellung führte ihn dazu, als 1902 Religionslehrerstellen an den Wiener Mittelschulen geschaffen wurden, sich für diese Aufgabe zur Verfügung zu stellen. Er hat es sich als Religionslehrer nicht leicht gemacht. Er erfuhr nicht nur, daß es ständig Arbeit an sich selbst braucht, um jungen Menschen glaubwürdig das Evangelium auszurichten. Er spürte immer wieder auch die Gegnerschaft in den Elternhäusern, mit der er dann im Unterricht zu kämpfen hatte. Aber er hat sich dieser seiner Arbeit sein Leben lang willig und ernsthaft gestellt. Für ihn war die Schule nach seinem eigenen Wort sein »Jungbrunnen«.

Es leben heute noch manche, die Haberls Schüler gewesen sind und sich seiner und seiner Arbeit gerne und dankbar erinnern. Nach Haberls Tod hat der Schreiber dieser Zeilen für eineinhalb Jahre das Akademische Gymnasium übernommen, an dem er durch viele lange Jahre hindurch Religionsunterricht erteilt hatte. Es war mir damals immer wieder eine ermutigende Freude zu merken, wie besonders in den höheren Klassen Haberls geprägte Persönlichkeit, die vom Worte Gottes lebte, wirkte. Es haben ihm viele in dieser entscheidenden Zeit ihres Lebens die Begegnung mit der Wirklichkeit Gottes und mit der frohen Botschaft Jesu Christi zu danken gehabt.

Wie ernsthaft sich Professor Hans Haberl mit den Aufgaben beschäftigte, die ihm der Unterricht immer neu auftrug, beweist die 1914 von ihm geschriebene und veröffentlichte »Methodik des Unterrichtes in der evangelischen Religion«. Es ist schade, daß heute kaum jemand diese ausgezeichnete Arbeit kennt und verwendet. Was Hans Haberl dort schrieb, gilt weithin heute noch, nicht nur in den methodischen Fragen, sondern nicht zuletzt auch in der Zielsetzung des Religionsunterrichtes.

Der Schreiber dieser Zeilen hat selber nicht das Glück gehabt, Hans Haberl als Religionslehrer zu erleben. Er ist ihm durch viele lange Jahre auf anderen Ebenen begegnet, als dem Obmann des Wiener Christlichen Vereines Junger Männer zum Beispiel, als Förderer der Äußeren Mission ebenso wie der Judenmission, nicht zuletzt aber als Lehrer und Leiter der Sonntagsschule. Als ich als Schüler der 2. Klasse der Evangelischen Schule in Gumpendorf von meinen Eltern in die Sonntagsschule geschickt wurde, war Professor Haberl ihr Leiter. Nach wenigen Jahren – ich war eben in die Quinta des Neubauer Gymnasiums gekommen – bat mich Professor Haberl, eine Gruppe der Sonntagsschule zu übernehmen. Mit zagendem Herzen ging ich an diese Aufgabe heran. Heute muß ich dankbar bekennen, daß meine Arbeit als Sonntagsschulhelfer unter Haberls Leitung für mich nicht nur der Anfang meiner kirchlichen Arbeit gewesen ist, sondern eigentlich die »hohe Schule«. Als Helfer wurden wir nämlich Woche für Woche Schüler, die Hans Haberl nicht nur für die Gumpendorfer Sonntagsschule, sondern darüber hinaus für die gesamten Wiener Sonntagsschulen vorbereitete. In diesen Stunden erschloß sich uns das Wort Gottes in einer unvergeßlich klaren, fordernden und schenkenden Weise. Stunde für Stunde schrieb ich mit, und die Bücher, die ich erst beim Ausbrennen meiner Wohnung im Jahre 1945 verlor, gehörten zu den größten Schätzen meiner Bücherei. Immer wieder habe ich sie herausgeholt und darin nachgelesen. Als ich später Student der Theologie, Vikar, Pfarrer und Jugendpfarrer wurde, hielt die Theologie Haberls, die im Grunde nichts anderes als eine demütige und zugleich anschauliche Einführung in die Wahrheit Gottes gewesen ist, der theologischen Arbeit jener Zeit und den Zeitfragen, die einen bedrängten, in einer wunderbaren Weise stand.

Im Jahre 1927 rief ich zum ersten Mal zur »Evangelischen Woche« an der Wiener Universität auf. Professor D. Brunner aus Zürich sprach damals über »Das Geheimnis Gottes« und über »Christus und die Gottessehnsucht des Menschen«. Es waren Stunden, die uns alle erhoben. Aber unvergeßlich ist mir das Bild Professor Haberls, der – man sah es förmlich – wirklich ganz Ohr gewesen ist. Er hat nachher bekannt, daß mit den beiden Vorträgen des berühmten theologischen Lehrers, in der akademischen Sprache des Professors, sein Zeugnis, das er in Schule und Sonntagsschule, in Wort und Schrift, abgelegt hatte, in einer für ihn beglückenden Weise bestätigt wurde. Als Professor Haberl ein Jahr später, für seine Familie und Freunde unerwartet, in Gottes Ewigkeit heimgerufen worden war, haben sich manche von uns dankbar dieser Stunde im Hörsaal der Wiener Universität erinnert.

Haberls Vortrag konnte manchmal sehr stockend sein. Ein Fremder konnte der Meinung sein, daß der Redner seiner Sache nicht sicher sei. Aber wer ihn kannte, verstand das besser. Haberl lebte in der Wahrheit der Heiligen Schrift. Was ihn immer wieder einmal stocken machte, war das Bewußtsein der ungeheueren Verantwortung, das Wort Gottes recht auszulegen und es dem Hörer in sein Leben und in seine Lage hinein so zu sagen, daß er Gottes Wort vernehme. Wer Haberl je einmal beten gehört hat, der konnte zu keiner anderen Deutung als der oben gegeben kommen. Was er sagte, war nie oberflächliches Gerede. Es war immer ein in der Tiefe des Herzens erfahrenes Zeugnis der Wirklichkeit Gottes und der Herrlichkeit Jesu Christi.

Für viele, die Haberl begegnet sind, darf ich bekennen, daß ich ihm für mein inwendiges Leben und für meine Arbeit im Dienste der Kirche Jesu Christi sehr viel zu danken habe. Neben einigen anderen war er der, den mir Gott gesandt hat, mir Zeuge und Lehrer des Evangeliums zu sein.

Georg Traar

II. 4 Gotthard Johannes Haberl und der christliche Verein junger Männer

Am 6. April 1968 sind es 100 Jahre her, daß Gotthard Johannes Haberl, oder wie man ihn immer nannte, Hans Haberl geboren wurde. Wenn ich nun etwas niederschreiben soll über Hans Haberl und den CVJM, so kann ich dies nur so machen, daß ich die persönlichen Erinnerungen, die ich noch an ihn habe, weitergebe und daß ich etwas sage von der Wirkung und dem Einfluß, den er auf junge Männer gehabt hat.

Haberl und der CVJM, das war für mich von Jugend an ein und dasselbe. Schon als Kind war es für mich ein Erlebnis, wenn Vater mich zum Jahresfest in die Räume der Gartenbaugesellschaft mitnahm. Chordarbietungen, magisch beleuchtete Turnerpyramiden, Festvorträge von den großen Männern des Weltbundes, wie Mott, Phildius, de Friess, u.a. bewegten mich sehr, aber im Mittelpunkt stand immer der einfache Mann mit dem braunen Vollbart, mit den strahlenden, gütigen und manchmal zornig blickenden Augen, wie er, oft um einzelne Worte ringend, Bericht erstattet über die Tätigkeit des Vereins im abgelaufenen Jahr. Es war aber meist mehr ein Rechenschaftsbericht, den er vor Gott und seinem Gewissen ablegte. Zum 25. Jahresfest fing er seinen Bericht so an: »25 Jahre Mißerfolg!«. Man hörte aus jedem Worte, wie unzufrieden er mit sich selbst war, wie sehr ihm an der rechten Art, an die Jugend heranzukommen, gelegen war und welch hohe Erwartungen er auf das Eingreifen des lebendigen Gottes, des »Seienden«, in unserer Stadt Wien setzte. Welchen Inhalt gewannen da die Worte des Liedes, das er so oft anstimmte: »Du mußt ziehen, mein Bemühen ist zu mangelhaft!«

Einmal sagte er:

> »Die Leute sagen, die Botschaft von dem gekreuzigten Christus ist nicht modern! Ich sage Euch, sie war noch nie modern, zu keiner Zeit! Aber zu allen Zeiten hat Jesus seine Leute gesucht und gefunden, die ohne ihn nicht mehr sein konnten und mit ihm beglückt durch's Leben gingen.«

Ein anderes Mal sprach er davon, daß wohl »das Christentum« zu Ende geht, daß aber der »Christus« bleibt. Was Menschen unter »Christentum« verstehen, hat keinen Bestand, kann sich ändern und wohl auch eines Tages zugrunde gehen, aber die Gemeinde Jesu bleibt, auch wenn sie verlacht und verspottet wird.

Fast Woche für Woche hielt er in dem heutigen »Haberlzimmer« die Bibelstunde, die der zentrale Ort des Vereinslebens war. Und wenn es ihm auch oft schwer wurde, die richtigen Worte zu finden, so war doch die Bibelstunde stets ein Erlebnis für die Zuhörer, weil schon beim Lesen der Bibelstelle das Wort Gottes plötzlich Leben bekam und die alten, oft abgebrauchten Worte auf einmal hell leuchteten und verständlich wurden, wenn er sie nur vorlas. Wie oft habe ich später gedacht: »Selig, wer diese Worte liest und wer sie hört!« Haberl konnte einfach mit Vollmacht Gottes Wort auslegen und sagen. Genau dasselbe unterschied einst auch Jesus von den Schriftgelehrten. Man wußte nachher, daß es nicht beim Hören bleiben konnte, sondern daß das Tun folgen muß. Haberl sagte aber niemandem konkret, was er nun tun solle, das überließ er vertrauensvoll Gott. Man diskutierte darüber, man kritisierte die Wucht und Schärfe seiner Aussagen, aber sie ließen einen nicht mehr los, bis man plötzlich wußte, was Gott von einem wollte.

Bei den monatlichen Mitgliederversammlungen war es stets etwas ganz Besonderes, wenn Haberl in kurzen Worten, an Hand einer Bibelstelle, die neu eintretenden Mitglieder begrüßte und ihnen das Risiko klar machte, das mit dem Eintritt in den Verein verbunden war. Er konnte nicht oft genug sagen, daß es sich nicht um einen Verein christlicher junger Männer handle, sondern um einen Christlichen Verein junger Männer, in dessen Mittelpunkt der Mann Christus steht, der an jeden seiner Gefolgschaftsleute einen unabdingbaren Anspruch richtet, dem man entweder folgen oder den man ablehnen kann, aber ohne Entscheidung an ihm vorbeigehen, das kann man nicht. Und in jedem Menschenleben gilt diese Entscheidung für Zeit und Ewigkeit. Wer Haberl gehört hat, der konnte diesem Jesus nicht mehr gleichgültig gegenüberstehen. Das mußte sich im Leben des Einzelnen konkret auswirken. Eine große Anzahl von Mitgliedern wußte auf einmal, daß sie mit Hand anlegen sollten am Werk für Gottes Reich, sei es im CVJM, im Chor, in der Empfangsabteilung, in der Jugendabteilung, in der Jungschar oder im Turnen, sei es in ähnlichen Arbeiten, wie z. B. in der Sonntagschule, wofür er manche CVJMer ermunterte, darunter auch mich. Unvergeßlich sind mir Haberls Sonntagschulvorbereitungen, die immer im CVJM stattfanden. Zuerst machte er uns selbst mit dem Text vertraut und er machte uns klar, daß wir nur das glaubwürdig andern weitersagen können, was wir zuerst uns selbst gesagt haben. So stand auch hinter jeder seiner Sonntagschulvorbereitungen sein eigenes Erlebnis des Textes. Als er einmal bei einer Sonntagschulkonferenz in Salzerbad gefragt wurde, wie lange er selbst zur Vorbereitung für diese Sonntagschulvorbereitung gebraucht hätte, sagte er prompt: »Mein ganzes Leben!« und das war wirklich so.

Hans Haberl war ein Original und seine monatlichen Artikel im Vereinsblatt waren Anstoß und Hilfe zugleich. Sie rüttelten einen wach, forderten zum Nachdenken heraus, erschütterten einen bis ins Mark und zeigten einem doch den Weg aus der Tiefe, den Gott für uns bereit hat, den er selbst gegangen ist und den wir schüchtern und zaghaft auch gehen dürfen als Sünder und zugleich als wertgeachtete, geliebte Kinder.

Wenn Haberl auch in kirchlichen Kreisen wenig Anklang fand, und er kritisch sagen konnte: »Sie haben in der Tat nicht übel gearbeitet im Laufe der 1800 Jahre, alle die Löscher und Beschwichtiger; und ein fauler Friede kam über die Christenheit. Nur das haben sie nicht verhindern können, daß es da und dorten neu auflodert« und dabei auch an die Kirche seines eigenen Landes gedacht hat, so hatte er umso mehr Anhänger im Ausland. Nie wären sonst die führenden Männer Deutschlands, der Schweiz, Hollands oder Amerikas (Mott, Humburg, Stange, Lust, Visser t'Hooft, Tracy Strong und viele andere) nach Wien gekommen, nie hätte der Verein durch

Fürsprache von Mott sein eigenes Haus und sein Ferienheim in der Sulz bekommen. Und wenn er auch wenig Wert auf Titel legte, so zeugt es doch von hoher Anerkennung, wenn die Universität Münster i/W. ihm den Ehrendoktor der Theologie verlieh.

So trat man auch im Jahre 1922 vom Reichsverband der Jungmännerbünde an ihn heran, er möchte auf einer der größten Tagungen der CVJM, die in Saarow bei Berlin stattfand, ein Wort an die CVJMer sagen. Ich hatte das Glück, ihn dabei begleiten zu dürfen. Er hatte das Fahrgeld 2. Klasse von Wien nach Berlin und zurück erhalten. Um mir als jungem, interessiertem, aber damals etwas knapp bestücktem Studenten die Reise zu ermöglichen, verzichtete er auf die Fahrt in der 2. Klasse und fuhr mit mir in der 4. Klasse, die es damals noch gab. Über 20 Stunden dauerte wohl die Fahrt hin und die Nacht über lagen wir mit anderen ausgestreckt auf dem Boden auf Zeitungspapier im ratternden Waggon. Gerädert kamen wir in Saarow an. Etwa 2000 junge Männer waren dort in einem großen Zeltlager versammelt. Große Arbeitslosigkeit herrschte gerade in Deutschland, die Inflation zerstörte alle Werte. Wir zahlten für ein Stück Brot Millionen Mark. Die Zukunft lag dunkel vor der Jugend. Mit dem Krieg waren auch alle Ideale verloren gegangen, die Auswirkungen waren unabsehbar, alles voller Unsicherheit. Die jungen Leute kamen aus allen Berufen, entlassene Soldaten, Studenten, brotlose Arbeiter und Angestellte, Deutschnationale, Sozialisten, Bürgerliche und Kommunisten, religiös interessierte und völlig indifferente Jugend, arm am Beutel, krank an der Seele, moralisch und politisch zerschlagen, mit Schillerhemd und kurzer Hose, jugendbewegt, mit Brotbeutel, Sandalen, Gitarre und Mandoline, ohne Geld und ohne Rückhalt, aber alle mit der brennenden Frage: »Wer kann uns helfen? Wer gibt unserem Leben einen Sinn?« Viele gute Referate wurden gehalten, viele frohe Erweckungslieder wurden gesungen, ein riesiger Posaunenchor erschallte. Die jungen Männer saßen und lagen auf der Erde, voller Erwartung – und dann kam Haberl an die Reihe. Mit leuchtenden Augen stand er da, mit schief sitzender Krawatte, mit langen, zu langen, schwarzen Hosen, den Rock hatte er ausgezogen, aber als er anfing zu reden, da herrschte Totenstille und alle hingen an seinen Lippen. Nie hatten sie jemanden so reden gehört. Es war nicht nur das Fremde, das Wienerische in seiner Aussprache, weshalb ihm sofort die Herzen zuflogen, es war der tiefe Ernst und das beglückende Zeugnis von Jesus, das alle packte. Mutig rief er in diese Jugend der 1. Deutschen Republik hinein: »Ich habe mir sagen lassen, daß wir hier in einer Republik leben, Nein! Wir leben in einer Monarchie! Weil wir einen Herrn haben, dem sich alle andern beugen müssen, dem alle Macht gegeben ist, im Himmel und auf Erden!« Man spürte förmlich, wie glücklich er war und wie es ihn bewegte, daß er so vielen jungen Menschen die frohe Botschaft von dem Herrn Jesus sagen konnte.

Haberl hat nie nach dem Erfolg gefragt, aber in der Ewigkeit wird es wohl von ihm heißen: »Du bist über Wenigem getreu gewesen, ich will dich über viel setzen!«

Wilhelm Stroh

II. 5 Aus der Erinnerung an meinen Freund Prof. D. Gotthard Johannes Haberl

Es war fast üblich, nach einer Versammlung im Christlichen Verein Junger Männer, die etwa um 1/2 10 Uhr zu Ende war, Haberl noch in seine Wohnung zu begleiten. Der herzliche Willkommensgruß der lieben Hausfrau bildete für einen Junggesellen die Atmosphäre heimischen Geborgenseins. Die Gespräche, die da geführt wurden, waren von so offenherziger Art, wie sie nur unter gleichgesinnten Menschen christlicher Prägung geführt werden können. Wenn dann Haberl seinen, mit Holzkohle geheizten, russischen Samovar für einen Tee in endloser Menge anzündete und seine, von der Holzkohle geschwärzten, Hände zeigte, waren alle in Stimmung.

Mit seinen zahlreichen schriftlichen Arbeiten begann Haberl in der Regel erst nach 10 Uhr abends, vorher gehörte seine Zeit seiner Familie oder etwa anwesenden Besuchern. Dann erst konnte er die innere Ruhe zu seiner Konzentration finden. Es war wohl selten, daß er schon vor Mitternacht seine Bettruhe suchte. Bei seinen schriftlichen Nachtarbeiten hatte er gerne in der einen Hand die Feder und in der anderen eine Virginia.

Haberl lieferte in der Regel das Geleitwort zu dem monatlich erscheinenden »Anzeiger« des CVJM. Diese Veröffentlichungen blieben nicht immer ohne Widerspruch, und das war es, was er wollte; er wollte durch spitze, prägnante Ausdrücke das Aufhorchen des Lesers erwecken und es machte ihm Freude, solche Widersprüche, wenn sie ihm zu Ohren kamen, aufzuklären. Einige seiner Veröffentlichungen sind auch heute noch absolut zeitgemäß. Haberl hatte seinen eigenen Dialekt, er wollte mit wenigen Worten markant und scharf das, was er zu sagen hatte, zum Ausdruck bringen. Durch dieses Vorhaben kam es auch, daß er in seinen Predigten mit der gewöhnlichen Umgangssprache zu kämpfen hatte und nichtaufmerksame Zuhörer deshalb oft seinen Worten nicht folgen konnten.

Daß Haberl von der Universität Münster zum D. theol. ernannt wurde, beweist seine Wertschätzung als Theologe, als Gottesgelehrter. Er war eine prophetische Natur, die mit viel Liebe und Verständnis auch im Alten Testament lebte. Mutter Haberl, die sich mit viel Verständnis in die Bestrebungen ihres Gatten einfügte, war eine liebevolle, kernige Natur, die wo sie es für nötig hielt, auch ihr kräftiges Veto einlegen konnte.

Obwohl das Ehepaar Haberl von ganz verschiedener Natur war, bildete das Eheleben doch eine schöne, von gegenseitiger Liebe getragene Harmonie. In den größeren Veranstaltungen des CVJM war Mutter Haberl stets eine treibende, unersetzliche Kraft. Auch ihr Herz gehörte der Jugend Wiens. Wenn hier so viel von der Arbeit der beiden Eheleute im CVJM die Rede ist, kann dies nicht verwundern, weil sie eben voll und ganz dem Aufbau eines weltweiten Werkes dienlich waren. Der Segen blieb nicht aus. Die vielen Jahre, welche Haberl Vorsitzender des Vereines war, und die einigende, verständnisvolle Zusammenarbeit mit den Sekretären ließ den Verein wachsen nach innen und außen, so daß auch große Aufgaben, wie der Bau eines eigenen Hauses in Angriff genommen werden konnte. An den Höhepunkten im Vereinsleben, wo bei den Vorträgen sehr prominenter Persönlichkeiten oft über 100 junge Männer den

Saal füllten, glaubte man bei der Begrüßung, Haberls Herz wolle zerspringen vor Freude, diese Menschen vor sich zu haben.

Haberl liebte das Leben. Von Herzen dankbar konnte er seine Zigarre oder ein Glas guten Weins genießen. Er konnte sein Glas mit beiden Händen umfangen und sagen: »Lieber Gott, ich danke Dir, daß Du so was Gutes hast wachsen lassen.« Wo Haberl in Gemeinschaft gleichgesinnter Menschen war, war Leben. Das Leben sprühte aus ihm und trotz seiner vielseitigen Begabung und seiner verschwenderischen Liebe zu seinen Mitmenschen ist er doch von der Masse des Volkes wenig verstanden worden. Wer Haberl ganz haben wollte, mußte ihn in Bösendürnbach, seinem jahrelangen Landaufenthalt, besuchen. Dort lebte er mit seiner Familie, wie er war. Die Kinder waren seine Freude, an ihrem Treiben und ihren Streichen konnte er sich erfreuen. Auf den Spaziergängen konnte ihm jeder Strauch, jede Wegkreuzung, jeder Baum Anlaß zu einer Besinnung werden. Dort war er gelöst von den vielerlei Verpflichtungen des Alltags und die Natur, das Zusammenleben mit der Familie und das Landleben überhaupt, waren für ihn eine Quelle steter Freude. Er war den Bauern ein Bauer und zu der Welt der Wissenschaft, Industrie und Handel standen ihm ebenso die Wege offen. Er konnte allen alles sein. Es bestand nie ein Zweifel über seine positive Einstellung in religiösen Fragen. Eine Auseinandersetzung zwischen der Kirche Helvetischer und Augsburger Konfession liebte er nicht, er war auch bei den freireligiösen Gemeinschaften zu Hause, und die Mission unter den Juden war ihm ein besonderes Anliegen. Durch diese weltoffene, geistige Veranlagung war Haberl der prädestinierte Führer und Leiter des CVJM, auf dessen breiter Basis sich sein Geist auswirken konnte. Unter seiner Führung entwickelte sich der CVJM innerhalb der evangel. Kirche zu einem Sammelpunkt der männlichen Jugend, die darin in früher Gemeinschaft Gleichgesinnter durch Pflege jugendlicher Ideale und christlichen Glaubens zu brauchbaren Menschen in Beruf, Kirche, Gesellschaft und Familie herangebildet wurde.

Die mancherlei Ämter, die frühere Mitglieder des CVJM später in der Kirche bekleideten, haben bewiesen, daß das Vereinsziel nicht zu hoch gesteckt war.

Karl Füchtner

II. 6 Ein Schüler des Akademischen Gymnasiums erinnert sich an den Religionsunterricht von Professor D. Hans Haberl

Der Vormund einer meiner Schülerinnen kam, sein Mündel zu besuchen. Nach einem kurzen Gespräch mit mir sagte er plötzlich: »Sie müssen ihn auch gekannt haben, sind vielleicht auch seine Schülerin gewesen.«

»Wen meinen Sie? Wohl Professor Haberl?« fragte ich. »Ich wußte gleich, Sie müssen ihn gekannt haben. Ich war vor etwa zwanzig Jahren sein Schüler im Akademischen Gymnasium. Wir waren zynische junge Leute, wollten an nichts glauben und fanden Religionsunterricht ganz überflüssig. Aber da kam Professor Haberl und durch ihn wurde mein ganzes Denken beeinflußt. Was er sagte, war das Zeugnis eines Mannes, der Gott wirklich erlebt hatte, sein Christus war lebendig und eine Realität.

Was er lehrte, bezeugte er durch seine ganze Art, er lebte vor uns, was er predigte. Viele verstanden ihn nicht. Aber einige junge Menschen wie ich wußten, daß wir hier etwas ganz Großes erlebten, wir sahen einen Propheten.«

Marianne Löwen

II. 7 Professor D. Hans Haberl als Förderer der Sonntagsschule

Selten ist wohl die christliche Erziehung der Kinder in der Sonntagsschule so gründlich und sorgfältig durchgeführt worden wie von Professor Haberl. Die wichtigste Aufgabe war ihm die Ausbildung und Vorbereitung der Laien-Helfer und Helferinnen in der wöchentlichen Vorbereitungsstunde. Jede dieser Stunden war aufs Sorgfältigste ausgearbeitet und vermittelte den Helfern im Lauf der Jahre eine gediegene Bibelkenntnis, die ihnen auch für ihr persönliches Leben und Werden wichtig war. Mit großer Liebe und Geduld wurden auch sehr junge Helfer – ich begann im Alter von 15 Jahren – ganz ernst genommen, ermutigt und mit Weisheit an die richtige Stelle gesetzt. Sein Wesen strahlte Liebe und Güte aus, und sein sonniger Humor machte diese gemeinsamen Stunden zu Freudenstunden.

Aber unvergeßlich ist mir auch die Ansprache bei besonderer Gelegenheit, wo er mit tiefstem Ernst von der großen Verantwortung der Erwachsenen den Kindern gegenüber sprach und von Jesu Warnung denen gegenüber, die »diesen Kleinen« Ärgernis geben.

Das große Geschenk, das Professor Haberl seinen Helfern, Schülern und Freunden übermittelte, war das Erlebnis einer Persönlichkeit, die sich Jesus Christus bis in jeder Faser verantwortlich wußte und sich seinem Dienst bedingungslos übergeben hatte; die aber dabei von einer Fröhlichkeit durchdrungen war, die bezwingend wirkte und sich auf die Mitchristen übertrug. Dürfen wir ihm den Namen geben »der Apostel des *fröhlichen* Christentums?«

Käthe Löwen

II. 8 Erinnerungen an Prof. Haberl

Prof. Haberl lernte ich als Gymnasialschüler während einer Studentenfreizeit in Kameral-Ellgoth – Schlesien, kennen. Es war im Juli 1913 – also noch zu Zeiten der Österreichisch-Ungarischen Monarchie. Ein Jahr vorher veranstaltete der Christliche Studenten-Weltbund eine Studentenkonferenz in Brünn, an der deutsche, tschechische und polnische Studenten teilnahmen. Das Wort Gottes wurde mit Vollmacht dargeboten und viele wurden vom Geiste Jesu Christi ergriffen. Es entstanden Studentenbibelkreise in Wien, Prag, Brünn, Teschen. Prof. Haberl war die Seele der Christokratischen Studenten-Vereinigung in Wien, einer Abzweigung des Weltbundes.

Für die Zwecke der neuen Arbeit wurde eine größere Villa am Bergabhang der Beskiden inmitten eines Fichtenwaldes gekauft, mit einer herrlichen Aussicht auf die ganze Umgebung. Das Geld gab ein Freund der Bewegung aus Amerika.

Im Juli 1913 war die ganze Familie Haberl in der Villa in Kameral-Ellgoth mit einer Gruppe von Studenten – Deutschen, Tschechen und Polen. Neben Musik und allerlei Unterhaltung wurde das Bibelstudium ernst betrieben. Prof. Haberl mit seinem ernsten und doch freundlichen Gesicht war die Hauptperson der Freizeit.

Später traf ich Prof. Haberl noch während der Ostern- und Sommerkonferenz in Kameral-Ellgoth, wo er als Redner auftrat.

Im Herbst 1914 fuhr ich nach Wien, um daselbst bis 1920 zu studieren. Im Hause vom Prof. Haberl fand ich freundliche Aufnahme und allerlei Hilfe. Ich wurde Mitglied der C.S.V. Im Lokal der Vereinigung sah und hörte ich öfters Prof. Haberl. Er sprach bündig und mit großem Nachdruck. Ein jedes Wort war bei ihm gut ausgewogen. Seine Ansprachen machten immer einen Eindruck auf die Zuhörer. Sein Lieblingsthema war die Herrschaft Jesu Christi. Mit Vorliebe besprach er die messianischen Psalmen. Man merkte, er ist mit ganzer Seele dabei. Sein Zeugnis war für mich sowie meine polnischen Kollegen, die damals Theologie studierten, von reichem Segen.

Ing. Stan. Hlawiczka, Sekretär der Evangelisations-Kommission
der a. evangelischen Kirche in Polen.

II. 9 Worte von G. J. Haberl

Ich lerne immer mehr erkennen, ein wie Großes es ist, das ewige Heil der allernächsten Nächsten ein wenig auf dem Herzen zu tragen und vor dem Herrn zu vertreten.

Man sollte viel weniger mit den Menschen über Gott, als mit Gott über Menschen reden. Gott tut nichts, worum er nicht ernstlich und unermüdlich gebeten worden ist. Christentum ist keine Sache, für die es sich lohnt zu leben und zu leiden; aber Christus ist der Mann, der es wert ist, daß man für ihn lebe, leide und sterbe … Es muß vergehen; er aber bleibt. Christus ist des Gesetzes Ende; wer an den glaubt, der ist gerecht: Christus ist alles Christentums Ende für jeden einzelnen, der sich unmittelbar mit ihm, dem lebendigen und waltenden Herrn, ins Einvernehmen setzt; an so einem werden die Leute sehr viel auszusetzen haben, mit Recht und Unrecht, und er selbst am meisten; aber der Herr Gott und seine heiligen Engel haben ihre Lust an ihm und ihr Wohlgefallen.

II. 10 Die Pariser Basis (vom 22. August 1855)

Die Christlichen Vereine Junger Männer haben den Zweck, solche junge Männer miteinander zu verbinden, welche Jesus Christus nach der Heiligen Schrift als ihren Gott und Heiland anerkennen, in ihrem Glauben und Leben seine Jünger sein und gemeinsam darnach trachten wollen, das Reich ihres Meisters unter den jungen Männern auszubreiten.

Die Theologin Olga Lau-Tugemann

Von Sabine Maurer

I. Einleitung: Wie alles begann: Eine Notiz weckt mein Interesse

Zum 100jährigen Bestehen der Evangelischen Pfarrgemeinde A.B. Stainz-Deutschlandsberg, in der ich mich seit Jahrzehnten engagiere und auch zehn Jahre Kuratorin war, gab das Presbyterium eine Festschrift heraus.[1] Heinz Richter, Presbyter und Militärhistoriker, erstellte dafür eine Chronik, die das Geschehen der Pfarrgemeinde in Kurzform wiedergibt. In dieser Liste der Ereignisse, die die Pfarrgemeinde in den 100 Jahren ihres Bestehens beschäftigten, erregte eine Notiz meine Aufmerksamkeit:

> »1919, 26. 1. Vorschlag von Pfarrer Haase an das Presbyterium Frau Olga Lau-Zugemann [sic!] aus St. Martin i. S. (Theologin) die Abhaltung von Gottesdiensten zu übertragen, Mehrheit des Presbyteriums dagegen!«

Dieser Satz ist eingebettet in zwei weitere Ereignisse, die festgehalten werden:

> »23. 6. 1918: Beschluss zur Errichtung eines Schweinestalles an der Westseite des Pfarrhauses, 28. 11. Ende des 1. Weltkriegs, 1. 12. Erörterung der Umstellung der evangelischen Kirche auf die neuen politischen Umstände im Staat.«

Und es folgt: »9. 3. 1919 Die durch Holzschwamm zerstörten Kirchenbänke müssen erneuert werden.«[2]

Mich erstaunt noch heute, dass der Autor der Chronik den Vorschlag von Pfarrer Haase festgehalten hat und dass er ein Ausrufungszeichen hinter den Satz »Mehrheit des Presbyteriums dagegen!« setzte. Leider konnte ich ihn nicht mehr fragen, was ihn damals dazu bewegte, da er vor einigen Jahren gestorben ist.

Mir stellten sich jedenfalls beim Lesen dieser Zeilen gleich mehrere Fragen: Gab es damals schon evangelische Theologinnen in Österreich, die befugt waren, Gottesdienste zu halten? Welche Ausbildung hatte Frau Lau-Tugemann? Wer war Olga Lau-Tugemann? Welche Situation machte den Vorschlag von Pfarrer Haase notwendig? Welche Gründe wurden für bzw. gegen diesen Vorschlag von den Presbytern im Protokoll genannt?

Es sollte elf Jahre dauern, bis ich diesen Fragen nachgehen konnte. Denn die Notiz in der Chronikliste hatte ich nie vergessen. Als ich mir dann im Jahr 2012 das Protokollbuch des Presbyteriums vornahm und in dem von Pfarrer Haase in Kurrentschrift verfassten Protokollen der Presbyteriumssitzungen nach dieser Notiz suchte, hat mich der Forschergeist gepackt. Ich fand heraus, dass die Mehrheit des

1 Presbyterium der Evangelischen Pfarrgemeinde A.B. Stainz (Hg.): 100 Jahre Evangelische Pfarrgemeinde A.B. Stainz. Evangelische Friedenskirche Stainz. Ein' feste Burg ist unser Gott. Vertraut den neuen Wegen (Festschrift) (Stainz 2001).

2 Ebenda 39.

Presbyteriums den Vorschlag nicht ablehnte, sondern dass »der Gedanke teils Zustimmung, teils Ablehnung erfuhr«[3] (was im Grunde allerdings auf dasselbe hinausläuft). Außerdem entdeckte ich, dass der Name der genannten Theologin nicht Olga Lau-**Z**ugemann, sondern Olga Lau-**T**ugemann war. Und damit fing alles an.

Zunächst versuchte ich herauszufinden, was über Olga Lau-Tugemann bekannt ist, und stieß dabei auf einen Artikel im Lexikon der frühen Theologinnen von Hilde Bitz.[4] Der Artikel beginnt folgendermaßen: »Es sind nur wenige Daten von Olga Tugemann bekannt; zu wenige, um ein Lebensbild erstellen zu können. Aber dennoch sind die aufgefundenen Spuren so gewichtig, dass sie festgehalten werden sollen.«[5]

Hilde Bitz nennt zwei wesentliche Spuren: Olga Tugemann war die erste evangelische Theologiestudentin in Zürich und promovierte an der Universität Leipzig 1915 im Fach evangelische Theologie. Danach verlieren sich ihre Spuren. Und genau das reizte mich, mehr über sie herauszufinden. Auf meiner Suche nach weiteren Veröffentlichungen über Olga Tugemann stieß ich auf einen weiteren Artikel, nämlich »Die Wiener evangelisch-theologische Fakultät im Studienjahr 1907/08«[6] von Karl Schwarz, in dem er Olga Tugemann als erste außerordentliche Hörerin der Fakultät erwähnt. Der in diesem Zusammenhang kurz skizzierte Lebenslauf verfolgt den Weg zwar bis 1931, dem Zeitpunkt ihres Eintritts in die katholische Kirche, bricht aber mit diesem Jahr ab. Für mich war diese Situation Ansporn, ein Lebensbild von Olga Tugemann zu erstellen, das die Lücken in der Biographie möglichst schließt. Ich wollte ihr Leben aber auch in seinem inneren Zusammenhang verstehen. Dass ein solches Vorhaben immer nur begrenzt möglich ist, ist mir bewusst. Als sich im weiteren Verlauf meiner Beschäftigung mit Olga Tugemann dann auch eine Handvoll Veröffentlichungen von ihr selbst finden ließen, bot sich die Gelegenheit, ihr theologisches Denken kennenzulernen und damit auch einen Zugang zum Verständnis ihrer Konversion zum katholischen Glauben zu erhalten.

Somit möchte ich nun Olga Lau-Tugemann, soweit ich es herausfinden konnte, in ihrem Leben und Denken vorstellen.

---

3 »Protokolle über Sitzungen des Presbyteriums und der Gemeindeversammlung der Evangelischen Pfarrgemeinde A.B. Stainz (Band II) begonnen im Jahr 1915 (zweiten Jahre des Weltkrieges) beendet mit dem Jahr 1928«, Archiv der Evangelischen Pfarrgemeinde A.B. Stainz-Deutschlandsberg (APGSt).

4 Hilde Bitz, Lic. theol. Olga Tugemann 1887. *Lexikon früher evangelischer Theologinnen. Biographische Skizzen*, hg. von Hannelore Erhart (Neukirchen-Vluyn 2005) 411.

5 Bitz, Tugemann (wie Anm. 4) 411.

6 Karl W. Schwarz, Die Wiener Evangelisch-theologische Fakultät im Studienjahr 1907/08. *Wiener Jahrbuch für Theologie* 8 (2010) 261–277.

II. Olga Lau-Tugemann: Erste evangelische Theologin und katholische Ordensfrau. Eine Biographie

II.1. Die Anfänge in Reichenberg und Wien 1887–1907

Olga Adele Tugemann wurde am 8. März 1887 in Reichenberg in Nordböhmen (heute Tschechien) geboren und dort am 19. März desselben Jahres römisch-katholisch getauft.[7] Ihr Vater, Gottfried Tugemann (13. September 1857–19. März 1931), war von Beruf Bierverschleißer.[8] Darunter versteht man wahrscheinlich den Beruf eines Schankwirts, dem es gestattet war, eine bestimmte Menge Bier steuerfrei zu verkaufen. Die Mutter von Olga Tugemann hieß ebenfalls Olga (wurde aber Adele genannt[9]) und war eine geb. Austel, Edle von Buchenhain (10. Juni 1864–10. November 1938).[10] Knapp drei Jahre nach Olgas Geburt kam ihre Schwester, Maria Elisabeth Adele (10. Jänner 1890), zur Welt.[11] Zu ihr hatte Olga ihr Leben lang ein enges Verhältnis. Der Vater der beiden sowie Olga und Maria traten an demselben Tag, am 8. März 1904, aus der römisch-katholischen Kirche aus und in die evangelische Kirche ein.[12] Olga war zu diesem Zeitpunkt siebzehn, Maria vierzehn Jahre alt. Maria war also gerade erst religionsmündig geworden.[13] Der Hintergrund des Konfessionswechsels dürfte in der Los-von-Rom-Bewegung zu suchen sein. Aber dazu später. Die Familie Tugemann lebte in Altharzdorf bei Reichenberg und Olga genoss bis 1906, also bis zu ihrem 19. Lebensjahr, ihre Schulbildung durch »private Gymnasialstudien«.[14] Um

7 Geburts-und Taufschein von Olga Tugemann, Privatarchiv Brigitte Orthaber (AO) Nr. 31.

8 Angabe auf dem Geburts- und Taufschein von Olga Tugemann »Gottfried Tugemann Bierverschleißer in Reichenberg 22. II, ein Sohn des Gottfried Tugemann, Gastwirtes in Reichenberg Nr. 22. I.«. 1923 gibt Gottfried Tugemann seinen Beruf mit »Wirtschaftsbesitzer« an. Vgl. Trauungsbuch der evang. Pfarrgemeinde Stainz, 1923, S. 43, Nr. 1 (Gottfried Tugemann als Beistand bei der Hochzeit seiner Tochter Maria Tugemann mit Wilhelm Roloff), APGSt (wie Anm. 3).

9 Laut Aussagen der Nachkommen von Maria Tugemann.

10 Die Eltern heirateten am 6. März 1886. Vgl. Todtenbuch der evang. Pfarrgemeinde Stainz 1901–1937, Band II, 1931, S. 54/2, APGSt (wie Anm. 3).

11 Geburts- und Taufschein Maria Tugemann, freundlich zur Verfügung gestellt von Eva Roloff.

12 Geburts- und Taufschein von Olga Tugemann, AO (wie Anm. 7) Nr. 31: Olga Lau-Tugemann »ist laut Zuschrift des Magistrats Reichenbergs von 8. 3. 1904 Z61/4 aus der kathol. Kirche ausgetreten«. Ausgestellt vom Erzdekanalamt Reichenberg am 5. Mai 1923 No. 1817 und: Geburts-und Taufschein Maria, Elisabeth, Adele Tugemann ausgestellt vom Land Böhmen Bezirkshauptmannschaft Reichenberg Magistrat Reichenberg No. Exh. 5687, freundlich zur Verfügung gestellt von Eva Roloff. Gottfried Tugemann ist zusammen mit Olga und Maria im Namensregister von 1904 genannt. Vgl. Beifügung R. V. (wahrscheinlich Religionsveränderung) Stadtarchiv Reichenberg – Rs (Kirchenangelegenheiten), Inventarnummer 6, Namenregister No-Z, Buch Nr. 6.

13 Interkonfessionelles Gesetz vom 25. Mai 1868 (RGBl. Nr. 49/1868) Art. 4 (freundlicher Hinweis von Prof. Dr. Karl Schwarz).

14 Reifezeugnis vom 11. Juli 1907 ausgestellt vom Mädchen-Obergymnasium des Vereins für erweiterte Frauenbildung in Wien 6. Bez. Rahlgasse 4 mit Öffentlichkeitsrecht, AO (wie Anm. 7) Nr. 2. Sie selbst fasst auf der Umschlagseite ihrer Dissertationsschrift ihre schulische Ausbil-

einen »ordentlichen« Abschluss zu erreichen, machte sie im Herbst 1906 die Aufnahmeprüfung als so genannte »öffentliche Schülerin« im Wiener Mädchen Obergymnasium des Vereins für erweiterte Frauenbildung im 6. Bezirk in der Rahlgasse 4. Dort erhielt sie nach dem Besuch der 8. Klasse am 11. Juli 1907 ihr Reifezeugnis und damit die Berechtigung zum Studium.[15] Sie entschloss sich, evangelische Theologie an der Universität Wien zu studieren. Da Frauen erst 1928 für ein reguläres Studium der evangelischen Theologie in Wien zugelassen wurden,[16] konnte sie nur als so genannte außerordentliche Studentin im Wintersemester 1907/08 an der evangelisch-theologischen Fakultät zu studieren beginnen – und sie war auch die einzige Frau der 32 Neu-Immatrikulierten.[17] Als 21 Jahre später, am 12. April 1928, der Oberkirchenrat in Wien auch Frauen zum Studium der evangelischen Theologie zuließ, stieß dieser Erlass[18] bei manchen noch auf Bedenken. Im Protokollbuch der evangelischen Pfarrgemeinde Stainz, der Olga Tugemann später für kurze Zeit angehörte, findet sich ein diesbezüglicher Hinweis. Die Reaktion des Presbyteriums vom 22. April 1928 auf den gerade bekannt gemachten Erlass lautet:

> »Der Erlass des OKR Zl.1475 vom 12. April 1928 worauf nun auch Frauen ord(entliche) Studentinnen der Theologie sein können, wird zur Kenntnis genommen, aber der Meinung Ausdruck gegeben, daß diese Erlaubnis nur die Übernahme einer Religionslehrerinnenstelle, nicht den Eintritt ins Pfarramt vorbereiten sollte.«[19]

Als ordentliche Studentin schrieb sich Olga Tugemann in der philosophischen Fakultät in Wien ein und belegte dort philosophische und geschichtliche Vorlesungen.[20]

---

dung folgendermaßen zusammen: »Bis zum 14. Jahre besuchte ich die Volks- und Bürgerschule meiner Heimatstadt. Vom 16. Jahr an erhielt ich 2½ Jahre Privatunterricht in den Gymnasialfächern und besuchte dann noch 1½ Jahre das Mädchengymnasium in Wien.« Welcher Tätigkeit sie zwischen ihrem 14. und 16. Lebensjahr nachgegangen ist, erwähnt sie nicht. Vgl. Olga Lau-Tugemann, Ludwig Feuerbachs Religionstheorie. Inaugural-Dissertation zur Erlangung der Theologischen Lizentiatenwürde der Theologischen Fakultät der Universität Leipzig (Reichenberg 1915).

15 Gymnasialzeugnis Mädchen-Obergymnasium des Vereins für erweiterte Frauenbildung in Wien (6. Bezirk, Rahlg. 4) mit Öffentlichkeitsrecht, 1. Semester 1906/07 der 8. Klasse und Reifezeugnis derselben Schule, AO (wie Anm. 7) Nr. 1 und 2.

16 Schwarz, Wiener Fakultät (wie Anm. 6) 262.

17 Frequentationszeugnis Wien 17. März 1908, AO (wie Anm. 7) Nr. 3; Schwarz, Wiener Fakultät (wie Anm. 6) 262.

18 Erlass des OKR Wien mit der Zahl 1475 vom 12. April 1928.

19 Aus dem Protokollbuch der evangelischen Pfarrgemeinde Stainz A.B. Vgl. »Protokolle über Sitzungen des Presbyteriums und der Gemeindeversammlung der Evangelischen Pfarrgemeinde A.B. Stainz (Band II) begonnen im Jahr 1915 (zweiten Jahre des Weltkrieges) beendet mit dem Jahr 1928«, Sitzung am 22. April 1928 Punkt 1. Einlauf, APGSt. (wie Anm. 3).

20 Nationale der philosophischen Fakultät des Archivs der Universität Wien, Wintersemester 1907/08, Sign.: 287. Diese Dokumente stehen in Widerspruch mit ihrer später auf der hinteren Umschlagseite (s.o. Anm. 14) ihrer Dissertationsschrift gemachten Angabe: »Nach bestandener Reifeprüfung wandte ich mich zunächst dem medizinischen Studium zu, ging aber bald zur Theologie über.« Vgl. Lau-Tugemann, Feuerbachs Religionstheorie (wie Anm. 14). Eine Inskription im Fach Medizin an der Universität Wien kann nicht nachgewiesen werden.

II. 2 Studium der evangelischen Theologie und Lizentiat 1908–1915

Im Sommersemester 1908 ging Olga Tugemann nach Zürich und inskribierte sich dort zunächst im Fach Geschichte und im Wintersemester 1908/09 im Fach evangelische Theologie.[21] Sie war damit die erste Frau, die sich an der theologischen Fakultät in Zürich immatrikulierte.[22] Möglicherweise war dies auch der Grund dafür, dass sie gleich zu Beginn ihrer Studienzeit in Zürich Präsidentin des Internationalen Studentinnenvereins Zürich (IStV) wurde, der 1895 gegründet worden war und bis 1911 existierte.[23] An der Zürcher theologischen Fakultät blieb sie bis Ende Sommersemester 1909,[24] vier weitere Semester verbrachte sie an der Königlichen Friedrich Wilhelm Universität Berlin (1909/10 bis SoSe 1911).[25] Auf diese Zeit in Berlin folgten sechs weitere Semester an der Universität Leipzig (bis 30. Juli 1914),[26] wobei das letzte Semester ein Urlaubssemester war.[27] Im Jahr 1915 erhielt sie mit ihrer Arbeit über Ludwig Feuerbachs Religionstheorie und mit ihrem »magna cum laude« bestandenen Rigorosum die theologische Lizentiatenwürde. Die in lateinischer Sprache abgefasste Urkunde trägt so ehrenwerte Namen wie die des Königs von Sachsen Friedrich August, unter dessen Aufsicht die Universität stand, des Rektors Albert Koester und des Dekans der theologischen Fakultät D. Paul Althaus, der die Urkunde unterzeichnete.[28] Der akademische Grad Lizentiat wird unterschiedlich verwendet. »Bis 1944/45 verliehen die meisten evangelisch-theologischen Fakultäten in Deutschland den Grad im Rahmen eines Promotionsverfahrens.«[29]

Olga Tugemann war damit »die erste Frau, die in Leipzig promoviert wird und sie war die erste aus der evangelischen Kirche in Österreich stammende Theologin«.[30] Da Frauen in dieser Zeit die Zulassung zum Pfarramt verwehrt war und sie deshalb auch

21 Matrikeledition der Universität Zürich Matr.Nr. 18024. Vgl. URL: http://www.matrikel.uzh.ch/acive/static/27265.htm [Abfragedatum: 12. 8. 2013].

22 Ebenda und Regula Schnurrenberger, Vom Studium zur vollen Berufsausübung: Ein langer Weg, in: Ebenso neu als kühn. 120 Jahre Frauenstudium an der Universität Zürich, hg. vom Verein Feministischer Wissenschaft Schweiz (Zürich 1988) 185.

23 Siehe Anm. 1 bei Schnurrenberger, Studium (wie Anm. 22) 228 und ebenda 191. Unterschrift von 27. November 1908 mit »theol. Olga Tugemann« für den I.ST.V.Z. (Staatsarchiv des Kantons Zürich).

24 Matrikeledition der Universität Zürich (wie Anm. 21).

25 Abgangszeugnis der Königlich Friedrich Wilhelm Universität zu Berlin vom 11. August 1911, AO (wie Anm. 7) Nr. 4.

26 Sie selbst spricht in ihrem Brief an den OKR vom 25. Juni 1920 nur von 4 Semestern in Leipzig und zählt das Semester in Wien nicht dazu. Vgl. Archiv der evangelischen Kirche in Wien (AEKÖ) Nr. 2779/33J4/No (letzte Ziffern unleserlich).

27 Abgangszeugnis der Universität Leipzig ausgestellt am 30. Juli 1914, AO (wie Anm. 7) Nr. 5.

28 Urkunde zur Verleihung des Titels Lic. theol. an Frau Olga Tugemann von der Universität Leipzig vom 12. Sonntag nach Trinitatis 1915 (22. August 1915), AO (wie Anm. 7) Nr. 6.

29 Ein Lizentiat ist ein akademischer Grad, der »in Österreich und der Schweiz als regulärer Studienabschluß fortbesteht, [...] und [...] nach 1945 auch in ev.-theolog. Fakultäten durch den Doktorgrad (Dr. theol.) ersetzt« wurde. Vgl. Art. Lizentiat. *Brockhaus Enzyklopädie in 24 Bänden*[19] 13 (1990) 467–468.

30 Schwarz, Wiener Fakultät (wie Anm. 6) 263.

nicht zum kirchlichen Examen zugelassen waren,[31] war die Promotion die einzige Möglichkeit für Frauen, das Studium der evangelischen Theologie abzuschließen.[32]

Welche Befürchtungen dieser Abschluss auslöste, zeigt eine Anfrage des Oberkirchenrates der evangelischen Landeskirche in Baden an die theologische Fakultät in Leipzig. Der Oberkirchenrat hatte aus der preußischen Kirchenzeitung (24. Oktober 1915) erfahren, dass »ein Frl. Tugemann« von der Fakultät zum »Lic. theol.« ernannt wurde. Daher fragte er am 8. November 1915 an, »ob für diese Dame die Möglichkeit besteht, in der sächsischen oder preußischen Landeskirche zum theol. Examen zugelassen zu werden«.[33] Der Hintergrund der Anfrage wird dann im Folgenden deutlich: »Einer Dame«, gemeint ist Frau Elsbeth Oberbeck,[34] wurde die Zulassung in Aussicht gestellt »lediglich zum Abschluss des Studiums, ausdrücklich ohne jede Verpflichtung, ihr den Zutritt zum Pfarramt zu gewähren«.[35] Man befürchtete also, dass der Abschluss an der theologischen Fakultät durch das Lizentiat die Möglichkeit eröffnen könnte, Frauen zum Pfarramt zuzulassen. Die vertrauliche Anfrage wurde vom Dekan der theologischen Fakultät Leipzig, D. Frenzel, abschlägig beantwortet:

> »Ihre vertrauliche Anfrage [...] beantworte ich gern dahin, dasz Frl. Olga Tugemann [...] die theologische Licentiatenwürde bei uns erlangt hat, dasz aber meiner Kenntnis nach damit keinerlei Möglichkeit gegeben ist, dasz sie in unserer Landeskirche zum theologischen Examen je zugelassen werden könnte.«[36]

---

31 In Österreich wurden Frauen erst im Jahr 1965 zum evangelischen Pfarramt zugelassen, allerdings noch mit der Einschränkung, dass sie mit ihrer Verehelichung aus dem Dienstverhältnis zur Kirche ausscheiden und aus der Kandidatenliste zu streichen sind (Beschluss der 6. Generalsynode der Evangelischen Kirche A.u.H.B. vom 17. November 1965, veröffentlicht im Amtsblatt für die Evangelische Kirche A.u.H.B. in Österreich, 1. Stück des Jahrgangs 1966, ausgegeben am 26. Jänner 1966 ABl.-Nr. 4/1966 bzw. 5/1966, Zl.641/66 vom 18. Jänner 1966). 1980 wurde dann die völlige dienstrechtliche Gleichstellung von Frauen und Männern im Pfarramt von der 9. Generalsynode der Evangelischen Kirche A.u.H.B. am 26. März 1980 beschlossen (veröffentlicht im Amtsblatt für die Evangelische Kirche A.u.H.B. in Österreich, 4. Stück des Jahrgangs 1980, ausgegeben am 30. April 1980 Zl. 2692/80 vom 14. April 1980, ABl.-Nr. 46/1980 bzw. 47/1980).

32 Das schreibt Olga Lau Tugemann auch in ihrem Brief an den Oberkirchenrat (OKR) am 25. Juni 1920, in dem sie um Zuerkennung des Rechtes, Religionsunterricht an Mittelschulen erteilen zu dürfen, bittet. Ihre Bitte begründet sie folgendermaßen: »Die Kandidatenprüfung habe ich nur deshalb nicht abgelegt, weil sie einer Frau zur Zeit meines Studiums noch nicht abgenommen wurde. Um doch ein völlig abgeschlossenes Theologiestudium hinter mir zu haben, entschloß ich mich eben zur Licentiatenprüfung, für die die theologische Fakultät der Universität Leipzig ein Theologiestudium von mindestens 10 Semestern fordert.« Vgl. AEKÖ Wien (wie Anm. 26) Nr. 2779/2033J4/No (letzte Ziffern unleserlich).

33 Archiv der evangelischen Landeskirche in Baden: LKA Karlsruhe GA 5906, freundlich zur Verfügung gestellt von Hilde Bitz.

34 Gemäß Hilde Bitz handelt es sich hierbei um Elsbeth Oberbeck. Vgl. Bitz, Olga Tugemann (wie Anm. 4) 411.

35 Archiv der evangelischen Landeskirche Baden (wie Anm. 33).

36 Brief vom 14. November 1915, Archiv der evang. LK in Baden LKA GA 5609 (wie Anm. 33), freundlich zur Verfügung gestellt von Hilde Bitz.

Zudem sei nicht die Fakultät, sondern das evangelisch-lutherische Landeskonsistorium befugt, dazu Auskunft zu geben.

II.3 Heirat von Olga Tugemann mit Richard Lau

Vermutlich gegen Ende ihrer Studienzeit in Berlin oder Leipzig lernte Olga Tugemann Richard Lau kennen. Er war drei Jahre jünger als sie (geb. am 30. August 1890), stammte aus Brünn, damals Südmähren, heute Tschechien, und studierte ebenfalls evangelische Theologie.[37] Olga Tugemann und Richard Lau verlobten sich am 4. Juli 1913.[38] Gottfried Tugemann, Olgas Vater, schreibt wenig später in einem Brief aus Reichenberg/Altharzdorf an die Mutter von Richard Lau in Berlin über ihn: Er habe Richard vor Kurzem kennengelernt und »in ihm ganz den Mann [gefunden] wie ich ihn mir für eine Tochter wünsche, habe ihn recht lieb gewonnen und hoffe, daß Sie Anlaß haben für Olga ebenso zu empfinden«.[39] Als ein Jahr später der Erste Weltkrieg ausbrach, rückte Richard Lau ein und wurde gleich zu Beginn am 1. November 1914 in Belgien schwer verwundet. Olga Tugemann und Richard Lau heirateten am 15. Oktober 1916,[40] zu einem Zeitpunkt, als abzusehen war, dass Richard Lau sich von seiner Verwundung nicht mehr erholen würde.[41] Dreieinhalb Monate später starb er an deren Folgen (2. Februar 1917).[42] Beerdigt wurde Richard Lau in Altharzdorf bei Reichenberg, wo zu dieser Zeit die Familie Tugemann noch ihren Wohnsitz hatte.[43] Welche Erschütterung für Olga Tugemanns Leben und insbesondere auch für ihren Glauben der Tod ihres Mannes bedeutete, macht auch die Grabinschrift deutlich, die sie auf eine Tafel eines Birkenkreuzes und dann später auf die steinerne Grabplatte gravieren ließ. Die Inschrift lautet:

> »Hier ruhet in Gott
> Mein geliebter Mann
> Richard Lau
> Geb. 30. 8.1890 in Brünn
> verwundet 1. 11. 1914 in Belgien
> Gestorben 2. 2. 1917 in Berlin«

---

37 »Anzeige über die Verheiratung« von Richard Friedrich Albert Lau, Formblatt 3, AO (wie Anm. 7) Nr. 32.

38 Verlobungsanzeige, AO (wie Anm. 7) Nr. 34. Sie enthält drei Adressen, nämlich die der Familie Tugemann in Reichenberg/Altharzdorf, der Familie Lau in Berlin (Bernauerstr. 31) und Leipzig (Johannisallee 4), wo Olga Tugemann zu dieser Zeit studierte.

39 Brief von Gottfried Tugemann an die Mutter von Richard Lau vom 21. September 1913, freundlich zur Verfügung gestellt von Eva Roloff.

40 Heiratsurkunde von Olga Tugemann und Richard Lau, Königl. Standesamt Berlin 13 B Reg. nr. 753/16 ausgestellt in Berlin am 23. Mai 1917, AO (wie Anm. 7) Nr. 33.

41 Die Nachkommen der Familie von Olgas Schwester Maria, verh. Roloff, sprechen daher auch von der Heirat der beiden »am Totenbett«.

42 Das Sterbedatum stammt von einem Foto des Grabsteines von Richard Lau auf dem Friedhof in Reichenberg, freundlich zur Verfügung gestellt von Eva Roloff.

43 Das Foto von seinem Grabstein ist auf der Rückseite beschriftet mit 14 bzw. 15 am Harzdorfer Friedhof, freundlich zur Verfügung gestellt von Eva Roloff.

Darunter folgt ein kurzer Text:

»Du hast mich treulich gedemütigt
Wer seine Hoffnungen mehr liebt als Dich
Ist Dein nicht wert«[44]

II. 4 Aufbau des beruflichen Werdegangs 1917–1929

Nach dem Tod ihres Ehemannes war Olga Lau-Tugemann genötigt, sich neu zu orientieren und musste nach Möglichkeiten suchen, ihren Lebensunterhalt zu verdienen. Es war naheliegend, dass sie sich eine Stelle zur Erteilung des Religionsunterrichts suchte. Allerdings fehlte ihr für das Unterrichten die Zulassung der evangelischen Kirche und so legte sie vor der »westlichen evangelischen Superintendentur A.B.« in Aussig am 11. Oktober 1917 eine Prüfung in Methodik und Praktischer Katechese ab. Die Prüfungskommission gewann den Eindruck, »dass Frau Lic Lau-Tugemann auf katechet. Gebiete reiches Wissen besitzt und daß ihr eine lebendige Behandlung des Stoffes vor den Kindern gelingen muss. [...] Es wäre zu wünschen, daß die genannte Theologin für ein segensreiches Wirken in unserer Kirche freie Bahn fände«.[45] In der evangelischen Gemeinde Grottau, einer kleinen Stadt in der Reichenberger Region, also unweit ihres Heimatortes in Altharzdorf, wo zu der Zeit noch ihre Eltern und ihre Schwester Maria lebten, hielt sie in Vertretung des Pfarrers ihren ersten Religionsunterricht. Für diese Zeit (Winterhalbjahr 1917/18) bescheinigte man ihr, dass sie die Religionsstunden »zur größten Zufriedenheit der ganzen Gemeinde«[46] abhalte.

Bald darauf, also im Frühjahr des letzten Kriegsjahres 1918, verließen die Familie Tugemann und Olga ihren Heimatort Reichenberg. Die Gründe lagen vermutlich in den politischen Vorgängen. Denn »seit dem Sommer 1917, besonders im Jahre 1918 häuften sich Erklärungen von Politikern aller Richtungen, die einen selbständigen tschechischen Staat unter Einbeziehung der Slowaken forderten«,[47] in dem den Deutschböhmen eine untergeordnete Rolle zugewiesen werden sollte, die diese aber ablehnten. Daher suchte Gottfried Tugemann nach einer neuen Bleibe in der Steiermark und fand sie in der kleinen Gemeinde Oberhart/St. Martin im Sulmtal im Bezirk Deutschlandsberg. Dort kaufte er einen landwirtschaftlichen Grund mit einem Haus und Wirtschaftsgebäuden und siedelte sich mit seiner Frau und seinen beiden

44 Vgl. Anm. 42. Foto vom Grabstein Richard Laus. Die Worte auf dem Grabstein dürften von Olga Lau-Tugemann stammen, da von Richard Lau als »mein Ehemann« gesprochen wird. Ein Jahr später wurde der Grabinschrift eine eigene steinerne Tafel mit einem eingeritzten Eisernen Kreuz von der Mutter und dem Bruder Richard Laus hinzufügt. Aufschrift: »Dem geliebten Sohn und Bruder Richard Lau zum 2. Februar 1918.«

45 Zeugnis ausgestellt in Gablonz a.N. am 1. Juli 1920 von der Deutschen evangelischen Kirchenleitung i-d. tsch.-sl. R. Zahl 1787 Kaiserl. Königl. Evangelischer Oberkirchenrat, AO (wie Anm. 7) Nr. 7.

46 Bescheinigung des evangelischen Pfarramtes, unterzeichnet von Pfarrer Günther und am 28. Juni 1920 ausgestellt, AO (wie Anm. 7) Nr. 8.

47 Manfred ALEXANDER, Kleine Geschichte der böhmischen Länder (Stuttgart 2008) 381.

Töchtern Olga und Maria an.[48] Er führte einen landwirtschaftlichen Betrieb, der den Lebensunterhalt für sich und die Familie gesichert haben dürfte. Später nahm er auch Gäste auf, die die Sommerfrische in Oberhart verbrachten.[49] Seine Frau konnte nicht in der Landwirtschaft mitarbeiten, da sie psychisch krank war und von der Tochter Maria betreut werden musste. Dass Olga in dieser Zeit mit ihrer Familie nach Oberhart ging, darauf verweist nicht nur eine Eintragung von ihr im Gästebuch der Pfarrgemeinde Stainz, zu der der Ort Oberhart bis heute gehört.[50] Eine andere diesbezüglich wichtige Quelle ist eine auch in anderer Hinsicht interessante Eintragung in das Protokollbuch, das vorhin schon Erwähnung gefunden hat. Der damalige Pfarrer Haase erwähnte in seinem Protokoll der Presbytersitzung vom 26. Jänner 1919, dass Frau Lic. Olga Lau-Tugemann seit 1. April in St. Martin im Sulmtal wohne.[51] Dies vermerkte er deswegen, weil das Presbyterium von der Kirchenleitung dazu aufgefordert war, jeweils eine männliche und eine weibliche Vertrauensperson aus der Gemeinde für eine so genannte Vertrauensmännerversammlung am 2. Februar 1919 nach Graz zu entsenden. Offensichtlich wollte die evangelische Kirche im Vorfeld der Wahlen zur verfassungsgebenden (konstituierenden) Nationalversammlung am 16. Februar 1919 durch diese Vertrauenspersonen für die Wahlen bzw. die Parteien werben, deren Programme in Übereinstimmung mit der Leitung der evangelischen Kirche standen.[52] Pfarrer Haase schlug als einzige weibliche Kandidatin Frau Lic. theol. Olga Lau-Tugemann vor.[53] Leider konnte ich nicht feststellen, ob diese Wahlmännerver-

48 Auch heute noch leben Nachkommen von Maria Tugemann, der Schwester von Olga Lau-Tugemann, in diesem Haus.

49 Protokollbuch der Gemeinde St. Martin i. S., in das die Meldungen von Dienstverhältnissen eingetragen werden mussten. Aus diesem geht hervor, dass Gottfried Tugemann ab 1919 immer wieder für kurze Zeit einen Knecht oder eine Magd anstellte. Ab dem Jahr 1926 sind auch Gäste aus Graz und Wien im Protokollbuch verzeichnet. Vgl. Archiv der Gemeinde St. Martin i. S.

50 Eintragung im Gästebuch der Pfarrgemeinde Stainz-Deutschlandsberg »Die Gäste der evangelischen Kirche zu Stainz – die Unbekannten und doch bekannt!«, beginnend am 29. September 1901 in Stainz, APGSt (wie Anm. 3).

51 »Protokolle über Sitzungen des Presbyteriums und der Gemeindeversammlung der evangelischen Pfarrgemeinde A.B. Stainz (Band II) begonnen im Jahr 1915 (zweiten Jahre des Weltkrieges) beendet mit dem Jahr 1928«, APGSt (wie Anm. 3). Das Protokoll der Presbytersitzung stammt vom 26. Jänner 1919 und ist unterzeichnet von Pfarrer Heinrich Haase.

52 Das lässt sich auch dem Schreiben eines Vertreters der »Deutsch-demokratischen Partei in Steiermark« an Senior Spanuth vom 3. Februar 1919 entnehmen, in dem dieser auf die vier Forderungen der steirischen Pfarrerkonferenz vom 27. Jänner 1919 eingeht. Die steirische Pfarrerkonferenz hatte in Bruck a. M. Änderungsvorschläge des Allgemeinen Bürgerlichen Gesetzbuches bezüglich Eheschließung, Schulleiterbestellung und Religionsunterricht beschlossen und an Vertreter von Parteien versandt. Archiv der Superintendentur, Graz. Steirische Pfarrkonferenzen, Senioratsarchiv 1921–1945, I Briefschriften.

53 Wörtlich heißt es im Protokoll vom 26. Jänner 1919: »Der Vorsitzende teilt mit, daß noch vor den Wahlen zur Nationalversammlung ein evang. Gemeindetag in Selztal und Graz geplant sei, dass die Zeit und Ort noch nicht bekannt gegeben wurden. Er verliest eine Zuschrift des Senioratsamtes mit den Forderungen, die die Wahlwerber zu vertreten haben, wenn ihre Kandidatur von den Evangelischen unterstützt werden soll. Auch eine Vertrauensmännerver-

sammlung in Graz überhaupt stattgefunden hat und ob Olga Lau-Tugemann diesem Vorschlag folgend dabei war.

Pfarrer Haase, der durch diesen Vorschlag Frau Olga Lau-Tugemann ins Spiel gebracht hatte, versuchte bei dieser Sitzung, dem Presbyterium Olga Lau-Tugemann auch noch in einer anderen Funktion vorzuschlagen. Wörtlich heißt es im Protokollbuch: »Er [Pfr. Haase] fragt bei dieser Gelegenheit, wie sich das Presbyterium dazu stellt, daß der Theologin die Abhaltung eines Gottesdienstes übertragen werde.«[54] Eine kirchenrechtliche Grundlage für das Halten eines Gottesdienstes durch eine Frau (zumal ohne Kandidatenprüfung) gab es zu dieser Zeit nicht. Dass Haase trotzdem diesen Vorschlag machte, verwundert deshalb. Die Reaktion des Presbyteriums formuliert Pfarrer Haase so: »Der Gedanke erfährt teils Zustimmung, teils Ablehnung.«[55]

Damit erhielt sein Vorschlag de facto wohl eine Abfuhr. Im Archiv der evangelischen Pfarrgemeinde Stainz-Deutschlandsberg lässt sich kein Hinweis darauf finden, dass Olga Tugemann in Stainz jemals einen Gottesdienst gehalten hätte.

Olga Lau-Tugemann blieb nicht in Oberhart, Bezirk Deutschlandsberg, sondern ging nach Wien, da dort die Aussichten, beruflich Fuß zu fassen, für sie sicher günstiger waren.[56] Sie fand dort auch eine Anstellung als Leiterin der Evangelisch-sozialen Frauenschule, die nach einem Probelauf im Jahr 1918/19 im Jahr 1919 ihren regulären Betrieb aufnahm.[57] Die Ausbildung umfasste ab diesem Zeitpunkt eine einjährige theoretische und praktische Ausbildung.[58] Nach Abschluss des Ausbildungsganges konnten junge Frauen als Mitarbeiterinnen in der Inneren Mission, so z. B. als »*Leiterin und Gehilfin in Kinderheimen, Kanzleibeamtinnen für innere Mission, Jugendpflegerin, Erziehungsgehilfin für Töchter und Mädchenheime*«[59] ihre Anstellung finden. In der Ankündigung und Bewerbung der neu eröffneten Frauenschule in Wien stellte der verantwortliche Ausschuss die Lehrer vor, die ihre Mitwirkung an der Schule zugesagt hatten. Unter ihnen war Lic. theol. Olga Lau-Tugemann schon als Leiterin

---

sammlung (ein männl. u. weibl. Vertrauter aus jeder Gemeinde) wird für den 2. Februar nach Graz einberufen, es fehlen aber ebenfalls nähere Angaben der Zeit und des Ortes. Außer dem Pfarrer erklärt sich Herr Schwarzl bereit zu derselben zu reisen. Als Vertreterin bei der Tagung nennt der Pfarrer auch Frau lic. Olga Lau-Tugemann, die seit 1. April in St. Martin im Sulmtal wohnt.« Vgl. Protokollbuch Presbyterium evang. Pfarrgemeinde Stainz (wie Anm. 51), APGSt (wie Anm. 3).

54 Vgl. Anm. 51.

55 Ebenda.

56 Möglicherweise war sich Olga Tugemann nicht ganz sicher, wie sie ihren weiteren Werdegang gestalten sollte, denn im Meldungsbuch der Universität Wien findet sich eine Eintragung vom 26. November 1919, dass Olga Lau-Tugemann an der juristischen Fakultät für ein Semester inskribiert ist. Vgl. AO (wie Anm. 7) Nr. 20.

57 Zu den Anfängen der Frauenschule vgl. Hannelore Reiner, Das Amt der Gemeindeschwester am Beispiel der Diözese Oberösterreich. Entstehung, Funktion und Wandel eines Frauenberufes in der Kirche, in: Studien und Texte zur Kirchengeschichte und Geschichte, Reihe 2, Bd. 12, hg. von Peter F. Barton. *JGPrÖ*, Sonderbd. 1 (1992) 90–93.

58 Ebenda 94.

59 Ebenda 93.

der Schule genannt.[60] Sie wurde 1919 von Vertreterinnen des Hauptverbandes der Vereine für die weibliche Jugend und zwei Vertretern des Zentralvereins für Innere Mission zur Leiterin der Evangelisch-sozialen Frauenschule berufen.[61] Zur Aufgabe der Leitung der Frauenschule gehörte neben der Lehrtätigkeit auch die Leitung eines Heimes, in das die von auswärts kommenden Schülerinnen aufgenommen werden konnten.[62] Olga Lau-Tugemann unterrichtete die Fächer Bibelkunde des Neuen Testaments, christliche Glaubens- und Sittenlehre, Kirchengeschichte (einschließlich der Geschichte des österreichischen Protestantismus)[63] und die Geschichte der Frauenbewegung.[64] Sie leitete die Frauenschule offiziell bis 1925, de facto allerdings nur bis 1923, da es ab dem Jahr 1923/24 (und auch in den darauffolgenden beiden Jahren 1924/25 und 1925/26) keine Anmeldungen von Schülerinnen gab.[65] Die Gründe dafür lagen offenbar in einem Wechsel der Trägervereine für die Frauenschule, der sich ungünstig auf die Schule auswirkte.[66] Als diese im Jahr 1926/27 wieder ihren Betrieb aufnehmen konnte, unterrichtete Olga Lau-Tugemann erneut in der Frauenschule. Das geht aus einem Brief einer ehemaligen Schülerin, Paula Müller, verh. Steinseifer, hervor, die den Jahrgang 1927/28 besuchte und die in einem Brief ihre damaligen Lehrerinnen und Lehrer aufzählt, unter ihnen auch Olga Lau-Tugemann, die Kirchengeschichte und Glaubenslehre unterrichtet habe.[67]

Das Einkommen, das Olga Lau-Tugemann durch die Tätigkeit an der Frauenschule bezog, dürfte auf Dauer nicht ausreichend gewesen sein und so wandte sie sich am 25. Juni 1920 an den evangelischen Oberkirchenrat und bat »ergebenst um Zuerkennung des Rechtes, Religionsunterricht an Mittelschulen zu erteilen«.[68] Die Prüfung in Methodik und Praktischer Katechese, die sie drei Jahre zuvor vor der »westlichen evangelischen Superintendentur A.B. in Aussig« abgelegt hatte, reichte aber offen-

60 Dokument von 1919, veröffentlicht in der Festschrift: Evangelische Religionspädagogische Akademie (ERPA) (Hg.), „...du hast einen weiten Weg vor dir! (1. Könige 19,7) 80 Jahre Evangelisch soziale Frauenschule, Evangelische Frauenschule für kirchlichen und sozialen Dienst, Evangelische Religionspädagogische Akademie 1918–1998 (Wien 1998) 15 f.

61 Hans JAQUEMAR, Innere Mission. Das Werden und Wirken der organisierten christlichen Liebestätigkeit in der evangelischen Kirche Österreichs, hg. vom Evangelischen Verein für Innere Mission in Wien, Niederösterreich und dem Burgenland (Wien 1951) 128.

62 ERPA, Festschrift 80 Jahre (wie Anm. 60) 15.

63 Dokument nicht datiert, Eingangsstempel evang. Pfarramt 1. Oktober 1920, in: Chronik der Frauenschule 1, Archiv KPH.

64 Dokument von 1919. Vgl. ERPA, Festschrift 80 Jahre (wie Anm. 60) 17.

65 1925 übernahm Frau Gerda von Huck die Leitung, ab 1926 kamen wieder Schülerinnen und Schüler und von da an ging es allmählich wieder aufwärts. Vgl. JAQUEMAR, Innere Mission (wie Anm. 61) 129.

66 So Jaquemar 1924, zit. nach: Hannelore REINER, 80 Jahre kirchliche Ausbildungsstätte in Wien 1918–1998. Vom evangelisch-sozialen Kursus für Frauenschülerinnen bis zur Akademie für Religionspädagogik und Gemeindepädagogik, in: Festschrift 80 Jahre (wie Anm. 60) 7–21, hier 8 f.

67 Brief von Frau Paula Steinseifer, geb. Müller, Advent 1977, in: Chronik der Frauenschule 1, Archiv KPH Wien.

68 AEKÖ Wien (wie Anm. 26) Nr. 2779/2033? (letzte Ziffern unlesbar).

sichtlich für eine Zulassung zum Religionsunterricht nicht aus. Die Schwierigkeit der Zulassung zur Erteilung des Religionsunterrichts bestand darin, dass Olga Lau-Tugemann die Kandidatenprüfung, die die Übernahme in den kirchlichen Dienst ermöglichte, nicht absolviert hatte, weil Frauen zu dieser Zeit dazu nicht zugelassen waren. Daher wandte sich Olga Lau-Tugemann an Prof. D. Rendtorff, bei dem sie in Leipzig die Fächer der praktischen Theologie (Homiletik und Katechetik) belegt hatte.[69] Er bescheinigte dem Oberkirchenrat, dass Frau Olga Lau-Tugemann in seinem homiletischen Seminar nicht nur eine Predigt schriftlich vorgelegt habe, sondern auch eine schriftlich ausgeführte und praktisch vorgeführte Katechese, die »ganz erheblich über dem Durchschnitt des sonst in diesen Seminaren geleisteten«[70] stand. Frau Olga Lau-Tugemann hat »in der vor der theologischen Fakultät abgelegten Lizentiatenprüfung [...] eine Prüfung bestanden, die einerseits den Besitz aller in der theologischen Kandidatenprüfung erforderten Kenntnisse voraussetzt, andererseits in ihren Ansprüchen darüber weit hinausgeht«.[71] Ebenso beantwortete das Dekanat der Evangelisch-Theologischen Fakultät in Wien die Anfrage durch den Oberkirchenrat in positiver Weise. Das Professorenkollegium hatte keine Bedenken, Frau Olga Lau-Tugemann ein Befähigungszeugnis durch den evangelischen Oberkirchenrat auszustellen, da zwar die Lizentiatenprüfung als »vollgültiger Ersatz für die Kandidatenprüfung nicht angesehen werden« könne, aber Frau Lic. Lau »auch eine sehr gründliche praktisch-theologische Ausbildung erhalten hat«. Außerdem könne »von der Ablegung einer besonderen Prüfung [...] in diesem besonderen Falle wohl abgesehen werden«.[72] Auch das niederösterreichische Seniorat A.B. »beehrt sich das Gesuch befürwortend [dem OKR] vorzulegen«.[73] Aber die Befürwortung des Gesuchs zog sich hin, da auch das Bundesministerium für Inneres und Unterricht (Kultusamt) als staatliche Oberaufsicht in kirchlichen Angelegenheiten eingeschaltet werden musste.[74] Als das vom Bundesministerium noch fehlende Maturazeugnis beim Oberkirchenrat eingelangte,[75] stellte dieser am 11. Juli 1921 Frau Olga Lau-Tugemann

69 Prof. Dr. Franz Rendtorff (1860–1937) war von 1910 bis 1930 ordentlicher Professor für Praktische Theologie und Neutestamentliche Wissenschaft an der Theologischen Fakultät der Universität Leipzig und von 1916 bis 1934 Präsident des Gustav-Adolf-Vereins (daher verwendet er als Briefkopf seines Schreibens »Centralvorstand des evangelische Vereins der Gustav Adolf Stiftung«). Vgl. Eberhard Winkler, Art. Rendtorff, Franz. *RGG*[4] 7 (2004) 448.

70 Brief vom 17. Juni 1920, Rendtorff an den Evangelischen OKR Wien, AEKÖ (wie Anm. 26) keine Nummernangabe.

71 Ebenda.

72 Brief des Dekanats der Evang.-theologischen Fakultät Wien unterzeichnet von D. Wilke dz. Dekan an den evangel. OKR vom 9. Oktober 1920, AEKÖ (wie Anm. 26) 3374/20.

73 Brief des niederösterreichischen Senioratsamtes vom 12. August 1920 an den Hohen Evang. Oberkirchenrat in Wien, AEKÖ (wie Anm. 26) 2770/20.

74 So im Brief des Oberkirchenrates an die Direktion des öffentlichen Cottage Lyzeums vom 12. Oktober 1920, AEKÖ (wie Anm. 26) Z. 3223.

75 Brief des Bundesministeriums für Inneres und Unterricht Kultusamt vom 2. Juni 1921 an den Evangelischen OKR A. und H.B. in Wien, AEKÖ Wien (wie Anm. 26) 2430/21. Der OKR sieht das am 11. Juli 1921 als erledigt an. Notiz unter Rubrik »Videat« mit der Nr. 2840 von 1921, AEKÖ (wie Anm. 26).

mit Genehmigung des Bundesministeriums für Inneres und Unterricht (Kultusamt) ein Zeugnis zur Befähigung der Erteilung des Religionsunterrichts an Mittelschulen und Lehrerinnenbildungsanstalten in Österreich aus.[76]

Die ersten Unterrichtsstunden hielt Olga Lau-Tugemann ab dem Schuljahr 1920/21 am Cottage-Lyzeum und Reform-Realgymnasium[77] und an der Döblinger Mädchen-Mittelschule, beide im 19. Bezirk Wiens.[78] Ab dem Schuljahr 1921 kamen weitere Schulen hinzu, so das Mädchen-Obergymnasium in Wien (6. Bezirk, Rahlgasse 4), 4 Stunden wöchentlich, [79] und das öffentliche Mädchen-Mittelschule Luithlen Reformrealgymnasium. Diese beiden Schulen bestätigten Olga Lau-Tugemann Pflichtbewusstsein, Gewissenhaftigkeit und das Halten von »tadelloser Disziplin«.[80] Im Jahr 1922/23 unterrichtete Olga Lau-Tugemann insgesamt 20 Wochenstunden evangelische Religion, und zwar am Lyzeum Luithlen in Wien I., am Lyzeum des Frauenerwerbvereins in Wien IV., am Mädchengymnasium in Wien VI. und an der Döblinger Mädchenmittelschule.[81] 1924 ersuchte sie den evangelischen Oberkirchenrat darum, dass »die Beschränkung auf die Mädchenschulen fortfällt«, sie also auch an Schulen für Knaben unterrichten könne. Als Begründung führte sie an, dass sie durch die einschränkende Zulassung zu Mädchenschulen in ihrem beruflichen Fortkommen »aufs empfindlichste gehindert« sei.[82]

---

76 Zeugnis ausgestellt vom evang. OKR A. und H.B. mit Genehmigung des BM für Inneres und Unterricht, Kultusamt am 11. Juli 1921 (Erlass vom 2. Juni 1921 Z. 690 Abt. II). Der OKR findet sich bestimmt, »Ihnen die Befähigung zur Erteilung des evangelischen Religionsunterrichtes an Mädchen-, Mittelschulen und Lehrerinnenbildungsanstalten in Deutsch-Österreich zuzuerkennen und Ihnen hierüber im Grunde des §148, dritter Absatz der Kirchenverfassung vom 9. Dezember 1891 R.G.Bl. Nr. 4 aus 1892 dieses besondere Zeugnis auszustellen. Der evang. OKR A. und H.B. ausgestellt am 11. 7. 1921 Z. 2430 an Frau Olga Lau-Tugemann aus Reichenberg in Böhmen, zuständig nach Berlin, derzeit Leiterin der Evangelisch sozialen Frauenschule in Wien Z. 2430«. Vgl. AO (wie Anm. 7) Nr. 10. Ein Jahr später erfolgte dann zusätzlich die Befähigung zur Erteilung des Religionsunterrichts an Volks- und Bürgerschulen. Vgl. AEKÖ in einer maschinenschriftlichen Zusammenstellung zu »Olga Lau-Tugemann Olga (Lau geb. Tugemann)« Zeugnis vom 10. Mai 1924, OKR Zl.1018/1924-AEKÖ (wie Anm. 26) n.a.R., Fasz. 532, Umschlag Lau-Tugemann.

77 Das geht aus einem Schreiben der Direktion des Cottage Lyzeums an den Präsidenten des OKR hervor, in dem die Direktion darum bittet, dass Olga Lau-Tugemann den Unterricht am Cottage Lyzeum erteilt. Die Bitte wird vom OKR positiv beantwortet. Vgl. Schreiben der Direktion des Cottage-Lyzeums vom 29. September 1920 an den Präsidenten des OKR, AEKÖ (wie Anm. 26) 3223/20 Notiz des evang. OKR Präsidenten am 1. (oder 2.) Oktober 1920 Z.3223 mit Beilage.

78 Verwendungszeugnis der Döblinger Mädchen-Mittelschule 19. Bez. Gymnasiumstr. 79 für das Schuljahr 1920/21, AO (wie Anm. 7) Nr. 13a.

79 Verwendungszeugnis ausgestellt vom Landesschulrat für Wien vom 24. Oktober 21, AO (wie Anm. 7) Nr. 11.

80 Ebenda und Verwendungszeugnis ausgestellt am 17. März 1923 vom Direktor der öffentlichen Mädchen Mittelschule Luithlen Reformrealgymnasium, AO (wie Anm. 7) Nr. 12.

81 So in einer Notiz des Oberkirchenrates vom 30. Juni 1923, AEKÖ Wien (wie Anm. 26).

82 Brief an den evangelischen Oberkirchenrat in Wien vom 19. März 1924, AEKÖ Wien (wie Anm. 26) [Unterstreichung im Original].

Nach sechsjähriger Dienstzeit suchte sie im Jahr 1927 um Aufnahme in den Bundesdienst an.[83] Das Wiener Senioratsamt bemühte sich ab 24. November 1928 das Ansuchen von Olga Lau-Tugemann zu unterstützen.[84] Da sie Deutsche war und damit Ausländerin,[85] bereitete sie diesen Schritt vor, indem sie die österreichische Staatsbürgerschaft zu erwerben suchte, dabei aber gleichzeitig die deutsche behalten wollte, was ihr auch genehmigt wurde.[86] 1925 wurde Olga Lau-Tugemann in den Heimatverband der Gemeinde Oberhart in Österreich aufgenommen und wurde somit Bundesbürgerin des österreichischen Staates.[87]

Zwei Jahre nach ihrem Antrag um Aufnahme in den Bundesdienst wurde ihr zunächst der Titel »Professor« verliehen,[88] und dann ein paar Monate später, am 20. September 1929, wurde Olga Lau-Tugemann zum »wirklichen Bundeslehrer« ernannt.[89] Damit schien ihre berufliche Existenz gesichert.

II. 5 Wendepunkt 1931

Doch 1931 wagte Olga Lau-Tugemann einen Schritt, den sie vermutlich schon länger ernsthaft erwogen, möglicherweise aber aus Rücksicht auf ihren Vater, Gottfried Tugemann, hinausgezögert hatte: Den (Wieder-)Eintritt in die katholische Kirche und damit den Austritt aus der evangelischen Kirche, der ihr Vater seit seinem Übertritt im Jahr 1904 angehörte.[90] Die zeitliche Abfolge, der Tod ihres Vaters im März 1931

---

83 Ansuchen um Aufnahme in den Bundesdienst am 7. Juli 1927 an den Stadtschulrat für Wien unter Hinweis auf die 6-jährige Dienstzeit, AO (wie Anm. 7) Nr. 17.

84 Schreiben des Wiener evang. Senioratsamtes A.B. vom 24. November 1928 an den Hohen evangelischen Oberkirchenrat, AEKÖ 4672/28 (wie Anm. 26) n.a.R. Fasz. 535, Umschlag Religionsunterricht allgemein.

85 Es ist anzunehmen, dass Olga Lau-Tugemann durch die Heirat mit Richard Lau in Berlin am 15. Oktober 1916 Deutsche wurde. Vgl. Heimatschein ausgestellt am 7. Juli 1921 in Berlin Schöneberg L. 454//21 No.11/0 »Olga Lau-Tugemann besitzt die Staatsangehörigkeit in Preußen und ist somit Deutsche«. Die Bescheinigung gilt bis 7. Juli 1931, AO (wie Anm. 7) Nr. 9. Das Bundesministerium für Inneres und Unterricht Kulturamt verwendet im Brief vom 2. Juni 1921 an den Evangelischen OKR A. u. H.B. in Wien dezidiert den Begriff der Ausländerin für Lic. theol. Olga Lau. Vgl. AEKÖ (wie Anm. 26) 2430/21.

86 Genehmigung der Beibehaltung der preußischen Staatsangehörigkeit neben dem zu erwerbenden österr. Bürgerrecht. Berlin Schöneberg 10. Juli 1924 Tgb. Nr. 15L 89/24, AO (wie Anm. 7) Nr. 16.

87 Dokument von der »Aufnahme in den Heimatverband der Gemeinde Oberhart in Österreich. Bundesbürgerschaft« vom 18. August 1925 ausgestellt von der steiermärkischen Landesregierung Z 933126 an Olga Lau-Tugemann Wohnort: Reisnerstr. 33 Wien III. Bez., AO (wie Anm. 7) Nr. 15.

88 18. Juni 1929 Zl.1 7389/II-8, AO (wie Anm. 7) Nr. 18.

89 Ernennungsurkunde zum wirklichen Bundeslehrer am 20. September 1929 (Verwendungsgruppe 5 Gehaltsstufe 5), Stadtschulrat für Wien Z. 1791/76 –II-1920: »Der Herr Bundesminister für Unterricht hat sie mit dem Erlass vom 20. 9. 1929 Z:28686-II/8 mit Rechtswirksamkeit vom 1. 10. 1929 zum wirklichen Bundeslehrer ernannt«. Vgl. AO (wie Anm. 7) Nr. 19.

90 Vgl. Anm. 12 und Kapitel II.1. Gottfried Tugemann 13. September 1857 in Reichenberg–19. März 1931 Oberhart/St. Martin i. S., Todtenbuch 1901-1937 Band II 1931 S. 54/2, APGSt (wie

und der Austritt aus der evangelischen Kirche am 9. Juli 1931[91] bzw. Eintritt in die römisch-katholische Kirche im Juli des gleichen Jahres,[92] kann m. E. kein Zufall gewesen sein. Olga Lau-Tugemann dürfte seit längerer Zeit mit der liturgischen Erneuerungsbewegung in Klosterneuburg in Verbindung gewesen sein und dort eine Art geistliche Heimat gefunden haben. Mit dem Chorherrn und Priester Pius Parsch, der diese Bewegung anführte, unterhielt sie engen Kontakt. Vor ihrem Übertritt sind die Hinweise darauf allerdings spärlich: So stellte Pius Parsch – einen Tag nach dem Austritt Olga Lau-Tugemanns aus der evangelischen Kirche – einen Antrag auf ihre Wiederaufnahme in die römisch-katholische Kirche beim Ordinariat in Wien.[93] Der Eintritt in die römisch-katholische Kirche am 13. Juli 1931 bedeutete eine Zäsur in ihrem beruflichen Werdegang. Denn als Angehörige der katholischen Kirche konnte sie ihren Beruf als evangelische Religionslehrerin nicht mehr ausüben. Nach dem Übertritt musste sie also versuchen, ihre Lehrtätigkeit auf andere Fächer – am ehesten wird sie an das Fach katholische Religion gedacht haben – umzustellen. Dazu fehlte ihr aber das Studium der katholischen Theologie als Voraussetzung. So begann sie im Wintersemester 1931/32 das Studium der Philosophie und Geschichte, und wechselte ab Wintersemester 1932/33 zum Studium der katholischen Theologie in Wien.[94] Im Jahr 1931/32 war sie an der Bundeserziehungsanstalt für Mädchen Wien–Hernals, Kalvarienbergg. 28, tätig, vermutlich als Erzieherin, denn diese Erziehungsanstalt bestätigte ihr die Erlaubnis zur Inskription an der philosophischen Fakultät der Universität Wien am 4. November 1932.[95] Ein Jahr später wurde ihr

---

Anm. 3). Gottfried Tugemann war Mitglied der Gemeindeversammlung der Predigtstation Deutschlandsberg in der evang. Pfarrgemeinde Stainz. Sein Name erscheint in diesem Zusammenhang das erste Mal im Protokoll der Gemeindeversammlung vom 4. Mai 1924 unter den entschuldigten Mitgliedern. In der »Liste der Stimmberechtigten im Jahre 1924« der evang. Pfarrgemeinde A.B. wird unter B. Predigtstation Deutschlandsberg Nr. 60.27 Tugemann, Gottfried aufgeführt. Vgl. »Protokolle über Sitzungen des Presbyteriums und der Gemeindeversammlung der evangelischen Pfarrgemeinde A.B. Stainz (Band II) begonnen im Jahr 1915 (zweiten Jahre des Weltkrieges) beendet mit dem Jahr 1928«, APGSt (wie Anm. 3).

91 Austrittsbuch der evang. Pfarrgemeinde Wien-Landstraße, Zl.95-22. Juli 1931 (MBA III, Z/.L. 342 v. 9. 7. 1931) laut AEKÖ Wien (wie Anm. 26) und Vermerk auf dem Geburts- und Taufschein von Olga Tugemann am 9. Juli 1931 M.B.A.III Z/L 342/31 Bezirksamt 3. Bezirk Wien, AO (wie Anm. 7) Nr. 31.

92 Vermerk auf dem Geburts- und Taufschein von Olga Tugemann vom Stifts- und Stadt-Pfarramt der oberen Stadt Klosterneuburg Handschrift. Z. 60…? /31 wurde am 13. Juli 1931 Wien pfarrlich in den Verband der röm.-katholischen Kirche wieder aufgenommen. Stadtpfarre Klosterneuburg 14. Juli 1931 unterzeichnet von Schindler (?), AO (wie Anm. 7) Nr. 31.

93 Gestionsprotokoll des Ordinariats Wien mit der Geschäftszahl 5387, Eingang am 10. Juli 1931, Ausgang am 11. Juli 1931, Diözesanarchiv Wien.

94 Meldungsbuch der Universität Wien als ordentliche Hörerin an der philosophischen, später katholisch-theologischen Fakultät in Wien, AO (wie Anm. 7) Nr. 21. Möglicherweise musste sie auf eine Erlaubnis warten, zum Studium der katholischen Theologie zugelassen zu werden.

95 Bestätigung der Bundeserziehungsanstalt für Mädchen Wien Hernals Kalvarienbergg. 28 zur Erlaubnis zur Inskription an der philosophischen Fakultät der Wien der Universität am 4. November 1931, AO (wie Anm. 7) Nr. 22.

vom Erzbischöflichen Ordinariat Wien die »Missio canonica« erteilt. »In Würdigung der vorgebrachten Gründe gibt ganz ausnahmsweise das erzb. Ordinariat Frau Professor hiermit die Erlaubnis, katholischen Religionsunterricht zunächst für die Untermittelschule zu erteilen.«[96] Der Stadtschulrat Wien wies ihr daraufhin die Schwarzwald'sche Mädchenmittelschule in Wien, 1. Bezirk, und das Mädchenrealgymnasium des Schulvereins für Beamtentöchter in Wien, 8. Bezirk, bis auf Weiteres zur »Dienstleistung« zu.[97] Nach dem Studium von vier Semestern katholischer Theologie legte sie 1934 eine Prüfung für katholische Religion an Mittelschulen ab und so konnte sie auch an den beiden ihr bisher zugewiesenen Schulen das Fach katholische Religion in der Oberstufe unterrichten. Am Mädchengymnasium des Schulvereins und der Schwarzwald'schen Mädchenmittelschule unterrichtete sie insgesamt sechs Schuljahre katholische Religion (bis 1939).[98] Aufgrund der seit 1938 veränderten politischen Lage in Österreich, die dazu führte, dass der Religionsunterricht aus dem Kanon der Pflichtfächer eliminiert wurde,[99] wurde Olga Lau-Tugemann »mit Ende des Monats Mai 1939 in den Ruhestand versetzt«.[100] Ein Rechtsmittel gegen diese Entscheidung stand ihr nicht zu.[101] Die Verordnung zur Neuordnung des österreichischen Berufsbeamtentums, ausgegeben am 1. Juni 1938 (§6), fand Anwendung auf alle, die am 13. März 1938 öffentlich Bedienstete im Land Österreich waren und somit auch auf Olga Lau-Tugemann, die 1929 in den öffentlichen Dienst aufgenommen worden war. Die Versetzung in den Ruhestand fand keine weitere Begründung. Der §6, der auf sie angewendet wurde, lautet: »Zur Vereinfachung der Verwaltung oder im Interesse des Dienstes können Beamte, auch wenn sie noch nicht dienstunfähig sind, in den Ruhestand versetzt [...] werden.«[102] Frau Lau-Tugemann stand laut Gesetz eine Abfertigung auf das Dreifache des letzten Monatsgehalts zu[103] und sie erhielt aufgrund ihrer Dienstzeiten eine Pension. Ihre berufliche Laufbahn war somit im Alter von 52 Jahren abrupt und frühzeitig beendet worden.

96 Erteilt am 2. Juli 1932 Z.4911, AO (wie Anm. 7) Nr. 23.

97 Dienstzuweisung Stadtschulrat Wien am 11. Oktober 1932 Zl: 3550/2-II-1932 Erlass 8. Oktober 1932, AO (wie Anm. 7) Nr. 24.

98 Verwendungszeugnis vom 25. Juni 1948. Das Verwendungszeugnis spricht von der Beschäftigung bis 1937/38. Da aber die Versetzung in den Ruhestand vom 4. Mai 1939 an die Lehrerin Olga Lau-Tugemann am Mädchen Realgymn. Wien 8 gerichtet ist, gehe ich davon aus, dass sie dort bis Ende des Schuljahres 1938/39 beschäftigt war. Vgl. AO (wie Anm. 7) Nr. 28.

99 Gerald Grimm, Schulpolitik und Schulmodelle: Anspruch, Anforderungen und Realität, in: Österreich. 90 Jahre Republik, hg. von Stefan Karner/Lorenz Mikoletzky (Innsbruck 2008) 303.

100 Der Reichsstatthalter Wien 1, den 4. Mai 1939 STK/I-H 29745 betrifft Maßnahmen auf Grund der Verordnung zur Neuordnung des österreichischen Berufsbeamtentums. Unterzeichnet von Dr. Wächter e.h. FdR:SS Untersturmführer, AO (wie Anm. 7) Nr. 27.

101 Ebenda.

102 RGBl Teil I, ausgegeben zu Berlin, den 1. Juni 1938 Nr. 87 Inhalt Verordnung zur Neuordnung des österreichischen Berufsbeamtentums, Seite 608.

103 Siehe RGBl Anm. 90, dort §7, Absatz 2.

Neun Jahre später, also 1948, versuchte Olga Lau-Tugemann noch einmal eine Wiedereinstellung für den Religionsunterricht zu erwirken. Das geht aus mehreren uns erhaltenen Verwendungszeugnissen hervor.[104] So empfahl auch der Prälat Franz Feichtinger, Religionsinspektor für die Mittelschulen in Wien I., am 25. Juni 1948 »Frau Professor Lau-Tugemann bestens für Religionsunterricht und Erteilung von Seelsorgestunden«.[105] Offenbar gelang es ihr aber im Alter von 61 Jahren – trotz der positiven Empfehlungen – nicht mehr, eine Anstellung zu erhalten.

II. 6 Nach 1939: Ruhestand in Oberhart und Oblatin des Klosters Seckau

Vermutlich ab Mitte 1939 ist Olga Lau-Tugemann von Wien aufs Land nach Oberhart in der Weststeiermark zur Familie ihrer Schwester Maria gezogen. Das Haus in Oberhart hatte Gottfried Tugemann im Jahr 1918 gekauft und er war bis zu seinem Tod 1931 als Besitzer gemeinsam mit seinen beiden Töchtern eingetragen. Ab 1931 gehörte das Haus dann den beiden Schwestern Olga Lau-Tugemann und Maria Roloff, geb. Tugemann.[106] In Oberhart lebten 1939 Maria, verheiratete Roloff, und ihr Mann Wilhelm von der Landwirtschaft. Die Mutter der beiden Tugemann-Schwestern war ein Jahr zuvor in St. Martin gestorben.[107] Für sie hatte Maria bis zuletzt gesorgt. Das Ehepaar Roloff hatte zwei Söhne, Ezzo und Friedemann.[108] Olga Lau-Tugemann hatte für beide die Patenschaft bei deren evangelischer Taufe übernommen.[109] Zu Ezzo, dem Älteren, hatte sie jedoch einen besonders guten Kontakt. Vermutlich war sie es auch, die dazu anregte, Ezzo in Wien in die Schule gehen zu lassen, vielleicht auch, weil sie zusagen konnte, sich dort um ihn zu kümmern. Mit ihrem Neffen unternahm sie einige kleinere Reisen, so z. B. nach Klosterneuburg in die St. Gertrudkapelle, in ihre Heimatstadt Reichenberg und nach Berlin zur Familie ihres Mannes Lau.[110] Als Ezzo im Zweiten Weltkrieg in Sewastopol 1944 zunächst vermisst und Jahre später

---

104 Verwendungszeugnis vom 25. Juni 1948 vom ehem. Direktor Dr. Ludwig Hänsel am Mädchengymnasium des Schulvereins für Beamtentöchter Wien 8. Bez. Langegasse 47, AO (wie Anm. 7) Nr. 28 und Verwendungszeugnis von 13. Juli 1948 von Hofrat Josefine Meisel (?) für die Schwarzwald'schen Schulanstalten Wallnerstr. 9, AO (wie Anm. 7) Nr. 30.

105 Bestätigung, dass Olga Lau-Tugemann katholischen Religionsunterricht »mit bestem Erfolge erteilt hat« von Prälat Franz Feichtinger vom 25. Juni 1948. Genannt sind die beiden in Anm. 104 erwähnten Schulen. Vgl. AO (wie Anm. 7) Nr. 29.

106 Im Jahr 1961 wurde das Haus Nr. 57 an den Sohn von Maria Roloff, Friedemann und seine Frau Eva überschrieben. Zum Besitz Gottfried Tugemanns (bis zu seinem Tod 1931) und seiner beiden Töchter gehörte außerdem von 1918 bis 1958 das Haus Nr. 69. Vgl. Helmut Huber (Hg.): Heimat St. Martin (Deutschlandsberg 1994) 184.

107 Olga Tugemann, geb. Austel, Edle von Buchenhain 10. Juni 1864–10. November 1938, Grabinschrift auf dem Grab der Familie Tugemann in St. Martin i. S.

108 Ezzo Roloff, geb. 26. Dezember 1923; Friedemann Roloff, geb. 13. Oktober 1929, APGSt (wie Anm. 3).

109 Taufe von Ezzo Roloff 21. April 1924. Vgl. Taufbuch 1929, S. 126, Zahl 18, APGSt (wie Anm. 3); Taufe von Friedemann Roloff 1. November 1929. Vgl. Taufbuch 1929, S. 144, Zahl 10, APGSt (wie Anm. 3).

110 Tagebuch von Ezzo Roloff, AO (wie Anm. 7) Nr. 37.

für tot erklärt wurde, war dies nicht nur für seine Eltern, sondern auch für sie als Tante ein schwerer Schlag.[111] Sie sah es dann als ihre Aufgabe an, ihrer Schwester zur Seite zu stehen und lebte bis zu ihrem Tod zusammen mit dieser und deren Mann und ab den 1950er Jahren mit deren Sohn Friedemann, dessen Frau Eva und deren vier Kindern im Haus Nr. 57 in Oberhart. Eines dieser Kinder, Brigitte Orthaber, geb. Roloff, erinnert sich an ihre Großtante Olga Lau-Tugemann:

> »Für uns Kinder war es immer ein geheimnisvolles Gefühl, ihr Zimmer zu betreten. Ihre zierliche Gestalt umgab etwas Ehrfurchtgebietendes. Ihre klare Sprache war wohl ein besonderes charakteristisches Merkmal. Das war auch ein entscheidender Einfluss, dass wir Kinder ein einwandfreies Hochdeutsch sprachen. Ich kann mich nicht erinnern, dass je ein negatives Wort über ihre Lippen kam. ›Tante‹ – so wurde sie von allen genannt – half uns bei Schulaufgaben und war für das Abendgebet zuständig.«[112]

Insgesamt lebte Olga Lau-Tugemann in Oberhart ein zurückgezogenes Leben. Sie nahm keine Aufgaben in der Öffentlichkeit oder in der katholischen Kirche wahr, verpflichtete sich aber als Oblatin des Klosters Seckau nach den Regeln Benedikts zu leben, soweit dies im Alltag außerhalb des Klosters möglich war. Am 14. August 1948 wurde sie in das Noviziat als Oblatin vom Benediktinerpater Raphael Rosman aufgenommen. Wann genau sie als Oblatin aufgenommen wurde, ist nicht bekannt.[113] Doch fuhr sie jedes Jahr zu Ostern eine Woche zusammen mit ihrer ehemaligen Schülerin Carola Kreiner nach Seckau, um dort ihr Oblationsgelübde zu erneuern und an Exerzitien teilzunehmen.[114] Als Oblatin versuchte sie »zu verwirklichen, was Benedikt von den Menschen erwartet, für die seine Regel lebensweisend geworden ist: Liebe zum Gottesdienst, zum Psalmengebet, zur Hl. Schrift, Sorgfalt im Umgang mit Besitz und anvertrauten Gütern, Nächstenliebe zu üben und in den Gästen Christus zu sehen, Sorge zu tragen für die eigenen körperlichen und spirituellen Bedürfnisse«.[115] Welche Verbindungen sie zum Kloster Seckau hatte und warum sie sich gerade für dieses Kloster entschied, konnte nicht eruiert werden, leider auch nicht, wer mit ihr gemeinsam als Oblatin aufgenommen wurde und mit wem sie dort jährlich zusammentraf.[116]

Außer mit Carola Kreiner, die jedes Jahr zu Pfingsten zu Besuch nach Oberhart

111 Laut Sta. Wien I vom 25. September 1958 ist Obgenannte vom Landesgericht Graz am 13. August 1958 für tot erklärt worden. Todestag 30. Mai 1944 G.Z. I 44758-11 Stainz 30. September 1960. Eintrag von Dieter Knall im Taufbuch der evang. Pfarrgemeinde Stainz 1929 S. 126 Zahl 18, APGSt (wie Anm. 3).

112 Erinnerungen von Brigitte Orthaber, geb. Roloff, niedergeschrieben im Mai 2013.

113 So nach schriftlicher Auskunft des Archivars des Klosters Seckau P. Mag. Dr. Othmar Stary OSB vom 17. September 2013.

114 Gespräch mit Eva Roloff am 4. September 2012.

115 Aus den Statuten der Oblaten nach schriftlicher Auskunft des Archivars des Klosters Seckau P. Mag. Dr. Othmar Stary OSB vom 17. September 2013.

116 Allerdings gab es gute Kontakte von Pius Parsch mit dem Abt von Seckau und vielleicht hat Pius Parsch Olga Lau-Tugemann dorthin empfohlen. Vgl. Norbert Höslinger, Der Lebenslauf von Pius Johann Parsch, in: Mit sanfter Zähigkeit. Pius Parsch und biblisch-liturgische Erneuerung, hg. von Norbert Höslinger/Theodor Maas-Ewerd (Klosterneuburg 1979) 13–78, hier 63.

kam und der wir viele Fotos von Olga Lau-Tugemann im regelmäßigen jährlichen Abstand verdanken, hatte sie Kontakt mit weiteren ihrer ehemaligen Schülerinnen aus Wien, die auch nach Oberhart kamen. Des Weiteren besuchten sie die Pfarrsekretärin Erna Dominko aus Wien und der Priester Dr. Erhart aus Graz. Auch Walter Färber, evangelischer Pfarrer der Pfarrgemeinde A.B. Stainz von 1946 bis 1956, kam regelmäßig zu Besuch.[117] Mit ihm dürfte Olga Lau-Tugemann auch dadurch verbunden gewesen sein, dass er ab seinem neunten Lebensjahr in Pilsen (Westböhmen) aufgewachsen war und ab 1930 Pfarrvikar in Gablonz, später Pfarrer in Grottau und Komotau war.[118] In Grottau hatte Olga Lau-Tugemann im Jahr 1917/18 Religionsunterricht erteilt; es gehörte, wie auch Gablonz, zur Reichenberger Region, aus der sie stammte.[119]

Olga Lau-Tugemann starb kurz vor ihrem 86. Geburtstag am 13. Februar 1973 in einer Klinik in Graz und wurde von einem Freund der Familie, Herrn Prof. Mag. Dr. Franz Vollmann aus Graz, auf dem katholischen Friedhof in St. Martin am 16. Februar 1973 beigesetzt.[120] Das Grab befindet sich noch heute dort. Sie ist zusammen mit ihrer Schwester Maria, die nur ein paar Monate später am 29. Juni 1973 starb, deren Mann Wilhelm Roloff und ihren beiden Eltern, Olga und Gottfried Tugemann, beerdigt. In der Kirche St. Gertrud in Klosterneuburg hielt die liturgische Gemeinde unter der Leitung von Dr. Petrus Tschinkel eine Seelenmesse für Olga Lau-Tugemann ab.[121] Damit kam noch einmal ihre Verbundenheit mit der liturgischen Gemeinde zum Ausdruck.

III. Konversion und Rekonversion von Olga Lau-Tugemann

Nachdem ich den Lebenslauf von Olga Lau-Tugemann, soweit er sich aus Dokumenten und durch Zeitzeugen rekonstruieren ließ, dargelegt habe, möchte ich den Blick nun auf die Konversionen Olga Lau-Tugemanns richten.

Olga Tugemann wurde am 19. März 1887 römisch-katholisch getauft und trat an ihrem 17. Geburtstag, also am 8. März 1904,[122] aus der römisch-katholischen Kirche aus und in die evangelische Kirche ein.

---

117 Gespräch mit Eva Roloff am 4. September 2012.

118 Pfarrer Walter Färber, 26. Juli 1906–31. August 1966. Der Vater von Walter Färber, Richard Färber, war von 1915 bis 1927 Pfarrer in Pilsen. Pfarrer Richard Färber, 5. Juli 1879–13. Juni 1942. Vgl. Herbert Rampler, Evangelische Pfarrer und Pfarrerinnen der Steiermark seit dem Toleranzpatent. Ein Beitrag zur österreichischen Presbyteriologie (Forschungen zur geschichtlichen Landeskunde der Steiermark 40, Graz 1998). Zu Richard Färber 103, Rz 45, zu Walter Färber 104, Rz. 46.

119 Vgl. Anm. 45.

120 Sterbebuch III 1909–1981/ Jahr 1973, Zahl 2 der röm.-katholischen Pfarrgemeinde St. Martin im Sulmtal, 355.

121 Tonbandaufzeichnung von September 1973, AO (wie Anm. 7) Nr. 39.

122 Geburts- und Taufschein von Olga Lau-Tugemann, Vermerk: Zuschrift des Magistrats Rei-

27 Jahre später kehrte sie wieder in die römisch-katholische Kirche zurück.[123] Der Blick richtet sich daher im Folgenden auf die Jahre 1904 und 1931.

III. 1 Erste Konversion 1904

Im Jahr 1904 traten Gottfried (Vater), Olga und Maria (Schwester) Tugemann an demselben Tag in die evangelische Kirche ein.[124] Das Datum, 8. März 1904, scheint bewusst gewählt: Es ist nicht nur der 17. Geburtstag von Olga, sondern es liegt auch zwei Monate nach dem 14. Geburtstag ihrer Schwester Maria, die damit religionsmündig geworden war.[125] Über die Motive des Konfessionswechsels der drei Tugemanns wissen wir nichts Genaues, es kann aber vermutet werden, dass sie im Zuge der »Los-von-Rom-Bewegung« zum evangelischen Glauben übertraten – wie viele ihrer böhmischen Landsleute zur damaligen Zeit.[126] Insgesamt traten bis zum Ersten Weltkrieg zwischen 70.000 und 85.000 Menschen in Böhmen, Mähren, Kärnten, Tirol und der Steiermark in die evangelische Kirche ein.[127] Ausgelöst wurde die »Los-von-Rom-Bewegung« durch die Sprachenverordnung des Ministerpräsidenten Badeni im Jahr 1897, welche die tschechische und deutsche Sprache als Amtssprache in Böhmen vorsah. Dies wurde von den Deutsch-Böhmen als zu tschechenfreundlich verstanden. Es kam zu einem Protest, der mit der Parole »Los von Rom!« zugleich antikatholisch aufgeheizt wurde. Der politische Hintergrund dieser Bewegung war die beabsichtigte »Eingliederung der deutschsprachigen Gebiete Österreichs in das Dt. Reich«.[128] Vor allem Gottfried Tugemann dürfte als Erwachsener und als Familienvater dieser politischen Linie gefolgt sein und sich daher zu einem Übertritt gemeinsam mit seinen beiden Töchtern entschlossen haben.

---

chenbergs vom 8. März 1904 Z61/4 aus der kathol. Kirche ausgetreten. Ausgestellt Erzdekanalamt Reichenberg am 5. Mai 1923 No. 1817, AO (wie Anm. 7) Nr. 31.

123 Geburts- und Taufschein von Olga Lau-Tugemann, s. o. Anm. 7, 12, 122. Rückseite: Vermerk vom Bezirksamt 3. Bezirk Wien am 9. Juli 1931 M.B.A.III L 342/31 und weiterer Vermerk: »Stifts- und Stadt Pfarramt der oberen Stadt Klosterneuburg Handschrift. Z.60..? /31 (letzte Ziffern unleserlich) wurde am 13. Juli 1931 Wien pfarrlich in den Verband der röm.-katholischen Kirche wieder aufgenommen. Stadtpfarre Klosterneuburg 14. Juli 1931 unterzeichnet von Schindler (?)«.

124 Vgl. Anm. 12 und Anm. 90. Gottfried Tugemann blieb bis zu seinem Tod evangelisch.

125 Geburts-und Taufschein Maria, Elisabeth, Adele Tugemann ausgestellt vom Land Böhmen Bezirkshauptmannschaft Reichenberg Magistrat Reichenberg No. Exh. 5687, freundlich zur Verfügung gestellt von Eva Roloff. Zur Religionsmündigkeit vgl. Anm. 13 und Peter F. Barton, Evangelisch in Österreich. Ein Überblick über die Geschichte der Evangelischen in Österreich (Studien und Texte zur Kirchengeschichte und Geschichte, Reihe 2, Bd. 11, Wien–Köln–Graz 1987) 151.

126 Barton, Evangelisch in Österreich (wie Anm. 125) 153, 155 f. Mehr als die Hälfte der bis Ende März 1900 erfolgten Übertritte fanden in Böhmen statt. Vgl. auch Heimo Halbrainer/Gerald Lamprecht: »So dass uns Kinder eine durchwegs christliche Umgebung geschaffen war.« Die Heilandskirche und ihre »Judenchristen« zwischen 1880 und 1955 (Graz 2010) 33.

127 Anton Landersdorfer, Art. Los von-Rom-Bewegung. *RGG*[4] 5 (2002) 521.

128 Ebenda 520 f.

III. 2 Die Rekonversion 1931 und die Auswirkungen auf Olga Lau-Tugemanns Familie

Der Wiedereintritt Olga Lau-Tugemanns in die katholische Kirche 27 Jahre später[129] hatte Auswirkungen auf alle ihre nahen Verwandten, die evangelisch waren.[130] Die beiden Historikerinnen Gesine Carl und Angelika Schaser, die sich mit Konversionen in Selbstzeugnissen ausführlich beschäftigt haben, machen darauf aufmerksam, dass dies bei vielen Konversionen zu beobachten ist und »in der frühen Neuzeit mehrere Autoren [der untersuchten Konversionsberichte] an ihre Herkunftsfamilien explizite Bekehrungsappelle«[131] richteten. Die beiden Forscherinnen erklären dies mit dem Konflikt der Konvertierten »zwischen notwendiger Abgrenzung und dem weiterhin bestehenden Wunsch nach Zugehörigkeit«.[132] Ob es solche »Bekehrungsappelle« von Olga Lau-Tugemann an ihre Verwandten gab, wissen wir nicht. Man kann aber davon ausgehen, dass Lau-Tugemann aufgrund ihrer Bildung und beruflichen Stellung innerhalb der Familie eine Autorität genoss, die ihren Worten besonderes Gewicht verlieh.

Die Welle der Konversionen in der Familie begann 1938 mit ihrem Neffen Ezzo,[133] auf den sie einen wesentlichen Einfluss hatte,[134] und noch im gleichen Jahr mit ihrer Schwester Maria. Diese heiratete am Tag des Eintritts in die katholische Kirche ihren Ehemann Wilhelm Roloff nochmals kirchlich, diesmal katholisch,[135] da die am 3. Februar 1923 in der evangelischen Kirche geschlossene Ehe[136] aus Sicht der römisch-katholischen Kirche nicht gültig war. Für ihren zweiten Sohn Friedemann,

129 Vgl. Anm. 7 und 123.

130 Die Mutter von Olga war ihr Leben lang katholisch und wechselte ihre Konfession nie.

131 Gesine Carl/Angelika Schaser, Konversionsberichte des 17. bis 19. Jahrhunderts als Selbstzeugnisse gelesen: Ergebnisse und Forschungsperspektiven. in: Digitale Quellenedition Konversionserzählungen. URL: http://www.geschkult.fu-berlin.de/e/konversionen/ergebnisse/beitraege/Konversionsberichte_als_Selbstzeugnisse_gelesen.pdf?1369918255 [2013] 18 f. [Abfragedatum: 12. 5. 2013].

132 Ebenda 18.

133 Rückseite der Urkunde Geburts- und Taufschein. Vgl. Anm. 92: »Z 19 Grinzing 31. Jänner 1938 Ezzo Roloff wurde in der Kapelle der Schulsiedlung ›Neuland‹ am 30. Jänner 1938 von hochw. Herrn Prof Karl Maurer, Seelsorger, in die röm. Katholische Kirche aufgenommen. (e. b. Ordinariat Wien Z. 10.672 v. 23. Dezember 1937) Unterschrift: Aldr Ru ? [unleserlich]. Ausgestellt vom Pfarramt Grinzing Wien XIX«, freundlich zur Verfügung gestellt von Eva Roloff.

134 Sie war nicht nur seine Taufpatin und fühlte sich für ihn mitverantwortlich. So sorgte sie auch dafür, dass er in Wien in die »Neuland«-Schule ging und war dort außerhalb der Schule seine Ansprechperson. Geburts- und Taufschein Ezzo Roloff, Auszug aus dem Geburts- und Taufbuche der evangelischen Pfarrgemeinde A.B. Stainz Band II Seite 126, APGSt (wie Anm. 3).

135 Geburts- und Taufschein Maria, Elisabeth, Adele Tugemann ausgestellt vom Land Böhmen Bezirkshauptmannschaft Reichenberg Magistrat Reichenberg No.Exh.5687, auf dem sich der Eintrag findet: »verehelicht am 5. Juni 1938 in Ulrichsbrunn Pfarre St. Veit ob Graz«, freundlich zur Verfügung gestellt von Eva Roloff.

136 Trauungsbuch der evangelischen Pfarrgemeinde A.B. Stainz Band 1, 1923, Seite 43, Nr. 1, APGSt (wie Anm. 3).

den Bruder von Ezzo, beantragten die Eltern 1940 den Austritt aus der evangelischen Kirche.[137] Am längsten blieb Wilhelm Roloff evangelisch. Er konvertierte erst im Jahr 1947 zur römisch-katholischen Kirche.[138]

III. 3 Mögliche Motive für die Rekonversion

Untersucht man den Wiedereintritt von Olga Lau-Tugemann in die katholische Kirche 1931 in Bezug auf mögliche Motive, so ist die Zeit von 1904 bis 1931 genauer zu betrachten. Etwa in der Mitte dieses Lebensabschnittes liegt der Tod ihres Mannes Richard Lau im Jahr 1917, mit dem sie dreieinhalb Monate verheiratet war. Möglicherweise sind dieser Verlust und seine Bedeutung für Olga Lau-Tugemann *ein* Schlüssel zum Verständnis ihres Wiedereintritts in die katholische Kirche 14 Jahre später. Die Grabinschrift (»Du hast mich treulich gedemütigt. Wer seine Hoffnungen mehr liebt als Dich ist Dein nicht wert«[139]) kann als Zeugnis einer tiefen Glaubenskrise gelesen werden, die Olga Lau-Tugemann zwar bestand, die sie aber immer wieder innerlich stark beschäftigte.[140] Man könnte diese durch den Verlust geprägte Lebenserfahrung als Motiv für ihre spätere Konversion im Sinne des religionspsychologischen Ansatzes von William James deuten, demzufolge »ein Zustand äußerster Anspannung und Unruhe, [...] [durch die Konversion] in einen Zustand der Stabilität, des Gleichgewichts und der Selbstkontrolle überführt wird«.[141]

Den Wiedereintritt Olga Lau-Tugemanns in die katholische Kirche könnte man demnach als eine Rückkehr zu dem ihr aus der Kindheit und Jugend Bekannten und Vertrauten verstehen, das ihr Halt gab, zumal der Konfessionswechsel 1904 nicht aus religiösen, sondern aus politischen Gründen erfolgt sein dürfte.[142]

---

137 Friedemann Roloff, geb. 13. Oktober 1929, getauft 1. November 1929. Vgl. Taufbuch der evang. Pfarrgemeinde Stainz 1929, S. 144 Zahl 10 und Austrittsbuch der evang. Pfarrgemeinde Stainz, S. 35 Nr. 11 am 16. April 1940. Beides APGSt (wie Anm. 3).

138 Austrittsbuch der evangelischen Pfarrgemeinde Stainz 1947, S. 48, Nr. 7. Wilhelm Roloff Landwirt verheiratet geb. in Bensheim (Hessen) 10. Februar 1896 57 evang. A.B. nach dem Austritt: röm. kathol. Bezirkshauptmannschaft DL 24. März 1947 7 Rel, APGSt (wie Anm. 3). Wilhelm Roloff war Mitglied der Gemeindeversammlung der PG Stainz. Vgl. Protokoll der Gemeindeversammlung 10. September 1929 und 18. Mai 1930. Außerdem erscheint er in der Liste der Stimmberechtigten für die Pfarrerwahl im November 1936, bei der er Beisitzer ist. Vgl. »Verhandlungsberichte 1929–1941« der Pfarrgemeinde Stainz, APGSt (wie Anm. 3).

139 Vgl. Anm. 42. Foto vom Grabstein Richard Laus, freundlich zur Verfügung gestellt von Eva Roloff. Die Worte auf dem Grabstein dürften von Olga Lau-Tugemann stammen, da von Richard Lau als »mein Ehemann« gesprochen wird. Ein Jahr später wurde der Grabinschrift eine eigene steinerne Tafel mit einem eingeritzten Eisernen Kreuz von der Mutter und dem Bruder Richard Laus hinzufügt. Aufschrift: »Dem geliebten Sohn und Bruder Richard Lau zum 2. Februar 1918.« Foto vom Grabstein Richard Laus.

140 Darauf deutet möglicherweise auch hin, dass sie bis ins hohe Alter das Foto ihres Ehemanns auf dem Totenbett in ihrem Zimmer stehen hatte, Gespräch mit Eva Roloff am 4. September 2013.

141 Zit. nach: Detlef Pollack, Was ist Konversion?, in: Treten Sie ein! Treten Sie aus! Warum Menschen ihre Religion wechseln, hg. von Regina Laudage-Kleeberg/Hannes Sulzenbacher (Hohenems–Frankfurt–Berlin 2012) 39–40.

142 Vgl. Kapitel III.1.

Dennoch sollen noch weitere mögliche Motive in den Blick kommen, die durch die Konversionsforschung bekannt geworden sind. So gehen die meisten Forscherinnen und Forscher davon aus, dass die soziale Komponente eine große Rolle für Konversionen spielt.[143] Rodney Stark und Roger Finke, zwei amerikanische Konversionsforscher, stellten fest, dass die Wahrscheinlichkeit für eine Konversion steigt, »wenn die Bindungen an die Mitglieder der Gruppe, zu der man konvertiert, bedeutsamer sind als die Bindungen zu Nichtmitgliedern«.[144] Das hieße im Fall von Olga Lau-Tugemann, dass ihre Bindungen zu den Menschen ihres beruflichen und privaten Umfelds in Wien weniger stark waren als zu Mitgliedern der liturgischen Bewegung, mit denen sie in den 1920er Jahren in Kontakt kam.[145] Dabei spielte der Priester, Chorherr und »Promotor der biblisch-liturgische[n] Bewegung«[146] Pius Parsch eine wesentliche Rolle. Er war es auch, der die Anfrage für ihre Wiederaufnahme in die römisch-katholische Kirche 1931 stellte.[147] Mit Pius Parsch dürfte Olga Lau-Tugemann verbunden haben, dass er derselben Generation angehörte wie sie – beide sind in den 80er Jahren des 19. Jahrhunderts geboren[148] – und auch, dass er wie sie aus einem der ehemaligen Kronländer Österreich-Ungarns stammte, die ab 1918 im neu gegründeten Staat der Tschechoslowakei aufgingen. Pius Parsch wurde in Neustift bei Olmütz/Mähren geboren und Olga Lau-Tugemann in Reichenberg/Böhmen. Eine theologische Brückenfunktion dürfte für sie, die evangelische Religionsprofessorin, die Theologie Pius Parschs gespielt haben, der das Wort Gottes, die Bibel, wieder in den Mittelpunkt des religiösen Lebens stellte und für die Verwendung der deutschen Sprache im Gottesdienst eintrat. Nach ihrem Übertritt veröffentlichte sie in der von Pius Parsch begründeten zweitältesten liturgiewissenschaftlichen Fachzeitschrift des deutschen Sprachraums, »Bibel und Liturgie«,[149] insgesamt drei Artikel, von denen noch die Rede sein wird. Wesentlich für Olga Lau-Tugemann war sicher auch das Element der Gemeinschaft in der Liturgiegemeinde in Klosterneuburg.[150] Jedenfalls

143 So z. B. Lofland und Stark, als auch Rambo, bei: Pollack, Konversion (wie Anm. 141) 40, 43.

144 Rodney Stark bei ebenda 41.

145 Jaquemar, Innere Mission (wie Anm. 61) 129. Leider ließen sich Kontakte vor ihrem Wiedereintritt in die katholische Kirche 1931 mit Vertretern oder Mitgliedern der liturgischen Bewegung in Klosterneuburg nicht verifizieren. Vgl. Pius-Parsch-Archiv. Das könnte aber auch daran gelegen haben, dass sich Olga Lau-Tugemann in ihrer Zeit als evangelische Religionslehrerin vorsichtig verhalten musste, was die Kontakte mit katholischen Kreisen betraf, um keine Schwierigkeiten mit der evangelischen Kirche als ihrem Arbeitgeber zu bekommen.

146 Norbert Höslinger, Art. Pius Parsch. *LThK* 7 (1998) 1391.

147 Gestionsprotokoll, vgl. Anm. 93.

148 Pius Parsch geb. am 18. März 1884; Olga Tugemann geb. 8. März 1887.

149 Freundlicher Hinweis von Prof. Dr. Andreas Redtenbacher.

150 Olga Lau-Tugemann gibt 1932 in der Zeitschrift »Bibel und Liturgie«, Blätter für volksliturgisches Apostolat, hg. von Pius Parsch (*BiLi*), eine Anregung für ein Pfarrgemeinschaftsheim, in der Frühstück für diejenigen, die am Morgen an der Messe teilgenommen haben und dann zur Arbeit gehen, gegen Entgelt geboten werden soll. Die Anregung bezieht sich offensichtlich auf eine Wiener Pfarrgemeinde, die ein solches Pfarrgemeinschaftsheim und Pfarrleben nicht kennt, wie Olga Lau-Tugemann das in St. Gertrud/Klosterneuburg. Vgl. Olga Lau-Tugemann, Werkraum. Ein Pfarrgemeinschaftsheim. *BiLi* 7 (1932) 109 f.

hatte sie nach ihrem Übertritt in der Gemeinde um Pius Parsch in St. Gertrud/Klosterneuburg ihren spirituellen und sozialen Mittelpunkt gefunden.

Ein dritter Aspekt, der politische, soll neben dem individuellen und dem sozialen nicht außer Acht gelassen werden. So macht Detlef Pollack, ein deutscher Religions- und Kultursoziologe, darauf aufmerksam, dass Konversionen, »vermehrt in Situationen kultureller Spannungen auftreten« und zwar speziell dann »wenn eine der aufeinandertreffenden Kulturen als unterlegen gilt«.[151] So könnte es für Olga Lau-Tugemann auch eine Rolle gespielt haben, dass es in Österreich in den 1920er Jahren eine politische Polarisierung zwischen den sozialdemokratischen und den konservativen Kräften gab, wobei viele Evangelische den Deutschnationalen zugeneigt waren und sich in der Minderheit befanden. Allerdings kann eine eindeutige Zuordnung von so genannter höherwertiger und niederwertiger Kultur für diese Zeit nicht vorgenommen werden und daher ist die politische Kategorie für Olga Lau-Tugemann so nicht nachweisbar.

Wie Olga Lau-Tugemann ihre Rekonversion selbst verstand und darstellte, soll im Folgenden untersucht werden.

III. 4 Motive des Übertritts im Selbstzeugnis

Wie schon kurz erwähnt, hat Olga Lau-Tugemann in der von Pius Parsch im Jahr 1926 begründeten und bis heute bestehenden Zeitschrift »Bibel und Liturgie« drei Beiträge veröffentlicht, von denen einer direkt nach ihrem Wiedereintritt in die katholische Kirche im Juli 1931 erschien. Dessen Titel lautet: »Was mich anzog und abstieß«.[152] Der Text kann als Konversionsbericht, in dem Olga Lau-Tugemann die Motive ihrer Rekonversion einem breiteren Publikum darlegt, verstanden werden. Allerdings erfährt die Leserschaft an keiner Stelle, dass sie in die katholische Kirche *wieder*eingetreten ist, mit anderen Worten, dass sie *re*konvertierte. Die Abfassung ihres Artikels muss schon vor dem tatsächlich erfolgten Schritt des Wiedereintritts verfasst worden sein und lässt auf eine sorgfältige Planung der öffentlichen Bekanntmachung ihrer (Re-)Konversion schließen.[153] Mit der Wahl des Mediums, »Bibel und Liturgie«, machte sie deutlich, an welches Publikum sich die »Verteidigung« ihrer Rekonversion in erster Linie richtete: Eine überwiegend katholische Leserschaft, die an der liturgischen Erneuerung mitwirkte oder zumindest an ihr interessiert war und im engeren Sinn an die liturgische Gemeinde in Klosterneuburg um Pius Parsch. Um »dort als vollgültiges Mitglied akzeptiert und integriert zu werden«, musste sie diesen Schritt vor »den Angehörigen [ihrer] neuen Glaubensgemeinschaft rechtfertigen«.[154]

---

151 Pollack, Konversion (wie Anm. 141) 44.

152 Olga Lau-Tugemann, Una sancta ecclesia. Was mich anzog und abstieß. *BiLi* 5, Nr. 20/21 (15. Juli 1931) 465–568 [sic!], hier 465, 566–568.

153 Das Heft mit dem Artikel »Was mich anzog und abstieß« ist als Nr. 20/21 des 5. Jahrgangs von »Bibel und Liturgie« am 15. Juli 1931 erschienen. Olga Lau-Tugemann trat am 9. Juli 1931 aus der evangelischen Kirche aus, der Eintritt in die katholische Kirche wurde am 13. Juli 1931 vom Stifts- und Stadtpfarramt Klosterneuburg bestätigt. Vgl. AO (wie Anm. 7) Nr. 31.

154 Carl/Schaser, Konversionsberichte (wie Anm. 131) 15.

Dies war »für die weitere Lebensgestaltung nach dem Konfessionswechsel von entscheidender Bedeutung«.[155]

III.4.1 Überwundene Hindernisse für den Wiedereintritt

Olga Lau-Tugemann präsentiert sich der Leserschaft von »Bibel und Liturgie« in ihrer ersten Adresse als eine sorgfältig abwägende Theologin, die zwar angezogen ist von der katholischen Kirche und ihrem »Reichtum«, sich ihr dennoch kritisch denkend nähert, also vor deren Schwächen nicht die Augen verschließt. Zum Abstoßenden rechnet sie störende Faktoren in der Frömmigkeit, z.B. zu schnelles und damit »ehrfurchtsloses« Sprechen des »Vater Unser« oder das »verständnisferne Verhalten des Kirchenvolks«, und »manche Formen der Heiligen- und Reliquienverehrung« sowie der Ablasspraxis.[156] Überhaupt verdecke der so genannte Populärkatholizismus häufig das Zentrale und das Wesentliche durch Peripherisches.[157] Ebenso empfindet sie die Prachtentfaltung, vor allem beim päpstlichen Hofzeremoniell,[158] und so manches Kapitel der Kirchengeschichte als abstoßend.

Ganz anderer Natur sind die Erschwernisse für ihren Wiedereintritt, die sie am Ende ihres Aufsatzes in den Anmerkungen versteckt:

> »Wenn ich ganz wahr sein will, dann muss ich als lange aufhaltende Hindernisse auf meinem Weg vor allem auch nennen die Indizierung und Exkommunizierung Wittigs (wie die Dinge damals lagen), besonders aber die Enzyklika Mortalium animos 1928, wohl auch das Vorgehen gegen Ude.«[159]

Joseph Wittig (1879–1949), ein katholischer Theologe und religiöser Volksschriftsteller, bekam durch seine Kritik an der Beichtpraxis und der Rechtfertigungslehre, die er 1922 in der Kulturzeitschrift »Hochland«[160] in seinem Aufsatz »Die Erlösten« äußerte, Schwierigkeiten mit der Amtskirche. Diese Probleme führten für den Professor für Kirchengeschichte, Patrologie und kirchliche Kunst an der Universität Breslau (1915–1926) zur Indizierung seiner Schriften und zu seiner Exkommunikation 1925/1926, welche 1946 wieder aufgehoben wurde.[161] Olga Lau-Tugemann greift Wittigs »Bemühungen um eine erneuerte Ekklesiologie«,[162] mit der er einen wichtigen Beitrag zur

155 Ebenda 15 f.

156 Lau-Tugemann, Was mich anzog (wie Anm. 152) 465.

157 Ebenda 465 f.

158 Ebenda 566.

159 Ebenda 568.

160 Die Zeitschrift »Hochland« wurde von Carl Muth im Jahr 1903 gegründet und war nach eigenen Angaben »eine Monatsschrift für alle Gebiete des Wissens, der Literatur und Kunst«. In ihr publizierten katholische Schriftsteller und Philosophen, so auch der erwähnte Joseph Wittig und Romano Guardini. Vgl. Konrad Ackermann, Hochland. Monatsschrift für alle Gebiete des Wissens, der Literatur und Kunst. *Historisches Lexikon Bayerns.* URL: http://www.historisches-lexikon-bayerns.de/artikel/artikel_44729 [Abfragedatum: 21. 9. 2013].

161 Anthony W. Riley, Art. Wittig, Joseph. *LThK* 10 (2001) 1259–1260.

162 Jörg Ernesti, Ökumene im dritten Reich (Konfessionskundliche und kontroverstheologische Studien 77, Paderborn 2007) 25.

frühen ökumenischen Theologie leistete, in ihren Ausführungen nicht auf.[163] Sie zitiert Wittig zwar gleich zu Beginn ihres Artikels mit dem Satz »Das Wesen der Kirche kann locken wie eine große Gnade; die konkrete Form, die historische Gestalt kann abstoßen wie ein Ärgernis«[164] und sieht in diesem Satz »das Ringen vieler Jahre« ihres Lebens zusammengefasst. Aber damit nimmt sie nicht Bezug auf seine Theologie. Die Exkommunikation Wittigs als Stolperstein für ihre Rückkehr zur katholischen Kirche dürfte damit nicht theologisch-inhaltlicher, sondern eher ethischer Natur gewesen sein. Das lässt sich auch aus einer weiteren Anmerkung schließen, in der sie von der Verpflichtung, »sich um das Verständnis der Seele der abgetrennten Brüder zu mühen, ihre Fragen an die Kirche, ihr Ringen um die Kirche kennen zu lernen«, spricht. Hier drückt sich außerdem ihr missionarisches Selbstverständnis aus.

So bildet auch die in der Enzyklika von Papst Pius XI. »Mortalium animos« vom 6. Jänner 1928 abgelehnte Kommunikation mit den »abgetrennten Brüdern« den vorläufigen Hinderungsgrund für ihre Rekonversion, nicht aber das dort vertretene exklusive Verständnis von Kirche. Die Enzyklika reagiert auf die ersten ökumenischen Weltkonferenzen der nicht-katholischen Kirchen 1910 in Edinburgh (Weltmissionskonferenz), 1925 in Stockholm (Erste Weltkonferenz für Praktisches Christentum) und 1927 in Lausanne (Erste Weltkonferenz für Glauben und Kirchenverfassung).[165]

In Artikel 8 nimmt die Enzyklika darauf Bezug:

> »Bei dieser Sachlage ist es klar, dass weder der Apostolische Stuhl in irgendeiner Weise an ihren Konferenzen teilnehmen kann, noch dass es den Katholiken irgendwie erlaubt sein kann, diese Versuche zu unterstützen oder an ihnen mitzuarbeiten. Wenn sie das täten, so würden sie einer falschen christlichen Religion, die von der einen Kirche Christi grundverschieden ist, Geltung verschaffen. Können wir dulden, was doch eine große Gottlosigkeit wäre, dass die Wahrheit, und zwar die von Gott geoffenbarte Wahrheit zum Gegenstand von Verhandlungen gemacht wird?«[166]

Und weiter heißt es in der Enzyklika mit dem Untertitel »Über die Förderung der wahren Einheit im Glauben« in Artikel 10:

> »Daraus geht hervor, ehrwürdige Brüder, aus welchen Gründen der Apostolische Stuhl niemals die Teilnahme der Seinigen an den Konferenzen der Nichtkatholiken zugelassen hat. Es gibt nämlich keinen anderen Weg, die Vereinigung aller Christen herbeizuführen, als den, die Rückkehr aller getrennten Brüder zur einen wahren Kirche Christi zu fördern, von der sie sich ja einst unseligerweise getrennt haben.«[167]

Der Rückkehr aller Gläubigen in die »eine wahre Kirche Christi« stimmt Olga Lau-Tugemann durchaus zu, wenn sie das Bild vom »tiefen, breiten Strom« (der katholi-

---

163 LAU-TUGEMANN, Was mich anzog (wie Anm. 152) 465.

164 Ebenda.

165 Aloys KLEIN, Art. Ökumene. *Lexikon der Ökumene und Konfessionskunde* (2007) 967.

166 URL: http://www.kathpedia.com/index.php?title=Mortalium_animos_%28Wortlaut%29 [Abfragedatum: 26. 8. 2013].

167 Ebenda.

schen Kirche) und den »abgeleiteten Wassern« verwendet.[168] Aber den Umgang mit dem »Gegner«, sprich Angehörigen der anderen Konfession (gemeint sind hier wohl am ehesten die Evangelischen),[169] demzufolge diese von katholischer Seite oft zur Karikatur gemacht werden, »um einen leichten Sieg davonzutragen«,[170] lehnt sie ab. Auch auf der anderen Seite sei viel »Gutes und Schönes«[171] zu finden und es gehe darum, mit den Nicht-Katholischen ins Gespräch zu kommen und sie in ihrer Suche ernst zu nehmen. Daher kritisiert sie auch die Schrift des katholischen Theologen und Franziskaners Heribert Holzapfel (1868–1936) »Katholisch und Protestantisch« und wirft ihm vor, »dem Anderen« (gemeint sind hier wieder die Evangelischen) nicht gerecht zu werden, wenn er behaupte, dass es im evangelischen Glauben keine »innere Heiligung« gäbe.[172] Möglicherweise lässt sich diese verständnisvolle Haltung Olga Lau-Tugemanns gegenüber der Herkunftskonfession und ihrer Mitglieder aus dem bei Konvertierten schon erwähnten häufig vorkommenden »Konflikt zwischen notwendiger Abgrenzung und dem weiterhin bestehenden Wunsch nach Zugehörigkeit«[173] erklären, den sie auf diese Weise zu überbrücken suchte.

III.4.2 Kritik an der evangelischen Kirche

An der evangelischen Tradition und Kirche, der sie 27 Jahre lang angehörte, kritisiert sie, ohne sie direkt zu erwähnen, Rationalismus und Orientierungslosigkeit in ethischen Fragen. Dem hält sie die »klare Stellung in den sittlichen Fragen« der katholischen Kirche[174] und »die zwingende Gewalt ihrer überall zu Ende gedachten Glaubensgedanken (ihres Dogmas)« gegenüber.[175] Die »Bauversuche bloß menschlichen Denkens« auf evangelischer Seite werden nach ihrer Meinung weit übertroffen von den Maßen des Domes des katholischen Dogmas.[176]

168 LAU-TUGEMANN, Was mich anzog (wie Anm. 152) 567.

169 Die Zurückhaltung in der Verwendung des Wortes »evangelisch« fällt auf. Olga Lau-Tugemann verwendet in ihrem Artikel das Wort »evangelisch« nur zwei Mal, davon einmal in einem Zitat von Getzeny. Vgl. LAU-TUGEMANN, Was mich anzog (wie Anm. 152) 567. In dem von ihr verwendeten Zitat von Karl Adam (ebenda) wird von »akatholischen Bekenntnisgemeinschaften« gesprochen, ihnen also der Status einer Kirche nicht zuerkannt. Die spätere Ausgabe 1936 (8. Aufl.) spricht von »unkatholischen« Bekenntnisgemeinschaften.

170 LAU-TUGEMANN, Was mich anzog (wie Anm. 152) 566.

171 Ebenda 567.

172 Ebenda 568, Anm. 4.

173 CARL/SCHASER, Konversionsberichte (wie Anm. 131) 18.

174 Leider gibt sie keinerlei Hinweise, auf welche Fragen sich die ethischen Urteile beziehen. Dass es die deutschnationalen Töne der evangelischen Kirche sind, die sie abschrecken, kann vermutet werden. Dann wäre diese Rekonversion zugleich auch eine Revision ihrer politischen Einstellung, derentwegen sie 1904 zum evangelischen Glauben übertrat.

175 LAU-TUGEMANN, Was mich anzog (wie Anm. 152) 465.

176 Ebenda 567.

III.4.3 Beschäftigung mit der Theologie als Vorbereitung für die Rekonversion

Olga Lau-Tugemann beschreibt ihre Rekonversion als einen längeren Prozess,[177] sodass ihr Schritt nicht als spontan oder unüberlegt erscheinen kann. Mit der Erwähnung bestimmter Literatur und den dezenteren Hinweisen auf verschiedene Zeitschriften in den Anmerkungen[178] stellt sie ihre Belesenheit unter Beweis und ermöglicht den kenntnisreichen Lesenden eine Einordnung ihres theologischen Denkens. So empfiehlt sie das Buch des bekannten katholischen Theologen Karl Adam »Das Wesen des Katholizismus«[179] und ausdrücklich auch die Schrift »Die Erbschuld der Glaubensspaltung« von Georg Boß, dem Herausgeber der Zeitschrift »Religiöse Besinnung« von 1929–1931, ein Buch, welches in den Kreisen einer 1924 gegründeten evangelisch-lutherisch ökumenischen Bewegung, dem Hochkirchlichen Ökumenischen Bund, verbreitet war.[180]

Mit der Nennung von drei Universitätsprofessoren unterschiedlicher Fachbereiche der katholischen Theologie, Karl Adam,[181] Karl Hilgenreiner[182] und Joseph Wittig,[183] markiert sie ein Beziehungsfeld und folgt damit auch einer üblichen Methode, dem so genannten Name-Dropping, »um anzuzeigen, mit welchen bekannten Personen der Zeitgeschichte man in Verbindung steht«.[184] Die drei Genannten waren nicht in Österreich tätig. Sowohl Adam als auch Wittig werden von der Nachwelt als Erneuerer in ihrem Fachgebiet (Dogmatik, Ekklesiologie) eingeschätzt. Hilgenreiner (1867–1948) sticht weniger als Professor der Moraltheologie in Prag (1904–1912) denn als Politiker und Publizist hervor: Hilgenreiner, in Hessen geboren, in West- und Nordböhmen aufgewachsen, in Rom 1891 zum Priester der Diözese Leitmeritz/Nordböhmen geweiht,[185] wandte sich vor dem Ersten Weltkrieg entschieden gegen die Los-

177 Ebenda 465.

178 Ebenda 568. Olga Lau-Tugemann darf aber erwarten, dass die Anmerkungen von den gebildeten LeserInnen auch gelesen werden.

179 Karl Adam, Das Wesen des Katholizismus (Augsburg 1924).

180 Ernesti, Ökumene (wie Anm. 162) 268, Anm. 812. Vgl. dazu auch ebenda 26. Das Buch von Boß erschien 1927. Daher kann bei Ernesti noch nicht die Una-Sancta-Bewegung gemeint sein, die sich erst 1939 traf. Vgl. Gerhard Voss, Una-Sancta-Bewegung. *TRE* 34 (2002) 266. »Una Sancta« ist der Name der Zeitschrift des Hochkirchlichen Ökumenischen Bundes von 1921 bis 1927, die ihre Fortsetzung in der Zeitschrift »Religiose Besinnung« 1928–1933 fand. Vgl. Thomas Riplinger, Art. Hochkirchliche Bewegung, II. Deutschland. *RGG*[4] 3 (2000) 1801–1803.

181 Lau-Tugemann, Was mich anzog (wie Anm. 152) 566. Karl Adam (1876–1966) lehrte katholische Dogmatik in München, Straßburg und Tübingen und »zählt zu den großen Erneuerern in der Theologie des 20. Jahrhunderts« [Ernesti, Ökumene (wie Anm. 162) 231]. Seine Leistung wird hauptsächlich darin gesehen, dass er »den christozentrischen Durchbruch in der katholischen Theologie« des 20. Jahrhunderts bewirkt hat. Vgl. Hans Kreidler, Art. Karl Adam. *LThK*[3] 1 (1993) 141–142.

182 Lau-Tugemann, Was mich anzog (wie Anm. 152) 566, 568, Anm. 3 und 7.

183 Vgl. Kapitel III.4.1.

184 Carl/Schaser, Konversionsberichte (wie Anm. 131) 37.

185 URL: https://www.oecv.at/Biolex/Detail/42500002 (Österreichischer Cartellverband) [Abfragedatum: 9. 9. 2013].

von-Rom-Bewegung[186] und war 1918 Mitbegründer und Parteiführer der Deutschen christlich-sozialen Volkspartei in der Tschechoslowakei.[187] Mit dem Programm der Partei, welches er verfasste, vertrat er einen politischen Katholizismus der bürgerlich-konservativen Richtung, die sich als nationaldeutsche Volkspartei verstand.[188] Die zweifache Erwähnung Hilgenreiners und der Hinweis auf die Katholikenkorrespondenz, die Hilgenreiner herausgab,[189] im Artikel »Was mich anzog und abstieß«[190] zeigen, dass Olga Lau-Tugemann die Entwicklungen und die agierenden Personen in ihrer Heimat, die seit 1918 zu einem Teil der neu gegründeten Republik Tschechoslowakei geworden war, stets im Blick behielt. Sie machen außerdem deutlich, welcher politischen Auffassung sie Ende der 1920er, Anfang der 1930er Jahre zuneigte. Es ist aber nicht anzunehmen, dass ihre politische Einstellung sie zu ihrer Konversion motivierte, denn eine deutschnationale Einstellung wurde in evangelischen Kreisen zu dieser Zeit ohnehin von vielen vertreten; allerdings lag der Akzent dort sicher etwas anders. Hilgenreiner betonte jedenfalls immer wieder seine Bereitschaft, mit tschechischen Katholiken politisch zu kooperieren[191] und sah die Aufgabe der deutschen katholischen Kirche in der Tschechoslowakei darin, »die nationalen Belange der deutschen Minderheit zu vertreten«.[192]

Lau-Tugemanns Interesse ist es allerdings, den Wiedereintritt in die katholische Kirche nicht politisch, sondern theologisch motiviert darzustellen und daher verweist sie auch auf den »göttlichen Anteil«[193] ihrer Rekonversion. So spricht sie von der »unerklärbare[n] Gnade« und der »anziehenden Gewalt der Kirche«, die »so stark wird, daß man, – ohne die Augen zu verschließen vor allem Mangel, ja Ärgernis an ihrer Zeitgestalt das starke, freudige Ja sprechen lernt, durch ihre Tore hineinzuschreiten«.[194]

Damit fügt sich Olga Lau-Tugemann in die Reihe der katholischen Konvertiten ein, für die »die Zuverlässigkeit und Unbeirrbarkeit einer traditionsgefestigten Institution, die allen Zweifeln zum Trotz die wahre Lehre bewahrt und weitergegeben hatte«,[195] im Zentrum stehen.

---

186 Traugott BAUTZ, Art. Hilgenreiner, Karl. *BBKL* 2 (1990) 857.

187 A. HUBER, Art. Hilgenreiner. *LThK*[2] 5 (1960) 349.

188 ALEXANDER, Kleine Geschichte (wie Anm. 47) 407 f.

189 Österreichisches Biographisches Lexikon und biographische Dokumentation 2003–2013. Vgl. URL: http://www.biographien.ac.at/oebl/oebl_H/Hilgenreiner_Karl_1867_1948.xml [Abfragedatum: 9. 9. 2013].

190 LAU-TUGEMANN, Was mich anzog (wie Anm. 152) 566. 568, Anm. 7, die aber im Text keinen Anhalt findet.

191 Rainer BENDEL, Tagungsbericht »Kirchen und Gruppenbildungsprozesse deutscher Minderheiten in Europa 1918–1933«. 2. Mai 2008–3. Mai 2008, in H-Soz-u-Kult, 29. Juli 2008. Vgl. URL: http://hsozkult.geschichte.hu-berlin.de/tagungsberichte/ id=2201 [Abfragedatum: 9. 9. 2013].

192 Ebenda.

193 Vgl. auch CARL/SCHASER, Konversionsberichte (wie Anm. 131) 6.

194 LAU-TUGEMANN, Was mich anzog (wie Anm. 152) 465.

195 CARL/SCHASER, Konversionsberichte (wie Anm. 131) 36 und: »Der Übertritt wurde [in den

III.4.4 Die Beschäftigung mit verschiedenen Erneuerungsbewegungen

Ihren Weg in die liturgische Gemeinde St. Getrud/Klosterneuburg lässt Olga Lau-Tugemann als bewusste Wahl erscheinen, die sie nach Prüfung verschiedener anderer Erneuerungsbewegungen der katholischen Kirche getroffen hat, wobei sie allerdings keine konkreten Erneuerungsbewegungen nennt. Aus den Zeitschriften, die sie in ihren Anmerkungen erwähnt,[196] kann man jedoch entnehmen, mit welchen Erneuerungsbewegungen sie sich beschäftigte. Ob sie diese auch persönlich, also nicht nur über Veröffentlichungen, kennenlernte, geht aus ihrem Artikel nicht hervor. Die zitierte Zeitschrift »Hochland« propagierte »eine religiös-moralische Erneuerung mit dem Ziel der ›Verchristlichung‹ der modernen Welt«. Die Zeitschriften »Una sancta« und »Religiöse Besinnung« des Hochkirchlichen Ökumenischen Bundes[197] weisen auf eine ökumenische Erneuerungsbewegung hin, die interkonfessionell orientiert war und auf eine Erneuerung der Kirche durch das Zusammenwirken von evangelischen und katholischen Christen abzielte.[198] Der Herausgeber der Zeitschrift »Religiöse Besinnung«, seit 1931 Karl Thieme, und mit ihm weitere Personen, konvertierten 1934 zum katholischen Glauben, zu einer Zeit, als sich Deutschland schon im Kirchenkampf befand.[199] Thieme war gegen die Anwendung des Arierparagraphen in der Kirche und konvertierte zur römisch-katholischen Kirche, weil er in ihr »ein Bollwerk gegen den Nationalsozialismus«[200] sah. In diesem Punkt gibt es eine Parallele zu Lau-Tugemann, die sich ebenfalls gegen den Ausschluss der so genannten Judenchristen aus den Gemeinden wandte.[201] Doch kann dies 1931 für sie noch kein Grund für den Austritt aus der evangelischen Kirche gewesen sein. Eine weitere Parallele ist, dass sich Thieme und sein Kreis ebenso wie Lau-Tugemann »als Brückenbauer hin zur katholischen Kirche verstanden«.[202]

Was sie in der liturgischen Gemeinde St. Gertrud unter der Leitung von Pius Parsch anzog, ist der Reichtum des liturgischen Lebens, welches authentisch gelebt und dem Einzelnen erschlossen wird, und das sich wie ein roter Faden durch das gesamte Leben und das Kirchenjahr hindurchzieht, sowie das allmähliche »Vertraut werden mit der Bibel«.[203] Zum Schluss appelliert sie an jeden einzelnen, die verborgenen Schätze der Kirche im Kult und im Leben zu entfalten und erweist sich damit als

---

von den Autorinnen untersuchten Konversionsberichten] mit den dogmatischen Differenzen der beiden Kirchen begründet und in der Regel nicht mit moralischen oder psychologischen Entwicklungen.« Vgl. ebenda 15.

196 Lau-Tugemann, Was mich anzog (wie Anm. 152) 568.

197 Vgl. Anm. 180.

198 Thomas Riplinger, Hochkirchliche Bewegung. *RGG*[4] 3 (2000) 1802.

199 Ernesti, Ökumene (wie Anm. 162) 26–30.

200 Ebenda 26.

201 Olga Lau-Tugemann, Nicht schweigen. *Die Erfüllung*, Nr. 4 (1936) 146–151.

202 Ernesti, Ökumene (wie Anm. 162) 27.

203 Lau-Tugemann, Was mich anzog (wie Anm. 152) 566.

würdig, auch »im neuen konfessionellen Umfeld eine verantwortungsvolle Aufgabe zu übernehmen«.[204]

Versucht man eine Zusammenfassung ihrer Darstellung für den Wiedereintritt im Aufsatz »Was mich anzog und abstieß«, so ergibt sich folgendes Bild: Olga Lau-Tugemann ist bemüht, ihre erste Konversion unerwähnt zu lassen. Möglicherweise hat das damit zu tun, dass sie sich als eine mehrfach Konvertierende dem Verdacht ausgesetzt sah, als wankelmütig eingeschätzt zu werden. Auch konnte sie dadurch darauf verzichten, ihren Übertritt zur evangelischen Kirche nachträglich rechtfertigen zu müssen, wenn ihre Zugehörigkeit zur evangelischen Konfession von der Außenwelt als Zugehörigkeit von Kindheit an verstanden wurde.

Olga Lau-Tugemann hat sich im Vorfeld ihrer Rekonversion mit unterschiedlichen katholischen Theologen wie Karl Adam und Karl Hilgenreiner beschäftigt. Keiner der Genannten stammte aus ihrem näheren Umfeld, z.B. der Universität in Wien, wo es zu dieser Zeit sowohl eine katholisch-theologische und als auch eine evangelisch-theologische Fakultät gab.[205]

Die Erneuerungsbewegungen katholischer und evangelischer Provenienz sind ihr geläufig und so scheint sie ihre Wahl bewusst für die liturgische Bewegung in Klosterneuburg getroffen zu haben. Dennoch drängt sich die Frage auf, weshalb sie sich nicht einer der protestantischen liturgischen Erneuerungsbewegungen angeschlossen hat, wie z. B. der des Hochkirchlichen Bundes, der – 1918 gegründet – das »Prinzip einer evangelischen Katholizität« vertrat, also die katholischen Traditionen für die evangelische Kirche wiederentdecken wollte, um sie im gottesdienstlichen Leben liturgisch fruchtbar zu machen.[206] Auch der Hochkirchlich Ökumenische Bund, den sie indirekt durch das Zitieren der Zeitschriften, die er herausgab, erwähnt,[207] hätte ihr die Möglichkeit geboten, sich als konfessionelle Brückenbauerin einzusetzen. Abgesehen davon, dass es in ihrer unmittelbaren Umgebung in Österreich möglicherweise aber keine solchen Gruppen gab, denen sie sich hätte anschließen können, könnte dies auch ein Hinweis darauf sein, dass die Motive ihrer Rekonversion andere waren als die Bemühungen um Erneuerung des protestantischen gottesdienstlichen Lebens oder der ökumenischen Arbeit.

So dürfte ein wesentlicher Grund für ihre Rekonversion in dem Verlust von Sicherheit und Zugehörigkeit durch den Tod ihres Mannes und der Heimat, die zeitlich kurz aufeinander folgten,[208] liegen. Mit der Rückkehr in die Kirche, die ihr aus Kindheitstagen vertraut war, suchte sie auch für sich selbst ein Stück Heimat und Verlässlichkeit wiederzugewinnen. Dieser von ihr angestrebten emotionalen Stabilität entsprach auf

---

204 Carl/Schaser, Konversionsberichte (wie Anm. 131) 18.

205 Protestantisch-theologische Lehranstalt seit 1821, Evangelisch-Theologische Fakultät seit 1850, 1921/22 Eingliederung in die Universität Wien. Vgl. Barton, Evangelisch in Österreich (wie Anm. 125) 138.

206 Jörg Ernesti, Art. Hochkirchliche Bewegung. *LThK*³ 5 (1996) 556.

207 Vgl. Anm. 180.

208 2. Februar 1917 Tod von Richard Lau. Frühjahr 1918: Verlassen der Heimat Reichenberg/Böhmen.

der institutionellen Seite die katholische Kirche mit der von ihr vertretenen Unerschütterlichkeit und Entschiedenheit in ethischen und dogmatischen Fragen. Olga Lau-Tugemanns Rekonversion ist also aus den genannten Gründen nicht vorrangig als religiös begründet zu verstehen.[209]

IV. Die katholische Theologin

Vorbemerkung: Olga Lau-Tugemann war eine wesentliche Zeit ihres Lebens, von ihrem 20. bis 43. Lebensjahr,[210] evangelische Theologin. Allerdings ist aus dieser Zeit nur ein schriftliches Zeugnis bekannt, nämlich ihre Dissertation über »Ludwig Feuerbachs Religionstheorie«.[211] Dabei bezieht sie sich hauptsächlich auf Feuerbachs Werke »Das Wesen der Religion« und das »Wesen des Christentums«. Um sie in dieser Arbeit als evangelische Theologin kennenzulernen, besteht nur wenig Gelegenheit, da sie die religionsphilosophischen Gedanken Feuerbachs im Wesentlichen systematisch darzustellen versucht,[212] aber seine Theorie aus der Sicht der evangelischen Theologie nicht kritisch würdigt. Manche Gedankengänge Feuerbachs allerdings, wie z. B. sein Verständnis von der Trinität, der er auch Maria als Muttergottes zuordnet,[213] die Olga Lau-Tugemann in ihrer Dissertationsschrift kommentarlos wiedergibt,[214] lassen sich in ihren Überlegungen nach ihrer Rekonversion 1931 wiederfinden. So nimmt sie in ihrem Aufsatz »Vom Steinewegräumen und Türauftun I«,[215] ohne ihn explizit zu nennen, Feuerbachs Kritik am Protestantismus auf, wenn sie schreibt, dass

> »überall dort, wo die Verehrung der Jungfrau-Mutter lebendig war, auch der Glaube an ihren Sohn ungebrochen blieb (in der röm.-katholischen, aber auch in der orthodoxen Kirche), dort aber, wo man keine lebendige Verehrung mehr für sie hatte, verlor auch der Glaube an ihren Sohn seine Kraft, sah man weithin in ihm nicht mehr den Eingeborenen des Vaters, den fleischgewordenen Logos, der uns durch seinen Tod erlöst und durch seine Auferstehung das Leben gebracht hat [...]«.[216]

---

209 So bezweifelt auch die Religionssoziologien Monika Wohlrab-Sahr, dass Konversionen die Funktion haben, »rein religiöse« Probleme zu lösen. »Allerdings kann ich nicht verhehlen, dass ich skeptisch bin, im Lösen eines religiösen Problems die wesentliche Funktion einer Konversion zu sehen.« Vgl. Monika Wohlrab-Sahr, Konforme Nonkonformisten: Soziologische Zugänge zum Thema Konversion, in: Treten Sie ein! Treten Sie aus! Warum Menschen ihre Religion wechseln, hg. von Regina Laudage-Kleeberg/Hannes Sulzenbacher (Hohenems–Frankfurt–Berlin 2012) 29–30.

210 Mit 20 Jahren begann sie zu studieren, mit 43 Jahren trat sie aus der evangelischen Kirche aus.

211 Lau-Tugemann, Feuerbachs Religionstheorie (wie Anm. 14).

212 Ebenda 5.

213 Ludwig Feuerbach, Das Wesen des Christentums (Stuttgart 2011) 123–134 (7. Kapitel: Das Mysterium der Dreieinigkeit und Mutter Gottes).

214 Tugemann, Feuerbachs Religionstheorie (wie Anm. 14) 45–47.

215 Olga Lau-Tugemann, Una sancta Ecclesia. Vom Steinewegräumen und Türauftun. *BiLi* 8, Nr. 18/19 (15. Juni 1934) 411–422.

216 Ebenda 419. Vgl. Feuerbach, Das Wesen (wie Anm. 213) 133.

Um Lau-Tugemann als Theologin kennenzulernen, sind wir in der Hauptsache auf die Zeit nach 1931 angewiesen, in der sie als nunmehr katholische Theologin mehrere Artikel veröffentlichte. Ab diesem Zeitpunkt schrieb sie – abgesehen von dem Artikel »Was mich anzog und abstieß« 1930/31, den man als Konversionsbericht ansehen kann[217] – noch zwei Artikel in der Zeitschrift »Bibel und Liturgie«[218] und des Weiteren zwei Beiträge in der Zeitschrift »Die Erfüllung«.[219] Die letzte mir bekannte Veröffentlichung erschien 1937 in »Bibel und Liturgie«.[220] Möglicherweise lassen sich in diesen Aufsätzen aber noch Spuren entdecken, die auf die evangelische Theologin Olga Lau-Tugemann hinweisen.

IV. 1 Veröffentlichungen in der Zeitschrift »Bibel und Liturgie«

IV. 1.1 Vom Steinewegräumen und Türauftun 1933/34 und 1936/37

Beide Artikel tragen den Titel »Vom Steinewegräumen und Türauftun«.[221] Die Überschrift bezieht sich auf das Selbstverständnis von Olga Lau-Tugemann: Als eine, die den »Schatz« in den irdenen Gefäßen der katholischen Kirche gefunden hat, möchte sie denjenigen, die noch »draußen« stehen, möglichst viele Steine des Anstoßes wegräumen und die Tür weit aufreißen, damit auch sie ungehindert eintreten können.[222] In beiden Artikeln kommen evangelische und katholische Leserinnen und Leser ausführlich zu Wort, die sich jeweils auf die Ausführungen von Lau-Tugemann in den Ausgaben von »Bibel und Liturgie« zuvor beziehen. Olga Lau-Tugemann interpretiert die Zuschriften der Leserinnen und Leser als Ausdruck tiefer innerer Heimatlosigkeit und starken Ausgehungert-Seins von Menschen, die aus ihrer bisherigen Gemeinschaft herausgewachsen sind und »doch nicht hinfinden zur katholischen Kirche«.[223] Das Selbstverständnis der Leserbriefschreiberinnen und Leserbriefschreiber dürfte aber zum Teil ein anderes sein. So äußert beispielsweise ein evangelischer Pfarrer, der sich 16 Jahre eingehend mit dem Katholizismus beschäftigt hat, gelegentlich die Messe besucht (!), und auch das katholisch-liturgische Leben in Beuron und der Vereinigung »Quickborn«[224] aus eigenem Erleben kennt, seine »Sehnsucht [...] nach Vereinigung mit den katholischen Brüdern«, mit denen er sich »innerlich verwandt«

---

217 Vgl. Anm. 152.

218 LAU-TUGEMANN, Vom Steinewegräumen (wie Anm. 215) 411–422 und Olga LAU-TUGEMANN, Vom Steinewegräumen und Türrauftun. Eine späte Fortsetzung. *BiLi* 11 (1936/37) 388–403.

219 Olga LAU-TUGEMANN, Ecclesia und Synagoge. *Die Erfüllung*, Nr. 2 (1935) 1–10 und DIES., Nicht schweigen! *Die Erfüllung*, Nr. 4 (1936) 146–151.

220 In der Ausgabe *BiLi* 11 (1936/37) sind die einzelnen Hefte nicht mit Datumsangaben versehen. Aufgrund der Anordnung dürfte ihr Artikel etwa im August 1937 erschienen sein.

221 LAU-TUGEMANN, Vom Steinewegräumen (wie Anm. 215) 411–422 und DIES., Vom Steinewegräumen, Fortsetzung (wie Anm. 218) 388–403.

222 LAU-TUGEMANN, Vom Steinewegräumen (wie Anm. 215) 414 f.

223 Ebenda.

224 Beuron ist der Name einer Benediktinerabtei im heutigen Baden-Württemberg, über die sich u. a. die röm.-katholische liturgische Bewegung ausbreitete. Vgl. Hans-Christoph SCHMIDT-LAUBER, Art. Liturgische Bewegungen. *ThR* 21 (1991) 404. Quickborn ist der Name des Schulungsheims der liturgischen Bewegung unter Romano Guardini. Vgl. ebenda 405.

fühlt.[225] Dennoch sieht er eine Kluft, die beide »trennt, und die nicht so leicht zu überbrücken sein wird«.[226] Wenn auch »Gott Wunder tun kann, und daß er darum auch einmal zusammenführen kann, was zusammengehört«.[227] Hier drückt sich ein Wunsch nach Vereinigung der beiden Kirchen aus und nicht ein persönliches Ringen mit der Frage, ob man in die katholische Kirche eintreten solle oder nicht.

Folgende Hauptkritikpunkte werden in den Zuschriften genannt: der Anspruch auf die Exklusivität des Heils in der katholischen Kirche, Selbstgerechtigkeit und Überheblichkeit, Hass auf den Protestantismus bei einem Teil der katholischen Bevölkerung und die Nicht-Anerkennung der evangelisch geschlossenen Ehe durch die katholische Kirche. Ohne auf diese Punkte im Einzelnen einzugehen, legt Olga Lau-Tugemann jeweils Grundsätzliches zu den Themen Rechtfertigung, Heiligen- und Marienverehrung, Kirche, Eucharistie und Sakramente und Verhältnis von Glaube und Werken dar. Eine Ausnahme bilden nur die Themen Eheschließung gemischtkonfessioneller Paare und Konversion, auf die sie auch konkret eingeht.

IV. 1.2 Rechtfertigung und Gnade

Im Folgenden soll Olga Lau-Tugemanns theologisches Denken am Beispiel einer kontroverstheologischen Frage vorgestellt werden. Die Auswahl ist dabei auf das Thema »Rechtfertigung und Gnade« gefallen, das Zentrum der Theologie Luthers und damit der evangelischen Theologie, welches Lau-Tugemann durch ihr Studium vertraut war. Eine weitere Begründung für diese Auswahl liegt darin, dass die Veröffentlichung des Artikels »Vom Steinewegräumen und Türauftun I«[228] in die Zeit der Hermsdorfer Konferenz fiel, an der Pius Parsch teilnahm. Für diese erste evangelisch-katholische Theologenkonferenz auf deutschem Boden nach der Reformation[229] vom 22. bis 25. Mai 1934 im Stadtteil Hermsdorf in Berlin war das Thema »Gnade« mit den drei Unterthemen »Gnade und Rechtfertigung, Gnade und Kirche, Gnade und Sakrament« festgelegt worden.[230] Olga Lau-Tugemann nahm zwar an dieser Konferenz nicht teil, könnte sich aber mit Pius Parsch über dieses Zusammentreffen ausgetauscht haben.

Die 24 Teilnehmer der ökumenischen Konferenz waren »fast durchgängig [...] Vertreter der kirchlichen Erneuerungsbewegungen«.[231] Aus den Aufzeichnungen der Konferenz lässt sich eine dialogische Struktur in der Argumentation erkennen, auch dann, wenn es sich um einen Vortrag handelte. Argumentierend ging man auf beide Seiten ein und versuchte die Unterschiede und Gemeinsamkeiten herauszuarbeiten.

---

225 LAU-TUGEMANN, Vom Steinewegräumen (wie Anm. 215) 412.

226 Ebenda.

227 Ebenda.

228 Ebenda 411–422.

229 ERNESTI, Ökumene (wie Anm. 162) 44.

230 Gunda BRÜSKE, Liturgische Bewegung und Ökumene. Ein Beitrag zur Vorgeschichte des Ökumenischen Arbeitskreises der evangelischen und katholischen Theologen, in: Kircheneinheit und Weltverantwortung. Festschrift für Peter Neuner, hg. von Christoph BÖTTIGHEIMER/Hubert FILSER (Regensburg 2006) 565.

231 ERNESTI, Ökumene (wie Anm. 162) 61.

Am ersten Tag der Konferenz hielt Pius Parsch ein Referat zum Thema »Das Wesen der katholischen Frömmigkeit« und entsprechend auf evangelischer Seite Superintendent Bea ein Referat »Vom Wesen der evangelischen Frömmigkeit«.[232] In seinem Vortrag sprach Parsch von der Gnade, nicht aber von der Rechtfertigung. Entweder hielt er sie nicht für wesentlich im Zusammenhang mit dem Thema »Frömmigkeit« oder er wollte diesen heiklen Punkt des ökumenischen Gesprächs auslassen.[233] Die Gnade aber steht nach seiner Auffassung ganz im Zentrum eines jeden christlichen Lebens, das in der Taufe gründet. Dabei wird die Gnade nur durch die Kirche Jesu Christi vermittelt und ist an sie gebunden. Sie kann also nicht ohne die Kirche empfangen werden. [234]

Ganz anders als bei Pius Parsch steht bei Lau-Tugemann die Rechtfertigung im Mittelpunkt ihrer Veröffentlichung »Vom Steinewegräumen und Türauftun I«. Sie verteidigt in diesem Beitrag die protestantische Rechtfertigungslehre, indem sie auf Luther und die Bekenntnisschriften zurückgreift. Sie will das Missverständnis ausräumen, nach lutherischer Lehre sei die Rechtfertigung nur ein forensischer Akt, also ein richterlicher Spruch Gottes, ohne dass damit eine Wesensveränderung des Menschen eintrete. Mit Luther sei Rechtfertigung aber ein »Gerecht-Machen« und eine Neuschöpfung des Menschen »aus lauter Gnade und Barmherzigkeit, in Christo über uns ausgeschüttet und ausgebreitet«.[235] Dies vertrat auf der Hermsdorfer Konferenz auch der evangelische Superintendent Bea, wenn er die Rechtfertigung nicht als einmaligen Akt, sondern als »dauernde Haltung« verstand, in der sich der Mensch alles von Gott geben lässt.[236] Nygren, ein schwedischer Lutheraner,[237] sah den Unterschied zwischen katholischer und evangelischer Auffassung in der Rechtfertigung auf einer »tieferen Stufe«, nämlich der der Gottesgemeinschaft. Bei den Katholiken beruhe diese »*auf dem Grunde der Heiligung*; für den Protestanten auf der Grundlage der Sünde«.[238]

Olga Lau-Tugemann tritt in ihren Aufsätzen dem Missverständnis entgegen, dass das »sola fide« Luthers, der Mensch wird allein aus Glauben gerecht, einen Widerspruch zur katholischen Auffassung bilde, derzufolge Glaube und Werke notwendig seien für das »Gerettet-Werden« des Sünders. Auch Luther betone, dass der Glaube und die Werke unabdingbar zusammengehören. Als Beleg dafür zitiert sie u. a. Luthers Vorrede zum Römerbrief, in dem er von der Unmöglichkeit spricht, Glaube und Werke zu trennen, »ja so unmöglich, als Brennen und Leuchten vom Feuer mag ge-

232 Ebenda 73. Das Referat von Pius Parsch ist nur in einer Mitschrift erhalten.

233 Parsch wollte für die Konferenz »›vor allem eine freundliche Atmosphäre‹ und eine Vermeidung ›der scholastischen und gelehrten Besprechung‹« und »jetzt wollen wir einmal das, was uns verbindet, einander fühlen lassen.« Vgl. ebenda 62.

234 Ebenda 73.

235 Lau-Tugemann, Vom Steinewegräumen (wie Anm. 215) 415 zitiert nach den Schmalkaldischen Artikeln p. III, a.13.

236 Ernesti, Ökumene (wie Anm. 162) 74.

237 Ebenda 49.

238 Ebenda 78. Unterstreichung im Protokoll der Konferenz.

schieden werden«.[239] Dabei lässt Olga Lau-Tugemann allerdings außer Acht, dass der Akzent bei Luther ein anderer als in der katholischen Lehre ist, denn Luther spricht nicht von der Rechtfertigung durch Glaube und Werke, sondern durch den Glauben allein, »sola fide«, der allerdings ohne Werke gar kein wirklicher Glaube ist. Im Aufsatz »Vom Steinewegräumen und Türauftun II«[240] wendet sich Olga Lau-Tugemann gegen das Verständnis der dialektischen Theologie, die die Rechtfertigung als einen Prozess verstehe, der von Gott eingeleitet werde und selbst wirksam sei. Immer ist es Gott, der uns gerecht macht, argumentiert sie mit dem katholischen Dogmatiker Hartmann. Allerdings beginne durch die Rechtfertigung des Menschen »ein neues zuständliches Sein, gratia habitualis«.[241] Hiermit führt sie einen Begriff Thomas von Aquins aus der Scholastik ein, argumentiert also mit der den Evangelischen und Katholischen gemeinsamen Tradition und dann ebenso mit der Heiligen Schrift.

Den Begriff der dialektischen Theologie, »nunc aeternum«, des ewigen Augenblicks, in dem die Begegnung zwischen Mensch und Gott stattfindet, lehnt sie ab, weil er nicht biblisch sei. Jedoch sind sich Katholiken und Protestanten ihrer Meinung nach darin einig, dass der Mensch über die Gerechtigkeit Gottes nicht verfügen könne und dass Glaube und Inkarnation zusammengehören. Ohnehin unterscheiden sich katholische und evangelische Auffassung ihrer Meinung nach im Verständnis von der Inkarnation nicht.

Weder die so genannte Sola-fides-Lehre [sic!] noch die Auffassung vom »Gerecht-Machen« des Sünders trenne also Katholische von Evangelischen, so Lau-Tugemann.[242] Anders verhalte es sich beim Thema des Verdienstes durch gute Werke, welches für die Protestanten einen Stein des Anstoßes bilde. Hier versucht sie durch diesen Rückgriff auf das katholische Dogma eine Erklärung. Nur die aus »dem Leben der Gnade stammenden Werke sind übernatürlich ›verdienstlich‹«.[243] Da aber die Gnade nicht verdient werden könne, könne sie niemals Ursache für die Rechtfertigung sein. Dennoch fordere das katholische Dogma mit Paulus die Mitwirkung des Menschen »mit der Gnade«. »Die Ausreife und Entwicklung der Gnade kann nicht ohne Gott geschehen, aber auch nicht ohne den Menschen und dessen freie Tätigkeit.«[244]

IV. 1.3 Zusammenfassung

Olga Lau-Tugemann ist bestrebt, den nicht-katholischen Leserinnen und Lesern in »Bibel und Liturgie« zu vermitteln, dass es zwischen der evangelischen Rechtfertigungslehre und dem katholischen Verständnis von Rechtfertigung keine Gegensätze gibt. Hier erkennt man auch in der Argumentation die ehemalige evangelische Theo-

---

239 M. Luther in der Vorrede zum Römerbrief, zit. nach: LAU-TUGEMANN, Vom Steinewegräumen (wie Anm. 215) 416.

240 LAU-TUGEMANN, Vom Steinewegräumen, Fortsetzung (wie Anm. 218) 388–402.

241 Ebenda 389.

242 LAU-TUGEMANN, Vom Steinewegräumen (wie Anm. 215) 415.

243 Ebenda 417.

244 Ebenda (Zitat von Bartmann) 417.

login wieder, die Martin Luther und die Bibel zitiert sowie, aus der gemeinsamen katholischen und evangelischen Tradition, Thomas v. Aquin.[245] Auf diese Weise versucht sie den Protestanten so weit wie möglich entgegenzukommen und leistet damit sicher eine wichtige ökumenische Vermittlungsarbeit. Das Ziel ihrer theologischen Argumentation ist es aber nicht nur, die Steine der theologischen Missverständnisse aus dem Weg zu räumen, sondern den Eintritt in die katholische Kirche zu ebnen. In dem Aufsatz »Vom Steinewegräumen und Türauftun II« zeigt sich, dass sie in der römisch-katholischen Kirche allein das Heil sieht, wenn sie behauptet:

> »[...] der Übertritt zur protestantischen Kirche [ist] nur der erste Schritt [...] zu einem vollständigen Glaubensabfall, wie viele von diesen Konvertiten landen schließlich in der Konfessionslosigkeit oder – jetzt – in neuheidnischem Atheismus.«[246]

Der Mehrzahl der Konvertierenden unterstellt sie »religiös minderwertige Motive«, wenn nicht sogar »unreligiöse«. »Diese ›Konversionen‹ sind keine Heimkehr, sondern Abfall.«[247]

Diese Äußerungen Olga Lau-Tugemanns überraschen in ihrer Radikalität und Ausschließlichkeit, auch wenn diese von der katholischen Kirche zu dieser Zeit vertreten wurden[248] und man sie im politischen Kontext der Zeit des austro-faschistischen Ständestaates sehen muss, in der Konfessionslose, Sozialdemokraten und NSDAP-Sympathisanten sowie Gegner des Ständestaates vorwiegend aus politischen Gründen oder Opportunismus in die evangelische Kirche wechselten.[249]

Doch wenn man bedenkt, dass sie selbst aus freien Stücken 1904 in die evangelische Kirche eintrat und ihr nicht nur bis 1931 angehörte, sondern auch evangelische Theologie studierte, promovierte und als Mittelschulprofessorin das Fach evangelische Religion unterrichtete, verwundert diese Einstellung doch. Hätte sie bei dieser Prognose, die fast wie eine Drohung klingt – der Übertritt in die evangelische Kirche führe häufig zum vollständigen Glaubensabfall oder Konfessionslosigkeit – nicht stutzig werden müssen, wenn sie an ihr eigenes Leben dachte? Oder zeugt diese Haltung von den jahrelangen inneren Kämpfen, die sie selbst führte, und ihrer »Heimatlosigkeit« in der evangelischen Kirche, die sich nicht überwinden ließ, und die sie in ihrer neuen Zugehörigkeit zur katholische Kirche »lösen« konnte?

Möglicherweise war Olga Lau-Tugemann auch immer wieder Zweifeln von Sei-

245 Außerdem den katholischen Dogmatiker Bartmann, wahrscheinlich, um mögliche Vorwürfe von katholischer Seite von vornherein abzuwehren.

246 LAU-TUGEMANN, Vom Steinewegräumen, Fortsetzung (wie Anm. 218) 401. Der Begriff »Neuheidentum« ist nach Ernesti zu dieser Zeit eine »gängige Chiffre kirchlicher Argumentation bei (impliziten) Angriffen gegen den Nationalsozialismus«. Vgl. ERNESTI, Ökumene (wie Anm. 162) 42, Anm. 118.

247 LAU-TUGEMANN, Vom Steinewegräumen, Fortsetzung (wie Anm. 218) 401.

248 Vgl. Kapitel III. 4. 1.: Enzyklika »Mortalium animos«.

249 Heinz SCHUBERT, Zwischen Kreuz und Hakenkreuz. Evangelische Kirche im Spannungsfeld von Bekennender Kirche und Nationalsozialismus. (Vortrag am 7. Februar 2006 in der evangelischen Pfarrgemeinde Graz-Heilandskirche). Der Höhepunkt der Eintrittswelle war 1934 mit über 25.000 Personen erreicht. Vgl. ebenda 6.

ten ihres neuen Arbeitgebers oder anderer ausgesetzt, die ihre Standhaftigkeit und Authentizität als Konvertierte in Frage stellten. So sah sie sich möglicherweise unter Rechtfertigungsdruck und versuchte sich in ihrer Schrift von 1936/37 als »richtig katholisch« zu deklarieren,[250] um zu zeigen, dass sie das Heil ausschließlich in der katholischen Kirche verwirklicht sah. Unterstützt wird diese Annahme durch ein Ansuchen Olga Lau-Tugemanns an das Erzbischöfliche Ordinariat Wien, in dem sie von sich aus um eine Erlaubnis ansuchte, Bücher, die sie noch aus ihrer Zeit als evangelische Theologin hatte, behalten und lesen zu dürfen.[251]

IV. 2 Veröffentlichungen in der Zeitschrift »Die Erfüllung« 1936 und 1937

Einem ganz anderen Thema wendet sich Olga Lau-Tugemann in ihren beiden Veröffentlichungen in der Zeitschrift »Die Erfüllung« in den Jahren 1935 und 1936[252] zu: dem Verhältnis von Christen und Juden. Dies entspricht ganz der Linie dieser Zeitschrift, die 1934 von Johannes Oesterreicher (geb. am 2. Februar 1904 in Liebau/Mähren, gest. am 18. April 1993 in Livingstone/N. J., USA) gegründet wurde, »um für ein besseres Verständnis von Juden und Christen zu werben«.[253] Oesterreicher war jüdischer Herkunft, konvertierte später zum katholischen Glauben und wurde 1927 zum Priester geweiht. Er nahm nicht nur am Zweiten Vatikanischen Konzil teil, sondern war auch maßgeblich daran beteiligt, dass es zu einer neuen Verhältnisbestimmung der katholischen Kirche zum Judentum kam, die im Kapitel 4 des Dokuments »Nostra Aetate« von ihm führend formuliert wurde.[254]

IV. 2.1 »Ecclesia und Synagoge« 1935

In ihrem Aufsatz mit dem Titel »Ecclesia und Synagoge« widerspricht Olga Lau-Tugemann der in dieser Zeit vorherrschenden Ideologie, die Jesus zum Arier machen möchte,[255] und hält die Auffassung entgegen, dass Jesus dem jüdischen Volk entstam-

---

250 Vgl. Carl/Schaser, Konversionsberichte (wie Anm. 131) 17 f.

251 Diese wurde ihr am 28. Oktober 1937 vom Erzbischöflichen Ordinariat Wien kraft der vom Heiligen Apostolische Stuhle erhaltenen Vollmacht auch mit folgenden Worten erteilt. Frau Olga Lau-Tugemann erhält die Erlaubnis »auch solche Bücher zu lesen und zu behalten, deren Lektüre durch das kirchliche Bücherverbot unerlaubt ist. Von dieser Erlaubnis sind aber ausgenommen die Bücher, welche direkt Obszönes behandeln, Häresie oder Schisma verteidigen (außer es handelt sich um deren Widerlegung) und die Grundlagen der Religion untergraben. Es besteht für Sie ferner die strenge Gewissenspflicht, die verbotenen Bücher so zu verwahren, daß diese nicht in die Hände Unberufener gelangen. Diese Erlaubnis wird Ihnen für die Zeit von drei Jahren erteilt«. Vgl. Erlaubnis des Erzbischöflichen Ordinariats Wien zur Lesung verbotener Bücher vom 28. 10. 137. Z. 8825, AO (wie Anm. 7) Nr. 26.

252 Vgl. Anm. 219.

253 Markus Himmelbauer, Kämpfer gegen den Antisemitismus und überzeugter Zionist. Vor hundert Jahren wurde Prälat Johannes Oesterreicher geboren. *Dialog-Du Siach* 54 (2004) 39–40. Die Zeitschrift »Die Erfüllung« erschien von 1934 bis 1938. Vgl. ebenda 39.

254 Ebenda 40.

255 *Die Erfüllung*, Nr. 2 (1935) 1.

me und damit die Kirche mit Israel eng verbunden sei. »Das jüdische Volk hat der Welt das Allergrößte geschenkt, den Erlöser. Darum ist es ›das Mittelpunktsvolk der Geschichte‹«.[256] »Als Haupt seines Leibes«, der Ecclesia, verbinde der Messias Juden und Heiden zu einer »unauflöslichen Einheit«.[257] An einzelnen Beispielen der christlich-katholischen Tradition wie dem Alten und Neuen Testament, den Sakramenten, dem Stundengebet und den Festen im Kirchenjahr weist Olga Lau-Tugemann die enge Beziehung von Ecclesia und Synagoge nach. Die Kirche habe die jüdische Tradition aufgenommen und verwandelt.[258] Olga Lau-Tugemann hält zwar an der unbedingten Zusammengehörigkeit von Altem und Neuem Testament fest, vertritt aber, wie damals üblich und z. T. noch bis in die Gegenwart hinein wirksam, die Auffassung, dass sich die von der Hoffnung getragenen Aussagen des Alten Testaments, so genannte Weissagungen, in Jesus Christus, dessen Leben und Sterben im Neuen Testament mit Hilfe des Ersten Testaments gedeutet wird, erfüllen.[259] Das Alte Testament als Buch der jüdischen Tradition in seiner Eigenständigkeit wird dabei nicht wahrgenommen und somit für die Heilsgeschichte des Christentums instrumentalisiert.[260] Diese Verhältnisbestimmung von Altem und Neuem Testament überträgt Lau-Tugemann auch auf das Verhältnis von altem und neuem Bund, Synagoge und Kirche. Die Kirche versteht sie als »das neue Israel«, der »die Väter, die Bundesschließungen, die Verheißungen« gehören, »denn sie hat den Messias, [...] in dem alle Verheißungen ihre Erfüllung finden«.[261] Die Kirche hat nach Olga Lau-Tugemann also das Erbe der Synagoge übernommen, so lange bis einmal auch sie das Licht der Wahrheit, welche Christus ist, erkennen werde.[262] Erst dann – so Olga Lau-Tugemann – werde auch die Kirche »ihre ganze Fülle und ihre letzte Verherrlichung erfahren«.[263] Olga Lau-Tugemann vertritt das, was wir heute Substitutionslehre[264] nennen und ich brauche wohl kaum zu erwähnen, dass sich die Kirchen, sowohl die katholische als auch die evangelische, nach 1945 in ihren Erklärungen[265] eindeutig von dieser Auffassung distanziert haben. Dennoch ist es bemerkenswert, dass Olga Lau-Tugemann den Zusammenhang zwischen christlicher und jüdischer Tradition zu ei-

---

256 Ebenda.

257 Ebenda.

258 Ebenda 8.

259 Das so genannte Schema von Weissagung und Erfüllung. Anders inzwischen z. B. Erich Zenger, Das Erste Testament. Die jüdische Bibel und die Christen (Düsseldorf 1991) und Frank Crüsemann, Das Alte Testament als Wahrheitsraum des Neuen. Die neue Sicht der christlichen Bibel (Gütersloh 2011) 229–257.

260 *Die Erfüllung*, Nr. 2 (1935) 9.

261 Ebenda 9.

262 Ebenda 10.

263 Ebenda.

264 Damit ist gemeint, dass der Bund Gottes mit seinem Volk aufgehoben und die Kirche das »neue Israel« sei.

265 So z. B. die Evangelische Kirche A. und H.B. in Österreich in der Erklärung der Generalsynode »Zeit zur Umkehr – die Evangelischen Kirchen Österreichs und die Juden« vom November 1998, Kap. IV und die römisch-katholische Kirche in Nostra Aetate IV.

ner Zeit so stark betont, in der der Antijudaismus in den Kirchen weit verbreitet war.

IV. 2.2 »Nicht schweigen« 1936

In ihrem zweiten Artikel, den Olga Lau-Tugemann in der Zeitschrift »Die Erfüllung« gut ein Jahr später veröffentlichte,[266] ruft sie dazu auf, nicht zu schweigen zur Verachtung und zu dem Hass, der sich gegen das jüdische Volk richte. Den Appell wendet sie an die führenden Vertreter der katholischen Kirche, aber auch an alle in dieser Kirche Getauften.[267] Ihren Aufruf begründet sie theologisch: Das jüdische Volk ist das von Gott auserwählte Volk, aus dem der Erlöser Israels und aller Völker stammt. Die Weltkirche ruht auf dem Fundament der Apostel und Propheten, die alle Juden waren. Die Ehrfurcht vor dem Handeln Gottes an seinem Volk, das die Züchtigung aufgrund seines Unglaubens an den Messias einschließt, so Lau-Tugemann, verlangt von der Christenheit logischerweise auch die Ehrfurcht vor gerade eben diesem Volk. »Die Ehrfurcht ist nicht erwachsen an der Größe dieses Volks oder einzelner in ihm, sondern wurzelt in der Ehrfurcht vor dem Handeln Gottes an diesem Volke.«[268] Auch hier ist für Olga Lau-Tugemann nur ein Judentum vorstellbar, dem einmal der Schleier von den Augen genommen wird, damit es Jesus als den Christus erkennen wird und sich damit Gottes Reich vollendet.[269] Im getauften Juden möchte sie den Bruder sehen, im ungetauften denjenigen, der zu taufen ist.[270] Und so wird gegen Ende ihres Artikels klar, dass sich ihr Aufruf, nicht zu schweigen, wenn Verachtung oder Hass gegenüber Juden laut werden, hauptsächlich an die Mitglieder der eigenen Kirche richtet, die einen Unterschied machen zwischen Christen, die vorher Juden waren, so genannte Judenchristen, und Christen, deren Herkunft nicht jüdisch ist. Wer schweige, mache sich schuldig gegenüber der Christenheit, gegenüber Juden, aber auch gegenüber der nichtchristlichen Welt, so mahnt Lau-Tugemann eindringlich am Ende ihres Artikels.[271] Angesichts der Tatsache, dass die meisten Christen nicht zu ihren eigenen Mitgliedern, den zum Christentum konvertierten Jüdinnen und Juden, standen, und ihnen auch keinen Schutz boten,[272] ist es positiv zu bewerten, dass Olga Lau-Tugemann dieses Thema engagiert zur Sprache brachte. Ihre Auffassung, Juden nur unter dem Aspekt der Bekehrung zu Jesus Christus, dem Erlöser, zu betrachten, gehört zum theologischen Mainstream der damaligen Zeit. Dass das »Jude-Sein« als solches ein eigenes Recht, auch theologisch, hat, wird dabei nicht gesehen. Inzwischen haben die Kirchen einiges dazugelernt, allerdings erst durch das schmerzhafte Eingeständnis der Schuld an der Mitwirkung an Verfolgung und Diskriminierung von

---

266 Vgl. Anm. 219.
267 *Die Erfüllung*, Nr. 4 (1936) 146.
268 Ebenda 148.
269 Ebenda 149.
270 Ebenda.
271 Ebenda 150–151.
272 Halbrainer/Lamprecht, Heilandskirche (wie Anm. 126) 17.

Jüdinnen und Juden in der Zeit des Nationalsozialismus und an ihrem ideologischen Beitrag des christlichen Antijudaismus, der dazu den Weg bereitete.[273]

IV. 3 Zusammenfassung

In ihren Beiträgen der Zeitschriften »Bibel und Liturgie« und »Die Erfüllung« zeigt sich Olga Lau-Tugemann als eine gewandte Theologin, die zu argumentieren und sich zu verschiedenen theologischen Fragen zu äußern weiß. Dabei liegt ihre Stärke sicher in der Kenntnis der evangelischen Theologie, durch die sie auf evangelische Christen geschickt eingehen kann und sie auf diese Weise anspricht und zu überzeugen sucht. Der Frage, inwieweit ihr dies gelungen ist, konnte im Zusammenhang dieser Arbeit nicht weiter nachgegangen werden. In der Frage der Kirche, nämlich der römisch-katholischen, vertritt sie eine kompromisslose Position, die auch manche abgestoßen haben könnte. Nach der Veröffentlichung 1937, in der sie die Aussagen von der Kirche als der alleinigen Hüterin der Wahrheit macht, erscheinen weder in »Bibel und Liturgie« noch in anderen Zeitschriften weitere Artikel von ihr. Worin dies begründet war, lässt sich nicht mehr feststellen. Möglicherweise waren diese Aussagen aber auch nicht im Sinne von Pius Parsch, der sich m.W. nicht in dieser ausschließenden Weise geäußert hat. Bei der Vorbereitung zur Hermsdorfer Konferenz sagte er: »Wir haben uns durch vier Jahrhunderte mit den Unterschieden beschäftigt; jetzt wollen wir einmal das, was uns verbindet, einander fühlen lassen.«[274]

Beim Thema Rechtfertigung und Gnade gelingt es Olga Lau-Tugemann, das katholische mit dem evangelischen Verständnis zu vermitteln. So dürfte für sie ebenso wie für manche Teilnehmer der Hermsdorfer Konferenz die Rechtfertigungslehre keinen Grund für eine Trennung der beiden Kirchen gebildet haben.[275] Diese Einsicht fand erst 65 Jahre später in der Erklärung der beiden Kirchen zur Rechtfertigungslehre ihren Ausdruck,[276] die »einen Konsens in Grundwahrheiten der Rechtfertigungslehre« festhält und »zeigt, daß weiterhin unterschiedliche Entfaltungen nicht länger Anlass für Lehrverurteilungen sind«.[277]

Ihr missionarisches Selbstverständnis jedoch, das sich aus ihrem Kirchenverständnis ergibt, kann als zeitbedingt verstanden werden. Ihr Einsatz galt dem »Wegräumen von Steinen« und »Öffnen von Türen«, damit Menschen in die katholische

273 So z. B. in der Synodenerklärung »Zeit zur Umkehr«. Vgl. auch Anm. 265.

274 Ernesti, Ökumene (wie Anm. 162) 62. Vgl. auch Anm. 233.

275 So z. B. der evangelische Marburger Pfarrer Karl Bernhard Ritter, der sich später folgendermaßen äußert: »In dieser rückhaltlosen Aussprache zwischen rund zwei Dutzend katholischen, lutherischen und anglikanischen Theologen Deutschlands, Schwedens und Englands wurde mir zur Gewißheit, daß die Lehre von der Rechtfertigung allein aus dem Glauben uns von den lebendigen Vertretern der katholischen Theologie nicht mehr trennt.« Vgl. Ernesti, Ökumene (wie Anm. 162) 68.

276 Gemeinsame Erklärung zur Rechtfertigungslehre, unterzeichnet am 31. Oktober 1999 in Augsburg durch den Lutherischen Weltbund und den päpstlichen Rat zur Förderung der Einheit der Christen (Wien 1999).

277 Gemeinsame Erklärung, Präambel, Absatz 5, 8.

Kirche eintreten können. Doch echter Dialog kann nicht nur in eine Richtung gehen und Konversionen lösen das Problem der Kirchentrennung nicht. So setzt sich auch schon damals »in beiden Konfessionen [...] die Erkenntnis durch, daß Einzelkonversionen die ökumenische Sache letztlich nicht voranbringen würden«.[278]

Olga Lau-Tugemann hat die politischen Umstände und bedenklichen Entwicklungen ihrer Zeit wahrgenommen und theologisch argumentierend darauf reagiert. Darauf weisen die beiden Artikel zum Thema des Verhältnisses von Christen und Juden, Christentum und Judentum. Entgegen dem Trend hat sie sich grundsätzlich positiv dem Judentum gegenüber ausgesprochen und den Zusammenhang und die Entwicklung des Christentums aus dem Judentum durch Argumente zu untermauern versucht. Wenn sie dem Judentum keine eigene Berechtigung als Religion zuerkennt bzw. diese allein davon abhängig macht, dass Juden Jesus als den Christus anerkennen, dann entspricht sie damit dem Denken ihrer Zeit.

V. Resümee

Das Leben Olga Lau-Tugemanns ist in allen seinen Phasen deutlich von den politischen und gesellschaftlichen Ereignissen der Zeit bestimmt. Geboren in der katholisch geprägten österreich-ungarischen Monarchie, wächst sie als Deutsch-Österreicherin in Böhmen auf und gerät noch als Jugendliche in die bewegte Zeit der nationalen Spannungen zwischen Tschechen und Deutschen, die angefacht wurden durch die Sprachenverordnung des Ministerpräsidenten Badeni, welche die so genannte Los-von-Rom-Bewegung auslöste. Diese Entwicklung dürfte sie, zusammen mit ihrer Familie veranlasst haben, wie viele ihrer Landsleute auch, zum evangelischen Glauben zu konvertieren.

Das Elternhaus kann Olga Tugemann eine gute Schulausbildung und ein Studium ermöglichen, was damals für Frauen noch selten ist. Zudem gibt ihr das Studium in verschiedenen Städten in Österreich, der Schweiz und Deutschland Gelegenheit, ihren geistigen Horizont zu weiten. Olga Tugemann nützt diese Möglichkeiten und ist nach Ablegung ihrer Matura in Wien drei Mal die Erste, nämlich: Erste außerordentliche Hörerin an der Evangelisch-Theologischen Fakultät in Wien, erste immatrikulierte Frau der evangelischen Theologie in Zürich und erste Frau, die an der Universität in Leipzig promoviert wird. Diese Laufbahn hätte sie eigentlich dazu prädestiniert, auch beruflich weiter ihrem Pioniergeist zu folgen.

Doch der Erste Weltkrieg bricht auch in ihr Leben ein. Es beginnt eine dunkle Zeit, die durch die Verwundung ihres Mannes und die Sorge um ihn geprägt ist. Zwar kann sie 1915 ihre Promotion abschließen, aber der Tod Richard Laus reißt einen tiefen Einschnitt in ihr Leben. Zudem sieht sie sich ein Jahr später gezwungen, mit ihrer Familie die Heimat zu verlassen und es beginnt eine Zeit der Neuorientierung und einer gewissen inneren Heimatlosigkeit. Einen beruflichen Neuanfang findet

278 Ernesti, Ökumene (wie Anm. 162) 69.

sie als Leiterin der evangelisch-sozialen Frauenschule und als Religionslehrerin in Wien. Trotz der allmählichen beruflichen Stabilisierung scheint sie aber ihre innere Sicherheit nicht ganz gefunden zu haben und bleibt auf der Suche nach Zugehörigkeit und Halt. Diese findet sie immer mehr in der liturgischen Bewegung unter Pius Parsch in Klosterneuburg und allmählich wächst die Entscheidung heran, wieder in die katholische Kirche einzutreten. Dies bringt allerdings neue Herausforderungen und neue Unsicherheit mit sich, da sie ihre berufliche Existenz erneut aufbauen und absichern muss. Ihre Motive für einen Wiedereintritt in die katholische Kirche dürften hauptsächlich in dem Wunsch nach innerer Stabilität und nach Gemeinschaft zu finden sein. In der liturgischen Gemeinde St. Gertrud unter der Leitung von Pius Parsch findet sie beides und kann darüber hinaus auch an manches anknüpfen, was ihr aus der evangelischen Kirche vertraut war: Die Verwendung der deutschen Sprache im Gottesdienst und die Mitwirkung der Gläubigen am Gottesdienstgeschehen. Bei anderen Traditionen konnte sie möglicherweise wieder an ihre Erfahrungen in der katholischen Kirche aus Kindheitstagen anschließen. Obwohl durch ihre theologische Ausbildung in katholischer und evangelischer Theologie zu erwarten gewesen wäre, dass Olga Lau-Tugemann in der Gemeinde St. Gertrud eine Funktion oder spezielle Aufgaben übernimmt, gibt es diesbezüglich keinen Hinweis.[279]

In die Zeit nach ihrem Wiedereintritt in die katholische Kirche fallen ihre Veröffentlichungen in den katholischen Zeitschriften »Bibel und Liturgie« und »Die Erfüllung«, in denen sie sich mit konfessionell kontroversen Themen sowie mit dem Verhältnis von Christentum und Judentum auseinandersetzt. In welcher Weise sich ihr Denken als katholische Theologin gegenüber der Zeit als evangelische Theologin verändert hat, lässt sich leider mangels schriftlicher Zeugnisse nicht mehr nachvollziehen. Feststellbar ist aber, dass sie in ihren Veröffentlichungen zwischen 1931 und 1937 zunehmend die katholische Position exklusiver vertritt und die Schwerpunkte auf »katholische Themen« wie die Marienverehrung setzt.

Mit dem »Anschluss« Österreichs an das Deutsche Reich 1938, der sich auch auf die Schule und den Religionsunterricht negativ auswirkt, wird ihre berufliche Laufbahn schließlich acht Jahre vor dem eigentlichen Pensionsantrittsalter abgebrochen. Olga Lau-Tugemann zieht sich ab diesem Zeitpunkt ins Private zurück, verlässt Wien und zieht aufs Land in die Steiermark zur Familie ihrer Schwester, die sie auf vielfältige Weise unterstützt und wo sie bis zum Ende ihres Lebens bleibt. Aus dieser Zeit sind keine weiteren Schriften oder eine Tätigkeit im öffentlichen Leben von Lau-Tugemann bekannt. Ihr Kontakt zur liturgischen Gemeinde in Klosterneuburg bricht zwar nie ab, jedoch ist er wohl eher lose. Die geistliche Ausrichtung ihres Leben bleibt für sie stets zentrales Anliegen und so verpflichtet sie sich bald nach dem Ende des Zweiten Weltkrieges als Oblatin des Klosters Seckau, um ihren christlichen Glauben auf diese Weise weiterhin, im römisch-katholischen Sinne, zu leben und an andere weiterzugeben.

---

279 Im Archiv des Pius-Parsch-Instituts in Klosterneuburg findet sich kein einziger Hinweis auf Olga Lau-Tugemann.

Auch wenn manche Fragen bleiben, so z. B. weshalb sie nicht evangelisch blieb und in eine der protestantischen Erneuerungsbewegungen eintrat, um so an der Entwicklung einer »evangelischen Katholizität« mitzuwirken, ist für ihr gesamtes Leben wohl bestimmend, was sie schon zu Pfingsten 1919 in das Gästebuch der evangelischen Pfarrgemeinde Stainz einträgt. Dort zitiert sie aus dem Philipperbrief des Paulus u.a. folgenden Vers:

> »Nicht, dass ich's schon ergriffen habe oder schon vollkommen sei; ich jage ihm aber nach, ob ich's wohl ergreifen könnte, weil ich von Christus Jesus ergriffen bin.«[280]

Olga Tugemann als junges Mädchen und mit ihrem Vater Gottfried Tugemann in Reichenberg

Richard Lau und Olga Tugemann (Verlobungsfoto von 1913?)

Olga Lau-Tugemann

280 Der vollständige Eintrag lautet: »Phil.3,8.9a.<u>10</u>;12 Jesus Christus gestern und heute und derselbe auch in Ewigkeit.
Lic. Olga Lau-Tugemann St. Martin im Sulmtal
Weihnachten 1918
Pfingsten 1919«
»Die Gäste der evangelischen Kirche zu Stainz – die Unbekannten und doch bekannt!« Beginnend am 29. September 1901 in Stainz, APGSt (wie Anm. 3).

Rezensionen

Arndt Schreiber,
Adeliger Habitus und konfessionelle Identität Die protestantischen Herren und Ritter in den österreichischen Erblanden nach 1620 (Mitteilungen des Instituts für Österreichische Geschichtsforschung, Ergänzungsband 58, Wien–München 2013)

Von Rudolf Leeb

Die vorliegende Arbeit ist aus dem von Ronald Asch initiierten DFG-Projekt »Adel und konfessionelle Opposition« hervorgegangen und wurde als Dissertation in Geschichte von der Universität Freiburg angenommen. Sie beschäftigt sich mit einem wichtigen Kapitel der österreichischen Protestantismusgeschichte, nämlich mit dem evangelischen Adel der habsburgischen Erblande nach dem Jahr 1620. Den Schwerpunkt bildet dabei naturgemäß jener Teil des niederösterreichischen lutherischen Adels, der 1620 Ferdinand II. gehuldigt hatte und deshalb auch noch nach 1648 legal der lutherischen Konfession angehören konnte, wenn dies auch je länger desto mehr mit Nachteilen und Einschränkungen verbunden war. Trotz einiger Vorarbeiten (vor allem von Otto Brunner sowie Gustav Reingrabner und Karin J. MacHardy) und zahlreicher Hinweise in der älteren Forschung handelt es sich bei der vorliegenden Studie um die erste Arbeit, die sich zusammenfassend, ausführlich und ausschließlich mit diesem Phänomen beschäftigt. Zudem wird verdienstvollerweise das Thema vom Verf. von vornherein unter europäischer Perspektive behandelt. Dieser implizit komparatistische Zugang ist in der gesamten Arbeit spürbar und wird im Schlusskapitel noch einmal eigens ertragreich thematisiert. Die Herkunft des Verf. aus dem Graduiertenkolleg bzw. seine dortige Verankerung spiegelt sich in seiner genauen Kenntnis der Geschichte des europäischen frühneuzeitlichen Adels in all ihren Facetten und Ausprägungen, einschließlich der damit verbundenen Forschungsdiskussionen. Diese Kenntnisse bilden gleichsam das solide Fundament der vorliegenden Monographie.

Der Verf. folgt in seiner Arbeit schwerpunktmäßig drei Leitfragen: 1.) Vor dem Hintergrund des Wandels der Adelsherrschaft in der frühen Neuzeit, in der der Adel zunächst seine gesellschaftliche und politische Vormachtstellung im Zuge des frühneuzeitlichen Staatsbildungsprozesses immer mehr verteidigen musste und danach seinen alten Einfluss, vor allem über die militärische Laufbahn und mit Hilfe einer engen Bindung an das jeweilige Herrscherhaus, unter den veränderten Bedingungen wieder zurückerlangen konnte, stellt der Verf. die Frage nach der Relevanz des religiösen Bekenntnisses für die ständische Identität im alltäglichen Leben. 2.) Der Verf. will die Handlungsspielräume des protestantischen Adels in der Zeit der Konfessionalisierung bzw. Gegenreformation/Rekatholisierung und Sozialdisziplinierung untersuchen. Wie gelang es dem evangelischen Adel unter diesen Voraussetzungen z. B. den wirtschaftlichen und sozialen Status für die Nachkommen zu sichern? Welche Folgen und Auswirkungen hatten diese Rahmenbedingungen für die religiöse Identität des protestantischen Adels? 3.) Der Verf. fragt nach dem Vorhandensein einer »alternativen« evangelischen konfessionellen Kultur unter gleichzeitiger Abschottung von der katholischen Konfessionskultur – ein Phänomen, das die ältere Forschung in manchen Bereichen der evangelischen Adelskultur dieser Zeit beobachten zu können glaubte.

Der Verf. beginnt in einem ersten Abschnitt mit einer profunden und gediegenen Darstellung der politischen, rechtlichen und sozialen Rahmenbedingungen und untersucht danach den »Habitus« des evangelischen Adels (Mentalität, Erziehungs- und Bildungsideale, Konfessionskultur). Im wichtigen dritten Abschnitt analysiert er das Spannungsverhältnis zwischen der Loyalität gegenüber den habsburgischen Landesherren und der eigenen »Bekenntnistreue« und dem damit verbundenen widerständigen Verhalten. Danach werden vom Verf. die Beziehungen zu den katholischen Standesgenossen und der innere Gruppenzusammenhalt der evangelischen Adeligen dargestellt. Der abschließende fünfte Abschnitt widmet sich, wie schon erwähnt, den zu beobachtenden Parallelen und Unterschieden beim Adel in Westeuropa.

Die Arbeit basiert auf einer aufwändigen, engagierten und verdienstvollen Archivarbeit. Der Verf. hat hier vor allem mit der Einbeziehung der bislang vernachlässigten (teilweise lange Zeit auch nicht erreichbaren) Familienarchive neue Quellen erschlossen. Zugleich sei an dieser Stelle auch auf die Sammlung und gründliche Aufarbeitung der gedruckten Quellen hingewiesen (Verzeichnis S. 335–345). Es ist dem Rezensenten ein Anliegen hervorzuheben, dass der Verf. auch die ältere Literatur genau recherchiert, studiert und eingearbeitet hat. Diese bietet in der Tat oft wichtige Hinweise und Quellenzitate bzw. Anregungen und sie wird vom Verf. – was heute nicht immer selbstverständlich zu sein scheint – auch zitiert. Insgesamt legt der Verf. besonderes Gewicht auf die »Ego-Dokumente«, hier ist er naturgemäß vor allem in der erhaltenen Korrespondenz des Adels, aber auch in den Testamenten fündig geworden. In dieser Quellenarbeit liegt m. E. auch das größte Verdienst dieser Arbeit. Es wird eine Fülle von höchst aufschlussreichen Quellenzitaten geboten, die den dargestellten und analysierten Entwicklungen und Phänomenen höchste Anschaulichkeit verleihen und ein Höchstmaß an Konkretisierung bieten. Exemplarisch sei hier auf das Kapitel über Loyalität und Widerstand hingewiesen. Die genugsam bekannte Loyalität des evangelischen Adels gegenüber den habsburgischen Landesherren wird mit neuem Material eindrucksvoll sichtbar, vor allem hat der Verf. aber für die Widerständigkeit des evangelischen Adels in Bekenntnisfragen neues eindrucksvolles Material geliefert. Es zeigt sich, dass sich hier dem Adel (und damit auch seinen Untertanen) größere Handlungsspielräume boten, als bislang angenommen. Es öffnet sich gleichsam ein Panorama verschiedenster Widerstandspraktiken. Eindrucksvoll ist auch das Material, das der Verf. für die heiße Phase der Gegenreformation um 1650 liefert. Auch zu den anderen klassischen Themen vermag dieser unter Berücksichtigung aktueller methodischer Zugänge der Forschung Neues beizubringen, wie z. B. zum Thema der Konversionen, bei denen die Prozesshaftigkeit und Komplexität der Vorgänge stärker hervorgehoben, aber auch Zurückhaltung bei der Beurteilung der persönlichen Motive angemahnt wird, weil die diesbezüglichen Selbstzeugnisse auf die Erwartungshaltung der entsprechenden Gruppe Rücksicht nehmen und leicht die Sicht auf die eigentlichen, dahinterstehenden Entwicklungen und Absichten verstellen können. Ebenso plädiert der Verf. insgesamt zu Recht dafür, dass die konfessionellen Identitäten einschließlich der Konversionen in Zukunft noch stärker in ihrem soziokulturellen Kontext analysiert werden sollten. Auch wenn eine evangelische »Bekenntniskultur« in diesem frühmodernen gesellschaftlichen Kontext nach Meinung des Autors unbestreitbar vorhanden war (diese anschaulich gemacht zu haben, ist ein wichtiges Ergebnis der Arbeit), so könne aufgrund der vielfältigen standesbezogenen Beziehungen zum katholischen Adel und wegen des Fehlens eines »antikatholischen Habitus« und vieler mit dem katholischen Adel gemeinsam vertretener Werte doch nicht von einer Tendenz zur Abschottung und kaum von einer im strengen Sinn des Wortes »alternativen« evangelischen Adelskultur gesprochen werden. Jedes verdienstvolle Buch zeigt künftige Forschungsfelder auf bzw. macht diese indirekt sichtbar. Im vorliegenden Fall zeigt sich, dass künftig der Erforschung der religiösen evangelischen Glaubenspraxis mehr Aufmerksamkeit geschenkt werden und diese deutlicher in den allgemeinen Kontext der nachreformatorischen Glaubenspraktiken gestellt werden muss. Zumindest ein konkretes Beispiel soll hier genannt werden. Die vom Verf. beobachtete damalige hochindividualisierte Glaubenspraxis des protestantischen Adels, die – wie in der Arbeit richtig konstatiert – durch die politischen und gesellschaftlichen Rahmenbedingungen gefördert wurde, hatte eben auch Anteil an einer allgemeinen Entwicklung der evangelischen Frömmigkeit hin zu einer »Verhäuslichung der Andacht« und ist nicht allein durch die politischen und gesellschaftlichen Rahmenbedingungen zu erklären. Die bedeutenden kulturellen Leistungen eines Wolf Helmhard von Hohberg und einer Katharina von Greiffenberg verraten eine hohe theologische Bildung, die einen nicht unbedeutenden konkreten religiösen Quellboden im niederösterreichischen Adel voraussetzt, der kirchenhistorisch weiter erforscht werden muss. Hier dürften vermutliche innerprotestantische Ausdifferenzierungen und ihre Einbettung in den internationalen Protestantismus noch deutlicher als bisher sichtbar werden, ebenso Unterschiede zur katholischen Glaubenspraxis, aber auch zu zeitbezogenen übergreifenden frömmigkeitsgeschichtlichen Gemeinsamkeiten mit dieser. Dies führt aber bereits über die Absichten und Arbeitsziele des Verf. hinaus.

Es handelt sich nicht nur für die österreichische Protestantismusgeschichte um ein verdienstvolles und wichtiges Werk. Das Buch ist schon allein aufgrund seiner Zitate aus Ego-Dokumenten als eine Fundgrube für aufmerksame Leserinnen und Leser zu bezeichnen, die darin auch für andere Fragestellungen wichtige Hinweise entdecken können. Gerade bei dieser Arbeit werden die verlässlich recherchierten ausführlichen

Namens- und Ortsregister sowie die diversen Anhänge mit Verzeichnissen evangelischer adeliger Familien eine große Hilfe für die künftige Forschung sein und sich für die Rezeption des Buches als äußerst förderlich erweisen.

Dem Verf. ist es gelungen, auf der Basis intensiver Quellenarbeit, umfangreichen Literaturstudiums und unter Anwendung moderner Fragestellungen ein gleichermaßen besonnenes, differenziertes, detailreiches sowie höchst anschauliches und zugleich auch im besten Sinn ausgewogenes Bild von den Entwicklungen und Prozessen im evangelischen Adel der Erblande in der Zeit nach 1620 zu zeichnen. Er hat diese Entwicklungen auch in den größeren europäischen Kontext eingeordnet. Die vorliegende Monografie wird lange ein Referenz- und Nachschlagewerk bleiben.

Péter Zászkaliczky (Hg.), Oltalom a zivatarban. Gyülekezet a világvárossá fejlődő Budapesten [Schutz im Gewitter. Gemeinde im zur Weltstadt werdenden Budapest] (Budapest 2011)

Von Juliane Brandt

Das vorliegende Werk nimmt das 220. Jubiläum der Einweihung des Kirchengebäudes am heutigen Deák tér zum Anlass, um im Anschluss an Tibor Fabinys Band über »Die ersten Steine«[1] die Geschichte der evangelischen Gemeinde in Pest bzw. Budapest bis Ende der 1800er Jahre zu verfolgen. Im Grunde handelt es sich um ein Gemeinschaftswerk dreier Autoren: Péter Zászkaliczky schreibt über die Geschichte der Gemeinde in ihrer Gesamtheit, Enikő Böröcz über das Wirken der deutschen und ungarischen Pfarrer – János Molnár, József Kalchbrenner, Mihály Láng, János Schranz und Sándor Doleschall – (während Vilmos Győrys Lebensweg von Zászkaliczky behandelt wird) und László Matus verfolgt die Entwicklung des slowakischen Gemeindeteils bis zum Ausscheiden aus der Pester Gemeinde. Diese Prozesse werden in ihrer zeitlichen Abfolge beschrieben – nach dem Bau der ersten Schule (S. 13 f.) das Pfarramt Molnárs (S. 21 f.), das Wirken der Generalinspektoren Péter Balogh von Ócsa und Baron Sándor Pronay (S. 27 f.), der Einsatz Maria Dorotheas (S. 33 f.), die Amtszeit Kalchbrenners (S. 39 f.), die ersten Schritte der Slowaken zur Durchsetzung ihrer Ansprüche 1819–1821 (S. 47 f.) und die Entstehung des slowakischen Pfarramts bis 1834 (S. 59 f.), die Amtszeit Làngs (S. 79 f.), die Anfänge der magyarischen Gemeindeformation (S. 87 f.), der Einsatz der Pester Gemeinde für die Gesamtkirche (S. 107 f.), die Bildung der Budaer Gemeinde (S. 117 f.), die Position der Slowaken bis 1848 (S. 123 f.), die Jahre von Revolution und Freiheitskampf (S. 131 f.), die Verselbständigung der slowakischen Gemeinde (S. 141 f.), die Bildung der ungarisch-deutschen Gemeinde 1850 (S. 159 f.), gesamtprotestantische Zusammenarbeit in den 50er Jahren (S. 165 f.), der »sich erweiternde Horizont« der Jahre bis 1876 (S. 189 f.), die Amtszeit der beiden deutschen Pfarrer Schranz und Doleschall (S. 213 f.), das Wirken Győrys (S. 225 f.). Abschließend steht »Die Chronik der Jahrhundertwende /1886–1900/« (S. 235–247). Das großformatige, durch den Druck auf Fotopapier sehr gewichtige Werk ist reich illustriert und ausgesprochen schön gestaltet (Angesichts der in kirchengeschichtlichen Darstellungen aus Ungarn oft geübten Praxis, Xerox-Kopien und Fotos von Dokumenten als Vorlagen zu verwenden, ist ausdrücklich auf die hervorragende Wiedergabequalität von zeitgenössischen Handschriften, Zeitungsseiten wie Gemälden, Stichen u. a. hinzuweisen.). Anmerkungen und Belege sind als Endno-

1 Tibor Fabiny, Az első kövek. A gyülekezetet, templomot és iskolát építő pesti evangélikusok története 1787–1811 [Die ersten Steine: Die Geschichte der Pester Evangelischen, die eine Gemeinde, eine Kirche und eine Schule erbauten] (Budapest 2000).

ten wiedergegeben, deren Nutzung allerdings durch die Kopfleisten der Einzelkapitel erleichtert wird (S. 247–290). Ganz zum Schluss wird auch die Herkunft der Illustrationen, zumindest jene des wiedergegebenen Bildmaterials, mitgeteilt, teilweise ergänzt durch Erläuterungen.

Das Werk ist quellennah und mit hohem fachlichen Anspruch erarbeitet (worauf noch einzugehen sein wird), wendet sich mit seiner narrativen, oft breiter erläuternden Darstellungsweise aber offensichtlich bewusst nicht nur an ein Fachpublikum von Historikern, Kirchengeschichtlern und Theologen. Die Informationen in den Einzelkapiteln greifen gut ineinander, alle Verfasser sichten ältere Darstellungen kritisch, doch wohlinformiert, insbesondere Zászkaliczky und Màtus greifen auf Quellen im Pester Archiv sowie auf Dokumenten- und Briefsammlungen in allen Sprachen der damaligen Gemeinde etc. vom 19. Jahrhundert bis in die Gegenwart zurück und beziehen stadtgeschichtliche Forschungen und insbesondere Ergebnisse der jüngeren ungarischen Sozialgeschichte kenntnisreich ein. Enikő Böröcz analysiert nicht nur gut dokumentiert die theologischen Standpunkte der Pester Pfarrer, sondern verortet sie auch in der Entwicklung der damaligen inländischen bzw. deutschen Theologie. Das ist schon allein deshalb interessant zu lesen, weil es eine Übersichtsdarstellung zur ungarischen evangelischen Theologiegeschichte nach wie vor nicht gibt, und weil die implizite Anbindung dieser Entwicklung an die deutsche ein bisher übergangenes Problem ist, das hier in kleinen Fallstudien angegangen wird. Da der alles andere als dünne Folioband aus Platzgründen an dieser Stelle schlicht nicht in allen Aspekten gewürdigt werden kann, konzentriert sich die Rezensentin im Folgenden besonders auf die schon oft erzählte Geschichte um die Slowaken in der Gemeinde und ihren Führer Jan Kollár.

Die Einführung in den Band (im Anschluss an den »Subjektiven Vorspann« von Bischof Péter Gáncs) wie auch einzelne Kapitel insbesondere zu den Slowaken in der Gemeinde machen deutlich, dass mit Blick auf die Geschichte dieser multiethnischen Gemeinde mit der Gewöhnung an eingeübte Deutungsmuster und auch an übliche Präsentationsweisen gerechnet wird. Diese machen es offensichtlich erforderlich, die Zusammenhänge behutsam und mit ausdrücklicher Erläuterung der eigenen Position neu aufzugreifen. Auf die Harmonie zwischen den verschiedenen Sprachgruppen, die bei der Kirchweihe an den Tag gelegt wurde,

> »folgten in den weiteren Jahrzehnten jedoch sich verschärfende Gegensätze [...]. Zwischen den sprachlichen Gruppen der Gemeinde begannen Gerichtsprozesse, auf die Aussöhnung folgten neuerliche Streitigkeiten, bis zur Herauslösung und der Bildung einer selbständigen slowakischen Gemeinde 1854. Die nicht beschönigte und um größte Faktentreue bemühte Aufdeckung dieser Folge von Ereignissen gehört ebenfalls zur Geschichte unserer Gemeinde im 19. Jahrhundert, die zu übergehen wir kein Recht haben, die nicht verschwiegen und nicht beschönigt werden darf. Die Kirchengeschichtsschreibung wird unglaubwürdig, wenn sie nur lobt und preist, und dort schweigt, wo menschliche Fallibilität bekannt werden muss«. (Zászkaliczky, S. 11).

Matus weist zu Beginn seines Beitrags über die ersten Schritte auf dem Weg zu einem slowakischen Gemeindeleben ausdrücklich darauf hin, dass wohl einige andere

Mitglieder der Gemeinde ebenfalls Großes, ja teilweise kirchengeschichtlich oder wissenschaftlich Bedeutsameres geleistet haben, dass es jedoch Kollár ist, der mit seinen literarischen und wissenschaftlichen Leistungen auch im Ausland noch heute bekannt ist. Matus referiert die übliche slowakische bzw. die ungarische Deutung von Kollárs Tun, das mit der Verselbständigung der slowakischen Gemeinde verbunden ist – das Bild des nationalen Märtyrers bzw. des Verräters von Vaterland und Kirche.

> »Daher können wir uns, was Kollár und die Rolle der Slowaken betrifft, nur in geringem Maße auf Darstellungen und Studien stützen, die den Ansprüchen moderner sozialwissenschaftlicher Richtungen der Geschichtsschreibung genügen, zudem waren wir gezwungen, mehrfach auch auf solche Aspekte hinzuweisen, die unbekannt sind oder die in der Fachliteratur bisher anders interpretiert wurden.« (S. 48)

Als Kollár 1819 nach Pest kam und am 4. Oktober als Vikar des seit Längerem kränklichen Molnár eingestellt wurde, mochte er sich Hoffnungen auf dessen Nachfolge gemacht haben. Unter kirchenrechtlich problematischen Umständen wurde jedoch, auch mit Blick auf die sich der Pester Gemeinde anschließende Erzherzogin Maria Dorothea, der von Haus aus deutschsprachige, allerdings weder des Slowakischen noch des Bibeltschechischen mächtige Kalchbrenner gerufen, der nach Molnars Tod am 18. November des Jahres am 19. Dezember mit seiner Antrittspredigt sein Amt faktisch antrat. Kollár – der gerade erst die Jenenser Universität abgeschlossen hatte – mochte sich zurückgesetzt fühlen, die mangelnden Sprachkenntnisse des ihm vorgesetzten Pfarrers konnte er freilich als »carte blanche« deuten (Böröcz, S. 40). Bei der Entscheidung für Kalchbrenner hatten letztlich einige einflussreiche weltliche Presbyteriumsmitglieder gegen die Beschlüsse des Dekanats und ohne Berücksichtigung der Vorstellungen von dessen geistlichen Führern eine eigene Entscheidung herbeigeführt. Interessant ist nun, wie das weitere Geschehen zwar ereignisgeschichtlich entrollt, aber auch vor der Kenntnis eines weiteren Hintergrundes, gleichsam kulturgeschichtlich informiert, erzählt wird. Deutlich wird gewiss Kollárs nationales Programm, das er nicht nur in »Slávy Dcera« niedergelegt hatte, sondern das er auch in seinen Reden und in Predigten im kirchlichen Rahmen einbrachte, was zum Stein des Anstoßes bei einigen Presbyteriumsmitgliedern geworden sein dürfte. Deutlich wird aber auch, dass hier Anliegen bzw. Gestaltungsansprüche von geistlicher und weltlicher Führung grundsätzlich kollidierten, wobei sich in Pest aus der Gründungsphase der Gemeinde eine Praxis herausgebildet hatte, nach der einige einflussreiche Adlige und begüterte Kaufleute Angelegenheiten selbständig im engeren Kreis entschieden. Ihr Netzwerk überlagerte sich mit dem der Freimaurer – zu dem wiederum auch einige Pfarrer gehörten –, und wurde durch Kontakte an Schulen und während gemeinsamer Studien im Ausland gefestigt. Gewöhnlich zogen diese Männer nur einige Vertraute nach Gutdünken hinzu und betrachteten den Pfarrer eigentlich rein als Ausführungsorgan für geistliche Aufgaben im engeren Sinne. Molnár hatte dies beklagt und hingenommen, zumal jenes Netzwerk für die damals anstehenden Aufgaben große Opfer gebracht hatte. Kollár stieß die weltlichen Herren zusätzlich vor den Kopf, indem er immer wieder – zuletzt bei seinem Weggang aus Pest – zwar das Dekanat oder den Superintendenten, nicht jedoch die Gemeindeleitung informierte. Zudem kamen gerade zu Beginn seiner Amtszeit als Vikar Spannungen zwischen den hochadligen und den bürgerlichen Mitgliedern in der Gemeindeführung auf. Kalchbrenner, dem eine große Rolle bei der Modernisierung und der inneren Festigung der Gemeinde in rationalistischem Zuschnitt zugedacht worden war, enttäuschte seine Anhänger durch seine eher farblosen Predigten, während Kollár gerade als begnadeter Redner in slowakischer wie deutscher Sprache aufgefallen war. Mit seinem augenscheinlich recht unbedingten Auftreten dürfte Letzterer wiederum manche Feindschaften erworben haben. Seine Amtsaufgabe 1824 vor seiner Wahl durch die – rechtlich ja noch nicht existente – slowakische Gemeinde hatte Kollár einflussreichen slowakischen Gläubigen jedenfalls schon vier Tage vor ihrer öffentlichen Ankündigung mitgeteilt – was zumindest Möglichkeit zu einer Werbung für ihn bot, vielleicht aber auch ein bewusster lokalpolitischer Schachzug war. Deutlich wird, dass Prónay, der ihn 1824 vergeblich nach Wien hatte empfehlen wollen, danach weiter sein Unterstützer in materiellen Dingen blieb. Dies legt die – hier nicht ausgesprochene – Deutung nahe, dass Prónay wohl das slowakische Anliegen nach muttersprachlichem Gottesdienst und Schule unterstützte, aber zu diesem Zeitpunkt angesichts der entstandenen Konfliktlage auch einen anderen Kandidaten als Kollár als Lösung in Betracht gezogen hätte. Umgekehrt fanden später die Anliegen des slowakischen Gemeindeteils auch bei deutschen und magyarischen Gemeindemitgliedern weiter Unterstützung und auch materielle Förderung. Diese benötigten sie auch, denn der Kern der Gemeinde blieb klein, in den dreißiger Jahren bei etwa 300 Seelen, während die Leistungen von Pfarrer und Schule von Frühjahr bis Herbst von ca. 1.500 Wanderarbeitern und ihren Angehörigen in Anspruch genommen wurden. Kollárs Konflikt mit den Lehrern seiner Schule, die er in den dreißiger Jahren in rascher Folge verschliss, entzündete sich jedenfalls nicht nur an mangelnder Ehrerbietung, nationalen Fragen oder dem Insistieren des nationalen Vordenkers auf einem dem Tschechischen nahen Idiom (gegenüber dem von dem Lehrer Kadavý vertretenen Štur'schen Modell einer Anlehnung an die Alltagssprache), sondern auch daran, dass Kollár gegenüber dem Nationalen und der religiösen Unterweisung praxisnahe Lehrinhalte wie Lesen, Schreiben, Rechnen und die Anfänge der deutschen und ungarischen Sprachlehre als Grundlage für Firmen- und Behördenkorrespondenz ablehnte. Zudem hatte Kollár zuvor praktischen Fragen der Schule, besonders dem regelmäßigen tatsächlichen Schulbesuch, wenig Aufmerksamkeit geschenkt, was der letztgenannte Lehrer zu ändern versuchte. Dass Kadavý sein Bleiben durchsetzen konnte, war ein erster Autoritätsverlust des Geistlichen (S. 130).

Das bekannte Abkommen von 1834 zwischen dem deutsch-ungarischen und slowakischen Gemeindeteil wurde nie wirklich von allen Seiten umgesetzt, durch die vierziger Jahre zog sich eine Reihe von Schritten hin zu einer gütlichen vollständigen Trennung, die sich zu Beginn des Jahres 1848 ihrer vertraglichen Regelung näherte. Im Herbst 1849 scheiterte die abschließende Einigung bekanntlich daran, dass der Inspektor der Gemeinde unter Hinweis auf fehlende Mittel die Miete für die slowakische Schule und die Lehrerwohnung aufkündigte, was das 1855 endlich gewählte Vorgehen nach sich zog. Kollár war zu diesem Zeitpunkt seit Längerem in Wien, zunächst als Berater von Regierungsstellen, dann als Professor für slawische Altertumskunde. Die Entwicklung dürfte auch hier persönlicher Implikationen nicht entbehrt haben.

Die Geschichte des slowakischen Gemeindeteils und die Geschehnisse um Kollár sind in dem vorliegenden Band eingebunden in die Beschreibung einer mehrsträngigen Entwicklung. Zentrale Akteure bzw. Prozesse darin sind die Pfarrer Láng, Bauhofer, Székács, Györy u. a., der Umbau der Pester städtischen Gesellschaft, die kirchenorganisatorischen Bemühungen, die von der Pester Gemeinde ausgingen – von der Gründung eines kirchlichen Fürsorgeinstituts über wohltätige Vereine und Zeitschriftengründungen bis zum, hier nur kurz angedeuteten, Eintreten für das Projekt einer Kirchenunion. In dieser Weise wird auch die Folgezeit behandelt. Im Grunde schließt der Band Mitte der achtziger Jahre, als unter den Bedingungen der Doppelmonarchie und den kirchenrechtlichen Gegebenheiten in einem sich zum bürgerlichen Nationalstaat entwickelnden Ungarn auch innerhalb der Kirchen wichtige Weichenstellungen getätigt worden waren und wesentliche neue Problemlagen im Entstehen begriffen waren. Die Chronik der »Jahrhundertwende« ist ein Ausblick, dem hoffentlich bald eine Fortsetzung des Projekts bis zum Kriegsende oder darüber hinaus folgt.

Der sorgfältige Nachweis einzelner Quellen, von Archivalien bis zu mittlerweile ediert vorliegenden Briefen der Beteiligten in mehreren Sprachen, dürfte eine Fundgrube auch für weitere Forschungen darstellen. Am ehesten geben einzelne Tabellen Rätsel auf, hier mögen ästhetische Ansprüche auf Kosten technisch nötiger Erklärungen gegangen sein (u. a. S. 75). Namen sind konsequent in ungarischer Form wiedergegeben, auch bei denjenigen, die, wie Mihály Láng, nicht einmal ungarisch sprechen konnten. Als Anpassung an die Sprache des Textes scheint das aber sinnvoll. Dafür gibt es immer wieder Hinweise auf Sprachkenntnisse, auf die Sprachnutzung bei einzelnen Vorgängen (Protokolle, Eingaben, Erinnerungen usw.), die zur Rekonstruktion der Hintergründe nützlich sind.

Paul G. Nitsche,
Miteinander und Füreinander. Geschichte der Pfarrergebetsbruderschaft in Österreich in ihren Anfängen (1923–1938) (Studien zur Geschichte christlicher Bewegungen reformatorischer Tradition in Österreich 7, 2013)

Von Karl-Reinhart Trauner

Im Deutschen Reich formierte sich Ende der 1880er Jahre eine neupietistische »Gemeinschaftsbewegung« im Gnadauer Verband als Gegenposition zur liberalen Theologie, in den Jahren 1912/13 entstand der Pastorengebetsbund. Erweckungstheologische Elemente waren konstitutiv; so konnten nur Pfarrer mit einem Bekehrungserlebnis Mitglied werden. Der Erste Weltkrieg gab neue Impulse auf der Suche nach Neuorientierung einer persönlichen Frömmigkeit.

Paul Nitsche beschreibt mit der Gemeinschaftsbewegung im Deutschen Reich (S. 13 ff.) die eine Grundlage zur Gründung der österreichischen Pfarrergebetsbruderschaft/PGB; die andere war die Initiative der Gräfin de La Tour in Treffen (S. 27 ff.). Sie schuf nicht nur Kinderbetreuungseinrichtungen, sondern ab 1897/98 lud sie auch zu jährlichen Jahresfesten in Treffen ein, die bald mit einer Pfarrerfreizeit verbunden wurden (S. 50 ff.). Die PGB-Freizeiten entstanden aber de facto als Ausdruck der Suche nach innerer Erneuerung nach dem Ersten Weltkrieg, wie man am Beispiel Hubert Taferners erkennen kann (S. 61, 68 u. ö.); ein Faktor, der eine nähere Beleuchtung verdient hätte. In zahlreichen Äußerungen der Zeit wurde die dringend empfundene Notwendigkeit nach innerer Erneuerung formuliert.

Ab 1923 fanden jährliche Pfarrerfreizeiten für Pfarrer, Vikare und Kandidaten in Treffen statt, die vom Rektor in Treffen, Richard Roth, organisiert wurden. Parallel dazu wurden ab 1924 Pfarrfrauenfreizeiten angeboten. Es ging dabei um die »Vertiefung in Gottes Wort« und um »Stillewerden vor Gott«, wie es über die erste Freizeit hieß (S. 54).

Der Begriff »PGB« – allerdings nicht ausgeschrieben – findet sich erst 1930 (S. 79 ff.). Anders als im Deutschen Reich fand in Österreich allerdings keine vereinsmäßige Organisation statt, ebensowenig wurde ein Bekehrungserlebnis vorausgesetzt. Die Pfarrerfreizeiten verstanden sich als Plattform, um einerseits die Gemeinschaftsbewegung zu stärken, andererseits ihre Anliegen bei der gesamten Pfarrerschaft zu verankern. Erst ab den 1930er Jahren scheint eine gewisse Institutionalisierung Platz gegriffen zu haben (S. 82).

Paul Nitsche beschreibt als Hauptteil seiner Untersuchung (S. 52–118) chronologisch die Pfarrerfreizeiten, die, politisch bedingt, 1938 endeten. Er behandelt die besprochenen Themen, die Referenten, die Teilnehmer (soweit bekannt) sowie die auftretenden Probleme.

Herausforderungen ergaben sich viele, beginnend mit der zeitlichen Verfügbarkeit der Pfarrer, den anfallenden Kosten, der Bewerbung der Pfarrerfreizeit bis hin zu

Vorurteilen gegenüber der PGB. Diese gründeten v. a. auf der Theologie bzw. Frömmigkeit der PGB, denn diese war pointiert antiliberal und wurde von manchen, selbst Teilnehmern der Pfarrerfreizeiten, teilweise als »zu enger Rock« (Taferner) empfunden (S. 68). »Man lebte eine pietistisch-kirchliche Frömmigkeit [...].« (S. 69)

In der zweiten Hälfte der 1930er Jahre warf die politische Situation immer stärker ihre Schatten auf die Pfarrerfreizeiten, wobei Paul Nitsche herausarbeiten kann, dass man sich nicht dem Zeitgeist öffnete (S. 99 ff.).

Es mag eine gewisse Kritik wert sein, dass der Verfasser zwar auf die Zeitumstände im Deutschen Reich, jedoch nicht auf die in Österreich eingeht (S. 87 ff.). Jedenfalls bewirkte die Politik des Deutschen Reiches – Stichwort »1000-Mark-Sperre« – mancherlei Probleme auch für die Abhaltung der Pfarrerfreizeiten.

Der Nationalsozialismus brachte auch insofern eine Veränderung, als man bei der Pfarrerfreizeit 1935 mit Erwin Schneider kooperierte. Er war vermutlich von der Apologetischen Zentrale des Central-Ausschusses der Inneren Mission in Berlin damit beauftragt worden (S. 104 ff.). Seine Mitarbeit spiegelt das Konzept, Österreich kirchlich zur Basis für den südosteuropäischen Raum auszubauen. Von Anfang an kamen die Teilnehmer der Pfarrerfreizeiten nicht nur aus Österreich, sondern auch aus dem Ausland, v. a. aus den Nachfolgestaaten (S. 55). Begegnete man Schneider anfänglich mit Skepsis, so erlebte man ihn bald als »großartige Ergänzung« (S. 110).

1936 starb Rektor Roth und hinterließ eine große Lücke für die Organisation der Pfarrerfreizeiten, die erst bei der Pfarrerfreizeit 1937 gefüllt werden konnte. Bevor jedoch der neue Leiter, Pfarrer Erwin Schlachter aus Gnesau, konsolidiert war, fanden die Pfarrerfreizeiten politikbedingt ein Ende. 1938, bereits nach dem Anschluss, fand die »letzte Pfarrerfreizeit (ob man es noch so nennen kann?) vor dem Krieg« (S. 115) statt; sie wurde von Eugen Gerstenmaier geleitet und stand bereits deutlich unter Einfluss Berlins (S. 115 ff.).

Paul Nitsche, der heute Pfarrer in Graz ist, legt mit seiner Untersuchung seine 1999 verfasste Diplomarbeit im Wesentlichen unverändert vor, in der er in erster Linie das noch vorhandene Quellenmaterial in Treffen ausgewertet hat. Wegen der schweren Erreichbarkeit der Quellen ist es sehr verdienstvoll, dass der Verfasser mit zahlreichen Zitierungen dieses Quellenmaterial auch für den Leser verfügbar macht. Die Quellenorientierung lässt die Arbeit nach wie vor aktuell sein, auch wenn neuere Literatur keinen Eingang in die vorliegende Veröffentlichung fand.

Eine Teilnehmerliste, die aufgrund fehlender Dokumente unvollständig bleiben muss, eine (vollständige) Aufstellung aller Referenten sowie eine Aufstellung aller behandelten Themen der PGB-Freizeiten runden die lesenswerte Untersuchung ab.